# 지방대 날라리의
## 월스트리트 **입성기**

## 지방대 날라리의 월스트리트 입성기

**1판 1쇄 발행** 2014년 9월 26일
**1판 2쇄 발행** 2015년 11월 26일

**지은이** 김희중

**발행인** 양원석
**본부장** 김순미
**책임편집** 유정윤
**디자인** 유수정
**전산편집** 허선희
**해외저작권** 황지현
**제작** 문태일
**영업마케팅** 이영인, 김민수, 장현기, 박보람, 정미진, 이선미

**펴낸 곳** ㈜알에이치코리아
**주소** 서울시 금천구 가산디지털2로 53, 20층 (가산동, 한라시그마밸리)
**편집문의** 02-6443-8800  **구입문의** 02-6443-8838
**홈페이지** http://rhk.co.kr
**등록** 2004년 1월 15일 제2-3726호

ⓒ김희중, 2014
Printed in Seoul, Korea

ISBN 978-89-255-5360-3 (13700)

※ 두앤비컨텐츠는 ㈜알에이치코리아의 어학 전문 브랜드입니다.
※ 이 책은 ㈜알에이치코리아가 저작권자와의 계약에 따라 발행한 것이므로
   본사의 서면 허락 없이는 어떠한 형태나 수단으로도 이 책의 내용을 이용하지 못합니다.
※ 잘못된 책은 구입하신 서점에서 바꾸어 드립니다.
※ 책값은 뒤표지에 있습니다.

꿈 제로
20대 대학생의
유학&취업
성공기!

# 지방대 날라리의
# 월스트리트 입성기

김희중 지음

두앤비컨텐츠

머리말

　아이비리그, 월스트리트 금융가…… 대부분의 사람들이 이 두 단어를 보았을 때 머릿속에 무슨 생각들을 떠올릴까. 아마 거의 비슷할 것이다. 비범한 천재들이 모여있는 집단. 두뇌만 명석할 뿐만 아니라 부모의 재력과 인맥까지 뒷받침이 되는 세계 초 상류층들의 사람들이 모여있는 곳. 그들만의 리그. 나 같이 평범한 사람들은 평생 경험할 수 없는 외계나 다름 없는 곳.
　어느 정도는 맞는 말이다. 명석한 두뇌에 부모의 재력과 인맥은 물론 심지어는 예술과 스포츠에도 재능을 보이는 완벽한 사람들이 바글바글한 곳이 아이비리그이고, 경제와 금융에 있어 세계에서 둘째가라면 서러워 하는 사람들이 모여 엄청난 부를 창조해내는 엘리트 집단이 월스트리트이다. 인정하기는 싫지만 타고난 어떤 '선천적인 스펙'이 없이는 그들이 살고있는 세상의 일원이 되기가 어려운 것이 사실이다.

그런데 한 가지. 정말 그 '선천적인 스펙'이 없는 평범한 사람들에게는 이것이 나와는 상관없는 단지 먼 나라의 이야기일 뿐일까? 노력과 열정 따위로는 넘을 수 없는 소위 말하는 '넘사벽'이 정말로 나와 이들 사이에 존재하는 것일까?

결론부터 말하자면 아니다. 그리고 그 증거로 여기 지방대에서 학사경고나 받던 한 지극히 평범한 청년이 스물넷이라는 적지 않은 나이에 뉴욕에 건너가 열정과 노력만으로 아이비리그 컬럼비아대학교와 월스트리트에 도전하는 이야기가 있다. 그는 명석한 두뇌를 가진 것도 아니고, 학창시절 영어를 잘 해본 적도 없으며, 엄청난 부모의 재력을 등에 업지도 않은, 그냥 대부분의 평범한 한국 학생 중 하나일 뿐이었다. 하지만 그는 도전을 했고, 자신의 꿈을 이뤘다.

물론 그 '선천적인 스펙'이 없는 청년의 도전이 쉬운 것만은 아니었다. 유학기간 동안 항상 돈이 부족해 일주일에 40시간이 넘게 아르바이트를 하면서 생활비와 학비를 벌어야 했고, 영어와 기초지식이 부족해 잠을 줄여가며 남들보다 두세 배는 열심히 공부를 해야 했다. 육체적으로 정신적으로 너무 힘이 들어 포기하고 싶었던 적도 한두 번이 아니었다. 하지만 견뎌냈고, 불가능 한 줄만 알았던 청년의 도전의 결과는 성공이었다. 그가 가지고 있던 것은 끈기, 노력, 열정, 단지 이 세 가지가 전부였다.

유별나게 겉으로 보이는 스펙이 중요시 되는 한국 사회에서는 진심이 담긴 노력이 가진 가치를 의심하는 시선들이 점점 늘어나는 분위기이다. 그리고 그만큼 좌절감을 느끼는 사람들의 숫자도 점점 늘어나는 것 같다. 6년 전의 나도 그랬다. '나같이 평범하게 태어난 사람이 아무리 열심히 노력 해봐야 뭐 크게 달라질 게 있을까'라는 생각에 가득 차 있었고 괜한 패배감과 열등감에 항상 시달리고는 했다.

하지만 6년이 지난 지금, 그건 내 생각이 아니다. 하고자 하는 일에 모든 것을 쏟아부을 수 있는 열정과 진심이 담긴 노력이라면 타고난 스펙따위 상관 없이 누구나 자신의 꿈을 이룰 수 있고 기적을 일구어 낼 수 있다고 믿어 의심치 않는다. 나 같은 사람도 할 수 있었는데 그 누군들 못할까.

이 책을 읽으시는 독자분들께서 부디 평범한 나의 도전에 대한 이야기를 통해 진실된 노력의 가치를 다시 한 번 되새겨 보는 계기가 되었으면 하는 바람이다. 사는 게 너무 힘들고 일이 잘 풀리지 않아 좌절하고 있는 분들이 있다면 이 책이 다시 한 번 박차고 일어날 수 있는 힘의 원동력이 될 수 있기를 간절히 소망한다. 그리고 독자 여러분께서도 책을 펼치는 이 순간 이후 6년 뒤, 방황하고 좌절했던 6년 전을 회상하며 잔잔한 미소와 함께 다시 이 책을 펼쳐볼 수 있기를 기원하며, 이제 나의 이야기를 시작해 보려고 한다.

# CONTENTS

머리말     4

**CHAPTER 0**   0에서 시작한 나의 꿈, 100프로로 채워지다     11

**CHAPTER 1**   꿈 제로, 열정 제로     15
- 50명 중에 40등     16
- 지방대 날라리     17
- 세상에 눈을 뜨다     22

**CHAPTER 2**   영어로 길을 찾다     27
- 영어 까막눈, 미국 가다     28
- 쩔쩔맨 샌프란시스코     30
- 로스앤젤레스, 라스베이거스, 그리고 그랜드캐니언     34
- 내 인생에 기회를 주다     40

**CHAPTER 3**   연수, 그리고 뒤늦은 유학     45
- 어학연수     46
- 졸업할 나이, 유학을 꿈꾸다     61
- 자린고비의 시작     70
  | 쉽게 따라 하는 어학연수 특급 비결

CONTENTS

**CHAPTER 4 아르바이트로 셀프 유학하기**     81

뉴욕 라과디아     82
유학 홀로 서기     86
더 나은 곳을 향해     98
아이비리그의 기적     112
또 하나의 걱정     116
| 에세이 고득점! 나만의 비공식 비법

**CHAPTER 5 컬럼비아대학교에서 살아남기**     127

이방인의 수업 적응기     128
막다른 골목의 쥐, 고양이 물다     136
컬럼비아 전공 시험     145
| 쉽게 따라 하는 유학의 법칙
| 쉽게 접근하는 컬럼비아대 GS 프로그램

**CHAPTER 6 고군분투 이력서 채우기**     159

전전긍긍 이사 시즌     160
처음 만난 인턴십     163
클럽활동으로 이력서 채우기     168
닥치고 참여한 채용 설명회     182
맨땅에 헤딩한 투자금융대회     193
| 보고 싶었던 가족 이야기

## CHAPTER 7 인턴십 챌린지　　　　　　　　　213

자기소개서　　　　　　214
면접이 들어오다　　　　　　217
마지막 인턴십 기회　　　　　　222
다시 학교로　　　　　　247
| 쉽게 따라 하는 유학 위기상황 극복팁

## CHAPTER 8 취업 성공　　　　　　　　　253

마지막 기회　　　　　　254
내 경험이 면접 비법　　　　　　262
도이체방크입니다　　　　　　264
면접이 끝나다　　　　　　272
| 쉽게 따라 하는 외국계 회사 면접 노하우

## CHAPTER 9 끝, 새로운 시작　　　　　　　　　283

| 월스트리트 주요 금융사 리스트

CHAPTER 0

# 0에서 시작한 나의 꿈, 100프로로 채워지다

Make it happen!

오전 9시, 회사로 재촉하는 나의 발걸음은 마치 수 킬로그램짜리 모래주머니를 발목에 달고 있는 것 마냥 무겁다. 왠지 불안한 기분이 든다. 햇볕이 쨍쨍 내리쬐는 맑은 날이었는데도 불구하고 기분은 우중충하기 짝이 없다. 약속시간 약 15분 전에 회사에 도착하여 소파에 앉아 인사 담당관을 기다린다. 심장이 쿵쾅쿵쾅 뛰는 소리가 들린다. 누가 들을까 겁이 난다.

오늘은 세계 최고의 투자은행 중 하나인 도이체방크Deutsche Bank에서 10주간의 인턴을 마무리하는 마지막 날 아침이다. 오늘은 내가 이 회사에서 정식 직원으로 채용될지 여부가 결정되는 날이다. 세계 금융의 중심지인 월스트리트 금융권에 진출하는 것은 내가 지난 5년 반 동안 갖은 고생을 하면서도 포기하지 않고 좇아온 꿈이었다. 이날은 바로 그 성적표를 받는 날이다.

일주일 전부터 나는 엄청난 긴장감에 시달려야 했다. 만약 오늘 정식직원으로 채용되지 못하면 한국으로 돌아가서 다시 직장을 잡아야 한다. 그러나 나이가 매우 중요하게 작용하는 한국에서 이미 서른 먹은 나를 신입사원으로 받아줄 회사는 많지 않았다. 또한 미국에서 많은 것을 이루었던 것과는 상관없이 한국에서 완전 정반대의 삶을 살아온 나이기에 다른 사람들이 색안경을 끼고 나를 바라볼 수도 있을 것이었다. 이런저런 잡다한 생각에 아침부터 머리가 지끈지끈 아프다.

"안녕하세요, 희중 씨. 일찍 오셨군요. 이전 인턴과 면담은 이미 끝났으니 지금 들어오셔도 좋습니다."

인사 담당관이 한 쪽 방에서 나오며 활짝 웃으며 인사를 건네었다. 저 웃음은 무슨 의미지? 내 심장은 더욱 바짝 타들어 갔다. 그녀를 따라 사무실로 들어갔다. 긴장감은 배가 되었다.

"10주간 인턴 하느라 정말 수고했어요. 채권 운용 부서랑 사모 펀드 부서에서 근무했죠? 매니저들이 당신에 대해 굉장히 긍정적인 리뷰를 주더군요. 당신이 속해있는 팀의 PT도 정말 인상 깊었고요. 지난 10주를 여러 가지로 종합해 본 결과, 우리는 계속 당신과 함께 일할 수 있었으면 좋겠다는 결론을 내렸어요."

응? 계속 함께 일하자고? 그럼 정식 직원으로 날 받아들이겠다는 말인 거잖아!

와…… 진짜 이게 되네!

말도 안 될 것 같던 일이 현실이 되었다. 한국에 있을 때 지방에 있는 한 대학교에서 학사경고나 받던 내가 전 세계 금융의 중심지인 뉴욕 맨해튼Manhattan에서, 그것도 세계 최고의 투자은행 중 하나인 도이체방크에 정식으로 채용이 된 것이다. 인턴 기회를 잡았던 것만 해도 정말 기적이었는데 정식 채용이라니. 서른 살 늦깎이 유학생인 내가, 영어도 더듬거리는 내가 20대 초반의 체력 좋고 머리 잘 돌아가는 미국 친구들과 경쟁해서 살아남았다. 정말 내 모든 것을 쏟아 붓고 열심히 하니 안 되는 게 없구나! 2007년 12월 처음 유학길에 들어서 지난 5년 반 동안 정말 누구보다 열심히 살아왔는데…… 되는구나, 나도!

CHAPTER **1**

# 꿈 제로,
# 열정 제로

**유학생활 동안** 내가 남들보다 훨씬 절박하게 공부를 해야 했던 이유는, 만약 이마저 포기하면 돌아갈 곳이 없었기 때문이다. 삼국지에 나오는 전술의 이름을 빌려 '배수의 진'을 쳤다고 할까. 가뜩이나 한국에 있었을 당시 해 놓은 것도 없는데 유학을 가서까지 열심히 하지 않고 한국에 돌아가면 미래가 너무 뻔했다. 조그마한 회사에 취직해 얼마 안 되는 월급 받고, 게다가 유학의 여파로 잔뜩 진 빚을 갚느라 힘겹게 근근이 먹고 살아가겠지. 그런 모습을 상상하니 나는 절실해지지 않을 수가 없었다. 유학 기간 중 육체적으로 정신적으로 너무 지치고 힘들었을 때 '나는 왜 학창시절에 공부를 하지 않았을까'를 수백 번도 더 되뇌며 후회했지만 이미 늦은 일이었다.

## 50명 중에 40등

중학교를 다닐 때는 그래도 웬만큼은 공부를 했었다. 연합고사만 잘 치르면 괜찮은 상위 고등학교도 노려볼 수 있었던 점수. 하지만 당시 교육부 장관의 '한 가지만 잘해도 대학 잘 갈 수 있다.'라던지 '내신만 좋으면 대학갈 수 있다.' 같은 말만 믿고 내신을 잘 받기 위하여 조금은 만만해 보이는 고등학교에 진학했다. 그리고 '내신에 열심히 신경을 썼다.'로 이어졌으면 좋았겠지만 안타깝게도 그 이후로 나는 공부에서 거의 손을 놓게 되었다.

고등학교 때는 정말 실컷 놀았다. 체육과 음악, 미술 등을 제외하고는 수업을 들어본 기억이 거의 없다. 항상 판타지 소설을 읽거나 자는 것으로 수업시간을 때웠다. 방과 후에는 마음이 맞는 친구들과 어울려 매일 당구장이나 노래방, 오락실 같은 장소에서 시간을 보내거나, 혹은 건물 계단이나 공원 같은 곳에서 옹기종기 모여 수다를 떨면서 허송세월을 보내곤 했다. 종합성적은 그나마 예체능 과목인 체육, 미술, 음악과 같은 수업들에서 항상 수를 받고 가끔 벼락치기로 우 정도를 받은 수업들이 있어 보통 중간 정도는 했지만 심할 때는 50명 남짓한 반에서 40등 이하의 성적을 기록하기도 했다. 중간 이상을 해 본 적은 거의 없는 것 같다. 특히 영어를 싫어했다. '좋은 우리말을 놔두고 왜 외국어를 배워야 해?' 영어를 배우는 이유를 찾지 못한 나는 이런 생각이 항상 마음속에 자리 잡고 있었다. 영어에 대한 나의 이런 태도는 고등학교 1학년 공통영어 수업에서 1, 2학기 모두 '가'를 받는 결과로 이어졌다. 이후 그저 성적 불안감에 신경을 조금 써 성적이 다소 오르기는 했지만 흥미나 관심을 가져 본 적은 단 한 번도 없었다.

수능 점수는 말 그대로 처참했다. 2002년도 수능시험이 다른 해에 비해 많이 어려웠다고는 하나 400점 만점에 반타작 수준이었다. 특히 외국어 영역은 80점 만점에 10~20점대밖에 받지 못했다. 그래도 이 점수로 우여곡절 끝에 대학은 들어갈 수가 있게 되었다. 대기순위 820위권에서 아슬아슬하게 나를 묶어두고 있던 순천향대학교가 입학 오리엔테이션 하루 전날 합격 전화를 걸어 준 것이다. 820명이 넘는 학생이 등록을 포기했다는 사실과 행운에 놀랐지만, 어쨌거나 한걸음에 달려가 등록을 하고 그날로 오리엔테이션에 참가하면서 간신히 대학의 문턱에 골인할 수 있었다.

### 지방대 날라리

그렇게 아슬아슬하게 들어간 대학교. 학교에는 항상 갔다. 1학년 1학기 총 16주 중 처음 1주와 시험을 제외하고는 거의 수업에 들어가지 않은 것이 문제였을 뿐. 자취하던 친구들 집에서 기생충처럼 얹혀 살며 당구장 개근자로 하루하루를 연명했다. 중학교 시절부터 또래 친구들 중 당구로는 항상 1등을 하던 나에게 이는 돈 들이지 않고 놀 수 있는 최고의 게임이었다. 첫 학기 성적은 수능 점수는 저리 가라 할 만큼 비참했다. 과대였던 친구가 대리출석을 많이 도와주지 않았다면

4.5점 만점에 1점도 넘지 못하는 최악의 학점을 받았을 것이다. 다행히도 최악은 면했지만 커트라인인 1.5점을 넘지 못하여 결국 학사경고를 받았다. 그 당시 나는 꿈도 희망도 없는 구제불능이었다.

그렇게 의미 없는 대학생활을 세 학기 마치고 학교에 휴학계를 냈다. 12월 입대 전에 6개월 실컷 놀자는 게 이유였다. 놀려면 돈이 필요했다. 여기저기 아르바이트 자리를 수소문해 본 결과 유흥주점에서 웨이터로 근무하는 것이 가장 수입이 짭짤해 보였다. 6개월간 라이브 바와 단란주점에서 일을 했는데 급여는 스무 살 남자아이가 노는데 쓰기에는 꽤 많았다. 팁이 월급 가까이 나오는 경우가 많아 많이 벌 때는 한 달에 기본급여 포함 250~300만 원까지도 벌었다. 어린 마음에 이대로 그냥 서른 살 정도까지 계속 일하면서 돈을 모아 내 가게를 하나 차려도 평생 먹고 살 수 있겠다는 생각이 들었다.

그런데 단란주점에서 일을 하면서 심경에 큰 변화가 찾아왔다. 이전에도 건설현장이나 레스토랑, 호프집 같은 곳에서 아르바이트는 종종 해 보았지만 주점은 내가 지금까지 살던 세계와 전혀 달랐다. 사회적으로 명성 있는, 소위 말하는 '사' 자 들어가는 직업을 가진 이들이나 고위 공무원들이 양팔에 여종업원을 끼고 돈을 펑펑 쓰며 술에 취한 채 추태를 부리는 모습이라니. TV 드라마에서 많이 보기는 했지만, 직접 목격을 했을 때의 그 충격과 혐오스러움은 같은 남자로서도 이루 말을 할 수가 없었다. 당시 여종업원들이 돈 많은 사람들의 노리개 노릇을 하는 장면을 보며 '사람이 힘없고 돈 없으면 저렇게도 인생을 사는구나.' 생각했다. 그러면서 '나는 미래에 힘없고 돈 없으면 어떻게 될까?' 라는 질문을 자신에게 던져 보게 되었다.

  본격적이고 구체적으로 내 사상이 변하기 시작한 것은 소위 말하는 '나가요' 누나들과 이야기를 많이 나누게 되면서였다. 당시에 내가 일하던 가게의 직원실에 들어가면 그 가게에 속해있던 나가요 누나들이 속옷 차림에 팔을 괴고 누워 담배를 뻑뻑 피워대며 TV를 보고 있고는 했다. 그들에게 스무 살짜리 남자 웨이터가 자신들을 쳐다보고 있는지 따위는 안중에도 없었다. 몇 달간 같은 주점에서 일하면서 이런저런 이야기를 많이 나누었는데 대부분이 자신의 과거를 후회하고 현재의 신세를 한탄하는 내용이었다. 지금 당장 몸 팔면서 돈을 버는 것도 끔찍한데 이마저도 나이를 더 먹으면 할 수가 없으니 답답하다고 말하는 얼굴에는 희망이 전혀 보이지를 않았다. 죽을 수 없으니 그냥 사는 것이었다. 나락까지 떨어진 그들의 삶을 가까이서 지켜보며 그동안 내가 살아온 모습들을 곱씹어보게 되었다. 그리고 처음으로 나의 미래에 대한 걱정을 조금씩 하게 되었다.

  두 번째 계기는 군대에서였다. 나의 과거를 되돌아보며 미래에 대한 설계를 나름 해보기 시작하던 때에 입대를 하게 되었는데, 그때 고려대학교에 다니는 동현이라는 동기 녀석 한 명과 같은 내무반에 배정이 되었다. 군대라는 한정된 공간 안에서 나는 동현이 보다 모든 것이 월등했다. 작업, 운동, 사격, 훈련 등 군대에서 할 수 있는 모든 것에 내가 훨씬 재능을 보였으며 그 친구보다 항상 뛰어난 성과를 만들어 내고는 했다. 스물한 살이라는 어린 나이에 철이 없었던 나는 그 친구를 얕보았다.

그런데 하루는 한 선임이 동현이에게 역사에 대한 질문을 했다. 대한민국 소위 명문 대학 중 하나인 고려대에서 역사를 전공하는 녀석이라 그 방면에는 거의 도사였다. 질문에 대하여 줄줄 읊기 시작하는데, 그 모습이 매우 신선하게 다가왔다. 내가 평소에 얕보았던 동현이가 아니었다. 역사에 대하여 이야기할 때는 눈빛이 달라졌고 얼굴 전체에 생기가 돌았으며 자신감이 느껴졌다. 이런 모습을 보면서 나 스스로에게 물었다. '나는 이제껏 살면서 뭐 하나에 저렇게 전문성을 가져본 적이 있었나? 또래 중에 당구나 잘 치고 노래나 잘 부를 줄은 알았지만……'

이 사회가 전반적으로 어떻게 돌아가는지에 대해서도 동현이는 대단히 넓은 지식과 상식을 가지고 있었고 또한 자신만의 식견을 가지고 의견을 피력하는데 능했다. 내가 작업과 운동, 사격을 그 녀석보다 잘하는 것은 더 이상 자랑거리가 아니게 되었다. 동갑이었던 그 친구로부터 묘한 열등감을 느끼기 시작했고 아는 게 별로 없는 나 자신이 수치스러워졌다. 공부를 잘한다는 것에 대한 흥미와 호기심이 조금씩 생기게 된 것도 그때부터였다.

세 번째 계기는 거의 7년간을 좋아했던 JY라는 여자아이로부터였다. 중학교 3학년 때 학원에서 JY를 처음 보고 한눈에 반하게 되었다. 고등학교에 입학했는데, 이럴 수가! 우연히 복도를 걸어가다가 그 친구를 마주쳤다. 나와 같은 고등학교에 입학한 것이었다. 학교에서 미모가 출중하기로 유명했던 친구라, 숫기가 없었던 나는 고백할 생각 따위는 하지도 못했고 혼자 좋아하며 끙끙 앓았다.

고등학교 2학년이 되었을 때 갑자기 춤에 흥미가 생긴 나는 학교 댄스 동아리의 회장이었던 친구를 졸라 댄스부에 낙하산으로 입단하게 되었다. 그리고 가수 J의 〈Time Out〉이라는 곡을 열심히 연습하여 축제 무대에 서게 되었다. 이때 무대에 선 내 모습을 보고 내게 좋아한다고 고백을 했던 동갑내기 여자아이가 있었는데 알고 보니 JY와 아주 친한 친구가 아닌가. 이런 상황이 답답했던 나는 결국 고3 때 JY에게 고백을 했고, 관계가 좀 진전이 되나 싶었지만 이내 다시 멀어졌다. 그리고 고등학교를 졸업하고 대학을 진학하게 되면서 인연은 여기서 끝이 나는 듯했다.

하지만 JY를 잊을 수가 없었던 나는 제대를 하고 당시 유행하던 한 SNS를 통하여 JY를 찾아 쪽지를 보냈다. 다행스럽게도 답장이 왔고 전화번호를 받아 다시금 연락을 주고받기 시작했다. 그러던 어느 날 문자를 하다가 그 친구가 이름있는 괜찮은 대학을 졸업하고 한 호텔에서 근무한다는 것을 알 수 있었다. 외모도 고등학교 때보다 훨씬 세련되었다.

갑자기 탄탄대로를 달리고 있는 JY의 모습과 작금의 내 모습이 비교되기 시작했다. 나는 갓 제대하여 빡빡이 머리에 내부 인테리어 공사 아르바이트를 하는 탓에 매일같이 석고 가루 뒤섞인 먼지를 온몸에 뒤집어쓰며 일하고 있는 학사경고 받은 지방대 대학생이었다. JY에 비해 너무 초라한 내 행색을 감지하기 시작한 뒤부터 나는 엄청난 자격지심에 시달려야 했다. 열등감에 사로잡히면서 자신감을 잃었고 그 친구에게 만나자는 말을 차마 할 수가 없었다. 나 자신이 창피했다. 그렇게 그 친구와 멀어지면서 인생을 어떻게 살아야 할지 다시 한번 생각해 보게 되었다. 나도 열심히 살면서 무언가를 좀 이뤄야 하지 않을까. 적어도 내가 좋아하는 여자에게 내 모습이 부끄러워 고백조차 하지 않는 바보가 되지는 말아야 하지 않을까.

## 세상에 눈을 뜨다

이런 계기들이 겹치면서 2학년 2학기로 학교에 다시 복학했을 때의 나는 이전과는 전혀 다른 사람이었다. 한 학기 내내 공부에만 매진했다. 지난 세 학기 동안 워낙 해 놓은 공부가 없어서 기초 지식이 부족해 처음에는 그냥 무작정 외우는 식으로 무식하게 공부를 하는 수밖에 없었다. 하지만 한 달, 두 달 지나며 점점 나만의 공부 비법이 쌓이고 조금씩 공부가 수월해졌다. 항상 수업시간에 맨 앞자리에 앉으며 한 학기 동안 매진한 결과 600명이 조금 넘는 전자기술공학부에서 다섯 명만 받을 수 있는 전액 장학금을 수여 받게 되었다. 내가 생전 처음으로 공부를 통하여 무언가를 성취한 큰 사건이었다. 내 고등학교와 대학교 1학년 시절을 보아왔던 친구들은 나의 장학금 수여 소식을 결코 믿지 않았다.

장학금 사건을 통해 부모님께 효도하는 기분도 들고 주위 사람들에게 축하를 많이 받아 기쁘기도 했지만 한편으로는 정신적으로 큰 혼란이 왔다. 이제 공부도 열심히 하고 미래를 진지하게 설계하여 한 발한 발 내딛고자 하는 의욕이 생겼는데 더 이상 어디로 가야 할지 앞이 보이지 않는 것이 문제였다. 전액 장학금이라는 것을 받아 봤으니 이 대학교에서는 더 이상 이룰 수 있는 것이 없었다. 앞으로 더 전진하기 위해 편입을 알아보기 시작했지만 1학년 때 학점이 너무 좋지 않아 불가능했다. 지금 다니는 학교에서는 아무리 열심히 노력하여 좋은 성적으로 졸업해봐야 학벌에 의한 선입견이 심한 한국 사회에서 성공하기는 어려울 것 같았다. 진퇴양난의 상황에 부닥친 것이다.

이런저런 근심 걱정에 방학 내내 아무것도 손에 잡히지를 않았다. 심지어는 그 좋아하는 당구를 치고 있는 도중에도 머릿속에는 항상 미래에 대한 고민이 떠나지를 않았다. 내가 평소와 뭔가 달라 보였는지 하루는 누나가 나에게 대화를 신청했다. 고민이 있느냐고 묻는 누나에게 현 상황에 대해 상세하게 설명해 주었다.

"나 좀 열심히 공부하면서 살아보고 싶은데…… 지금 다니는 대학교에서는 아무리 좋은 성적으로 졸업하고 실력 쌓아 봐야 지방대 출신이라는 꼬리표가 평생 따라다닐 것 같고…… 일 학년 때 학점이 너무 안 좋아서 편입도 불가능하고…… 뭘 어떻게 해야 할지 모르겠어. 갇힌 것 같은 기분이야. 그냥 이렇게 졸업하고 그저 그런 회사에 취직해서 평생 근근이 먹고 살고 싶지는 않은데, 그렇다고 딱히 다른 방도도 없고…… 수능 시험 한방에 그냥 인생이 결정이 나 버린 기분이야."

"그러면 머리도 비울 겸 배낭여행 한번 다녀오는 건 어때? 나 전에 유럽 배낭여행 다녀왔잖아. 뭔가 느껴지는 게 많더라. 너도 분명 많이 배우고 오게 될 거야."

"내가 돈이 어디 있어."

"아르바이트로 벌어서 가면 되지. 1년 휴학해."

"나 군대 핑계로 이미 1년 휴학해서 많이 뒤처졌는데 또 휴학하라고? 나 그러다가 나중에 나이 많아서 취직도 못 하면 어떡해."

"야, 지금이야 그 1년이 엄청나게 길어 보이겠지만 네 인생 전체로 보면 아무것도 아니야. 못해도 80~90세까지는 살 텐데 그 1년이 대수야? 좀 더 멀리 봐. 그리고 너 취직해서 사회생활 시작하면 배낭여행 같은 거 꿈도 꾸기 힘들어. 학창시절에 시간 있을 때 하고 싶은 거 최대한 하고 졸업해도 늦지 않아. 나중에 후회하지 말고."

멀리 보라는 누나의 말이 가슴에 확 와 닿았다. 그래. 인생 길게 보면 지금 1년 휴학이 뭐 그리 대수일까. 여행 가서 많이 배우면 그게 더 남는 거지. 한 번 결정이 서고나니 망설일 것이 없었다. 바로 휴학계를 준비해 학교에 제출하고 아르바이트를 시작했다. 돈을 많이 벌어서 여행을 편하게 다니고 싶은 생각은 있었지만 유흥주점 같은 곳에서 다시는 일 하고 싶지 않았다. 스키장, 레스토랑, 커피숍 같은 정상적인 낮에 하는 아르바이트를 하니 벌이는 조금 적었지만 마음은 편했다.

아르바이트를 하면서 차근차근 여행 준비를 시작했다. 6월 초에 비행기에 몸을 싣는 것을 계획으로 여기저기 인터넷 웹사이트를 뒤지며 최저가 항공권을 구매했다. 여행 기간은 두 달 정도로 잡았는데, 왠지 두 달 치를 미리 빡빡하게 계획을 짜놓고 움직이면 여행의 재미가 떨어질 것 같아 초반 일주일 정도만 숙소와 루트를 정해놓고 나머지 계획은 현지에서 기분 나는 대로 세우기로 했다. 첫 도시로 내가 선택한 곳은 샌프란시스코였다. 서부 끝자락에 위치한 샌프란시스코에서 시작하여 오로지 버스로만 15개 정도의 도시를 거쳐 동부 끝자락에 있는 뉴욕까지 가는 게 목표였다. 비행기를 타고 직선거리로 날아가도 여섯 시간이 넘게 걸리는 거리. 다소 무리한 목표가 아닐까 싶기도 했지만 미국 여행 카페에서 한 20대 초반 여성분이 버스로만 미국땅을 한 바퀴 돌았다는 글을 읽은 후에 나도 꼭 해보고 싶다는 생각이 들었다.

평소에 외국 여행 따위에는 전혀 관심이 없다고 말하고 다니던 나였지만 샌프란시스코에 있는 한 유스 호스텔(Youth Hostel)[1]에 3박 4일 예약을 끝내고 나니 설렘에 심장이 두근거렸다. 정말 오랜만에 느껴보는 기분 좋은 설렘이었다. 하지만 한편으로는 두렵기도 했다. 5년간 영어 한 자도 들여다보지 않은 내가 미국 여행이라니. 사실 인터넷에서 호스텔 예약할 때도 엄청나게 헤매었다. 전자사전을 얼마나 두들겼는지 손목이 다 아플 지경이었다. 좀 더 원활한 여행을 위하여 영어회화 책을 하나 구매해 아르바이트를 하며 차근차근 공부하였다. 그렇게 6개월간 아르바이트를 한 돈과 부모님께 조금 손을 벌린 것을 합친 700만 원가량의 돈과 어설픈 영어 실력을 가지고 드디어 미국으로 떠나게 되었다.

---

[1] 미국, 유럽, 한국 등 관광객이 많은 나라에 여행객들이 저렴한 가격에 묵을 수 있도록 만들어놓은 숙소로, 보통 방보다 침대를 렌트한다는 개념이 강하다. 돈도 절약될뿐 아니라 여러 나라에서 온 여행객들과 한 방에서 투숙하며 자연스럽게 친해질 수 있는 기회가 생겨 좋다.

CHAPTER **2**

# 영어로
# 길을 찾다

2007년 6월 5일 오전 10시. 샌프란시스코 공항을 통하여 미국땅에 첫발을 내디뎠다. 24년 인생에 처음으로 한국땅을 벗어난 역사적인 순간이었다. 새로운 세상에 대한 기대감에 기분이 하늘로 솟구쳐 오를 만큼 좋았지만 그것이 불안함으로 바뀌는 데는 시간이 얼마 걸리지 않았다.

### 영어 까막눈, 미국 가다

입국 심사대는 공포 그 자체였다.

"^_^%@ #@& #$&!#$ #@ %^_^?"

가자마자 먼저 심사관이 말을 걸어왔다.

"^-^……. Yes?"

내가 물었다.

"^o^! #%&*$#$%$^$%$$^^?"

심사관이 다시 말했다.

"^-^;;;……. Yes?"

내가 다시 물었다.

"-.-+... # % & * $ # $ % $ ^ $ % $ passport -,-?"

패스포트라는 말을 들은 것 같다.

"Oh, passport!"

입국 심사대의 미국 아저씨가 무슨 이야기를 하는지 하나도 알아들을 수 없어서 Yes만을 반복해야 했던 나는 순간적으로 passport라는 단어를 듣고 나의 여권을 꺼내어 보여주었다. 그리고 별 탈 없이 심사대를 빠져나갈 수 있었다. 긴장감에 두근대는 내 심장은 뜀뛰기를 멈출 줄을 몰랐다. 고등학교 2학년 때 TV 오디션에 나가서 노래를 불렀을 때만큼이나 가슴이 쿵쾅거렸다.

공항 중앙의 로비로 나왔는데…… 완전한 신세계가 펼쳐졌다. 백인, 흑인, 그리고 나와는 매우 다른 분위기를 풍기는 동양인들이 삼삼

오오 모여서 영어로 이야기를 하고 있는 장면은 마치 영화를 보는 듯했다. 뛰는 가슴을 추스르고 내가 예약한 호스텔로 가기 위해 먼저 'Information Desk'라고 쓰여 있는 곳으로 발걸음을 옮겼다. 다운타운으로 가는 대중교통을 알아보기 위해서다. 경유 포함 22시간이 넘는 비행 동안 책과 전자사전을 통하여 열심히 공부한 나의 영어회화 실력이 이제 빛을 발할 시간이었다.

"Hi, where do I go to ~?" 저기요, ~로 가려면 어디로 가요?

첫 번째 대화였기에 내심 뿌듯했다. 그리고 미리 출력한 주소를 보여줬다. 그런데 대답을 당최 알아들을 수가 없다.

"^o^! $^$%$$^^#%&*$#$%?"

"Sorry, I don't understand." 미안하지만, 나 못 알아듣겠어요.

한눈에 내가 영어 못하는 왕초보 여행객임을 알아본 공항 아저씨가 나에게 다가왔다.

"Can I help you?" 도와줄까요?

"Ticket" 티켓

호스텔 주소를 꺼내어 보여줬다. 아저씨는 매표 기계의 최신 터치식 화면에 복잡하게 널려있는 버튼을 몇 차례 틱틱틱 누르더니 티켓 한 장이 출력되었다. 나는 또다시 연신 땡큐를 외치며 아저씨가 가리키는 방향으로 바트를 타러 움직였다.

## 쩔쩔맨 샌프란시스코

드디어 다운타운에 도착했다. 날씨가 무척 좋았다. 미국 서부는 겨울이 없고 아무리 추워도 우리나라의 봄이나 가을과 같은 날씨라서 1년 내내 두꺼운 코트나 점퍼가 없이도 생활이 가능하다고 했다. 길거리로 나오니 거의 백인과 흑인들로만 가득 찬 주변 환경이 인상적이다. 관광객들도 많았지만 내 눈에는 그들만 보였다. 힙합 노래가 크게 틀어져 있는 라디오를 어깨에 얹고 흥얼거리며 설렁설렁 걸어가는 덩치 큰 흑인 청년, 잔디에 옹기종기 앉거나 누워서 두런두런 이야기를 나누는 젊은 백인들, 선글라스를 끼고 도도하게 길을 걷고 있는 나보다 키가 큰 서양 여자 등, 영화에서나 보던 그런 장면들이 내 눈앞에 끝없이 펼쳐져 있었다. 마치 얼마 전에 본, 샌프란시스코가 배경인 '행복을 찾아서'라는 영화에 내가 직접 들어와 있는 기분이다. 무척 아름다운 샌프란시스코 다운타운의 전경에 감탄이 절로 나왔다.

하지만 역시나 감동은 잠시뿐, 숙소를 찾아야 하는데 길이 어딘지를 모르겠다. 스마트폰 같은 것은 상상도 못 하던 6년 전이니 무조건 지도만 보고 길을 찾아야 했는데, 보이는 것은 죄다 영어이니 막막할 따름이었다. 그런데 사실 다르게 생각하면 공부해 놓은 영어를 써먹을 수 있는 아주 좋은 상황이기도 했다. 회화 연습도 할 겸 길거리의 누군가에게 길을 물어보기로 하고 주변을 두리번거렸다. 대부분의 토종 한국인들이 그러하듯 나 역시도 흑인들에 대한 선입견에 사로잡혀 있어 그들에게는 말을 걸기가 조금 무서웠다. 백인들만을 선호하는 한국 사회가 빚어낸 잘못된 선입견이다. 이왕 말 거는 거 두려움이 덜 한 백인 여자에게 길을 물어보기로 했다. 곧 한 명이 눈에 들어왔다.

"Hello. Can I ask question?" 안녕하세요. 질문 좀 해도 될까요?

"Sure. What is it?" 물론이죠. 뭔데요?

"(지도를 보여주며) I need to find this place." 전 이 장소를 찾아야 해요.

크! 내 발음을 알아듣는구나. 자연스러운 대화에 내심 만족하며 속으로 웃고 있던 그 시점에 그녀의 무차별 방향 설명이 다시 시작되었다.

"^o^~!**&$%^&,^%$$##$%^&&*^&, %$&."

"Okay! Thank you!"

무슨 소리인지 하나도 알아들을 수 없었지만 또 물어보기가 조금 민망하여 여자가 제일 처음으로 가리킨 방향으로 무작정 걸었다. 조금 걷다가 또 다른 사람에게 물어보고…… 또 조금 걷다가 질문하고…… 그렇게 물어물어 한 시간 반이 지나서야 숙소를 찾을 수 있었다. 나중에 알고 보니 그곳은 15분이면 가는 거리였다. 내가 조금만 더 영어를 알았더라면 초반부터 이런 고생은 안 해도 되었을 텐데.

충격과 놀람의 연속이었던 여행 첫날이 눈 깜짝할 사이에 지나가고 둘째 날 아침이 밝았다. 간단하게 씻고 주방으로 내려가니 공짜로 제공되는 와플을 만들어 먹기 위하여 내려온 여행객들로 북적북적했다. 아침을 대강 해결하고 편한 복장으로 집을 나섰다. 오늘은 유명한 금문교Golden Gate Bridge[2]를 보러 가는 날. 사진으로만 보던 금문교를 마주하니 그 아름다움에 감탄이 절로 나왔다. 프로머스Frommers라는 여행안

내 책자에서 왜 금문교를 '세계에서 가장 아름답고 가장 사진이 많이 찍힌 다리일 것'이라고 했는지 이해할 수 있을 것 같았다. 금문교를 제대로 관광하려면 자전거나 도보를 이용하여 다리를 직접 건너보는 게 좋다는 이야기를 많이 들은 터라 느긋하게 마음먹고 금문교를 통해 샌프란시스코와 연결된 머린 카운티Marin County쪽으로 발걸음을 옮겼다. 그런데 내 생각보다 다리가 너무 긴 탓에 20분이 넘도록 반도 못 온 것이다. 그렇다고 이왕 시작한 거 중간에 발걸음을 돌리기가 아쉬웠기에 가면서 앞으로의 여행 계획이나 짜기로 마음을 먹었다. 그리고 여행 책자를 꺼내 들어 금문교를 건너면서 읽기 시작했다.

걸으면서 여행 책자를 읽은 것은 엄청난 실수였다. 나는 사실 두 달을 버스로만 움직이기로 계획을 하고 온 미국 여행이기에 그레이하운드Greyhound라는 버스 회사에서 두 달 치 무제한 티켓을 끊어서 왔더랬다. 개시도 하지 않은 그 티켓의 영수증을 잃어버리지 않기 위하여 여행 책자 사이에 끼워 놓았었는데 그걸 깜빡한 채 다리 위에서 책을 펼친 것이다.

영수증이 끼워져 있는 페이지를 넘기는 순간, 다리 위의 세찬 바람이 무려 600달러가 넘는 그 종이 쪼가리를 단숨에 날려버렸다. 바람에 날려 공중에 떠 있는 영수증이 마치 정지화면인 양 느껴졌다. 무의식 중에 일단 무작정 영수증 쪽으로 냅다 뛰었다. 영수증은 한동안 다리

---

2 샌프란시스코와 북쪽의 머린 카운티를 연결하는 샌프란시스코의 상징적인 건축물 중 하나. 미국 내에서도 손꼽히는 관광명소로 유명하다. 총 길이는 2,789m로 걸어서 건너면 약 50분 정도가 소요된다.

아래로 떨어지지 않고 난간을 따라 날아갔다. 내 실낱같은 희망과 함께. 순간 닿을뻔한 거리까지 도달을 했지만, 무심하게도 영수증은 휙! 다리 바깥으로 날아가 강 위에 떨어졌다. 그리고는 물살을 타고 빠르게 떠내려갔다. 망연자실
한참을 떠내려가는 영수증을 멍하니 바라보고 서 있었다. 눈앞이 캄캄해졌다. 가뜩이나 가난하게 온 여행인데 둘째 날부터 600달러의 교통비를 송두리째 날려버렸다.

얼이 빠진 채 숙소로 돌아와서는 바로 그레이하운드 한국 지사에 전화를 걸어 재발급을 받을 수 있는지 문의했다. 불가능하단다. 내 여권정보와 함께 발급받은 영수증이라 나 이외의 다른 사람은 절대 도용이 불가능한데도 재발급이 안 된단다. 이유를 물었더니 그냥 시스템이 그렇단다. 화를 내도 상황이 변할 것 같지 않아 그냥 끊어 버리고 가족들에게 전화를 걸었다.

"평생에 다시 또 갈 수 없을지도 모르는 미국 여행이니 60만 원 아까워하지 말고 현지에서 다시 패스를 구매해 계획대로 계속 여행하도록 해."

차분하게 말하는 누나 덕분에 마음에 다소 안정을 되찾을 수 있었다. 다음 날 아침 바로 그레이하운드 버스 터미널로 발걸음을 옮겼다. 티켓 가격을 확인해 보았는데 현장에서 두 달 치는 아예 구매할 수 없었고 한 달짜리는 520달러였다. 한국에서 두 달짜리를 620달러에 주고 샀는데……. 돈을 아끼지 않으려고 마음을 먹었지만 그래도 이건 너무 아까웠다. 차마 티켓을 구매하지 못하고 터미널을 나왔다.

한참을 하릴없이 그 근처를 배회하다가 숙소로 다시 돌아와 침대에 누워 곰곰이 생각에 잠겼다. 여행 계획을 완전히 갈아엎고 방문하려고 했던 도시의 숫자를 줄이는 수밖에 없었다. 평생 한 번일지도 모르는 여행인데 이런 식으로 꼬이니 너무 안타까워서 눈물이 났다. 원래 15개 이상의 도시를 두 달에 걸쳐 방문하려고 했던 나의 야심 찬 계획은 이내 한 달간 6개 도시를 방문하는 여행으로 대폭 축소되었다. 지금 와서 생각하면 매우 후회되는 결정이다. 하지만 당시 스물넷의 가난한 대학생의 입장에서는 나름 합리적인 선택이었으리라.

## 로스앤젤레스, 라스베이거스, 그리고 그랜드캐니언

탈이 많았던 샌프란시스코를 뒤로하고 버스로 8시간에 걸쳐 도착한 로스앤젤레스는 도시가 넓고 대중교통 수단이 매우 제한적이라 차가 없이는 관광이 너무 힘들었다. 산 중턱에 설치된 유명한 할리우드Hollywood 간판에서 사진을 찍은 것과 유니버설 스튜디오Universal Studio에서 하루를 보낸 것을 제외하고는 대체로 별 볼 일 없었던 로스앤젤레스였다.

로스앤젤레스를 지나 샌디에이고에서 약 4일 정도를 머무른 후 라스베이거스로 갔다. 듣던 대로 베이거스는 입구부터 어마어마하게 화려했다. 베이거스는 호스텔 역시 다른 지역과 달랐다. 1박에 17달러의 저

렴한 가격에 수영장까지 딸려있다니! 짐을 풀고 본격적으로 베이거스를 관광하러 나가려는 찰나, 그 전에 한 가지 꼭 해야 할 일이 있다는 것이 생각났다. 바로 그랜드캐니언Grand Canyon 투어를 예약하는 일.

베이거스에서 버스로 약 8시간 떨어진 그랜드캐니언은 수많은 세계적인 매체들에서 죽기 전에 꼭 가봐야 할 곳 1위로 손꼽을 정도로 유명한 곳이다. 한국에서 여행을 준비할 당시 인터넷으로 그냥 예매를 할 수도 있었지만 현지에서 전화로 반드시 예매를 해보고 싶은 마음에 그냥 놔뒀다. 이렇게 제대로 영어 연습을 할 기회가 또 어디 있겠는가. 미국인 전화 상담원과 예약을 성사시킬 수 있다면 바닥을 기는 나의 영어 실력은 한 단계 진보하게 될 것이다. 예매에 필요한 몇몇 문장들은 내가 이미 사전에 공부하여 전자사전에 저장시켜 두었다. 쿼터Quarter[3] 동전을 잔뜩 만들어 놓고는 공중전화기 앞에 앉아서 심호흡을 한번 한 후 내가 만들어놓은 문장들을 눈앞에 띄워놓고 전

화기를 들었다.

(따르릉따르릉)

"Hello. How can I help you?" 안녕하세요. 무엇을 도와드릴까요?

오! 받았다. 심장이 두근두근한다.

"Ah... I need to make reservation. I saw $79.99 travel in your website. I want to buy it." 아… 나 예약이 필요해요. 그쪽 웹 사이트에서 79.99달러 여행 봤어요. 그거 사고 싶어요.

" #$% &#* $#$% @#^ @#$@#%^ @#%@^ #$^#^ @#$@# ^$#."

상담원이 말했다.

하나도 못 알아먹겠다. 하지만 충분히 예상했던 일이다. "I don't understand."라고 이야기했더니 또 뭐라 뭐라 하는데 역시나 못 알아듣겠다. 이번엔 당황해서 일단 전화를 끊었다. 그리고 곰곰이 전략을 생각해보았다. 내가 영어를 잘하지 못하니 일단 쉬운 단어 위주로 천천히 얘기해 달라고 말해야겠다. 시간이 좀 걸렸지만 전자사전을 두들겨가면서 적당히 문장을 만들고 다시 전화를 걸었다. 역시나 무슨 소리인지 하나도 모르겠다.

"I don't speak English very well. Can you use only easy word and speak very slow?" 나 영어 잘 말 못해요. 쉬운 단어 써서 아주 느린 말해줄 수 있어요?

우리말로 해석해도 이상한 이 말을 어떻게 알아들었는지 매우 느리

---

3 미국에서 동전을 세는 단위 중 하나. 1쿼터는 25센트Cent를, 1다임Dime은 10센트를, 1니켈Nickel은 5센트를 의미한다.

게 얘기해 주었는데 중간중간에 내가 알아들을 만한 단어들이 꽤 있었다. 메모지에 적어놓은 후 다시 전화를 끊고 적어놓은 단어들을 조합해 보니 무슨 얘기였는지 대충 짐작할 수 있었다. 그런 식으로 내가 필요한 부분을 보강해 나가면서 두세 번 더 전화한 후에야 성공적으로 전화 예매를 마무리할 수 있었다. 고등학교 공통영어 과목에서 '가'를 받았던 내가 미국인과 영어로 전화예매를 했다!

불가능이란 없나 보다. 미션을 완수하고 기쁜 마음에 침대로 돌아오니 상체가 땀으로 흥건하다. 크게 느끼지는 못했지만 전화를 하는 내내 초긴장 상태였나 보다. 갑자기 피곤이 밀려와 그대로 침대에 누워 버렸다.

베이거스의 휘황찬란한 스트립Strip[4] 거리와 호텔들을 정신없이 관광하다 보니 이틀이 후딱 가버리고 그랜드캐니언 관광을 하는 날이 다가왔다. 아침에 숙면을 취하고 있는데 누군가 내 방문을 쾅쾅 두드리며 "Mr. Kim!"이라고 고래고래 소리친다. 오전 6시 15분. 눈을 비비며 밖으로 나가니 그랜드캐니언 관광버스 기사가 눈을 부릅뜨고 서 있다. "15minutes!"를 수차례 외치는 것을 보아하니 출발시각이 15분이나 지났다고 빨리 나오라는 얘기 같다. 전화예매를 할 당시 상담원이 나에게 만날 시간과 장소를 설명해 주었는데 내가 알아듣지 못했던 것. 버스 기사가 그냥 무시하고 출발했더라면 그랜드캐니언 관광도

---

4 약 6.8km 정도로 길게 뻗은 라스베이거스의 대표적인 도로. 세계에서 가장 큰 규모의 호텔들과 부속 관광 및 놀이시설이 즐비해있다.

물거품이 될 뻔했다. 아, 이놈의 영어! 씻지도 못하고 서둘러 주섬주섬 옷을 입은 후 가방과 카메라를 챙겨 나와 버스에 올랐다. 그렇게 세계적인 관광 명소인 그랜드캐니언으로 출발할 수 있었다.

인상 좋은 외모의 덩치 큰 흑인 버스 기사는 마치 랩을 하듯이 승객들에게 그랜드캐니언과 라스베이거스에 대하여 이것저것 설명을 해 주었다. 가끔 비디오 자료도 함께 이용하여 승객들의 호기심을 돋우었다. 물론 나는 하나도 못 알아들었지만, 버스 안의 흥겨운 분위기 자체가 나에게는 큰 즐거움이었다. 잠도 자고, 일기도 쓰고, 과자를 먹으면서 바깥 경치도 구경하고 하다 보니 어느덧 그랜드캐니언에 도착했다. 8시간을 버스 안에 있었는데도 별로 지겹다는 느낌이 없었다. 그만큼 모든 것이 새롭고 재미있었다.

세상이 이렇게 넓고 재미있는데 20대 초반까지 안양 바닥에서만 틀어박혀 허송세월을 보내고 살았으니…… 친구들과 피시방에서 게임을 하거나 당구를 치며 하루하루를 보내던 예전의 내 모습을 떠올리니 후회가 되었다. 이제부터라도 넓은 세상 경험하면서 보람 있게 살아야지.

버스에서 내린 후 조금 걸어 그랜드캐니언 사우스 림South Rim의 대표적인 절경 중 하나인 야바파이Yavapai Point[5]에 도착하니 끝없이 펼쳐진 그랜드캐니언의 모습이 한눈에 들어왔다. 양쪽 눈의 시야각을 가득 채

---

5 크기가 방대한 그랜드캐니언은 그 방향에 따라 사우스 림, 노스 림 등으로 그 구역이 나뉘어 불리운다. 각각의 림에는 그랜드캐니언의 절경을 최대한 즐길 수 있는 대표적인 뷰 포인트들이 있다. 사우스 림에는 야바파이와 마더 포인트 등이 가장 대중적인 그랜드캐니언 관광 포인트이다.

우는 웅장한 그랜드캐니언과 맑게 갠 하늘의 조화가 이루는 아름다움은 현존하는 언어로 묘사하기가 어려울 정도였다.

한동안 넋을 놓고 바라보다가 손에 쥐어져 있는 사진기가 눈에 들어와 정신없이 찍어대고 있는데, 문득 주위를 바라보니 무언가 잘못되었다는 생각이 들었다. 나랑 같은 버스를 타고 온 사람들은 가슴팍에 같은 색의 스티커를 부착하고 있었는데 주위를 둘러보니 단 한 명도 눈에 띄지를 않는 것이다. 버스 기사가 언제까지 돌아와야 한다고 주의하라고 했는데 내가 또 못 알아들었나 보다. 아차 싶어 정신없이 버스가 있던 곳으로 뛰기 시작했다. 만약 이 버스를 놓치면 난 그대로 국제 미아다. 내 짐은 모두 차로 8시간 떨어진 라스베이거스에 있는데 여기서 버스를 놓치면 정말 큰일이다. 등에서 식은땀이 줄줄 흘렀다. 전속력을 다해서 달리고 있는데 멀찌감치서 천천히 출발하고 있는 버스의 모습이 보였다. 미친 듯이 달려서 주차장을 거의 빠져나가고 있는 버스의 옆구리를 손바닥으로 탕탕 쳤다. 곧바로 버스가 멈추고 문이 열렸다. 샤워를 한바탕 한 듯이 땀을 뻘뻘 흘리며 버스에 오르니 갑자기 승객들이 웃으며 손뼉을 치기 시작했다. 이런 민망한 일이…… 버스 기사 아저씨는 내게 뭐라 뭐라 짜증을 내었지만 무슨 소리인지는 알아들을 수 없었다. 대충 나를 오랫동안 기다리다가 어쩔 수 없이 출발하려고 했다는 말인 것 같다. "I am so sorry."를 연신 외치며 기사와 다른 승객들에게 내 미안한 감정을 표출하고 의자에 깊숙이 몸을 묻었다. 30초만 늦었어도 버스를 놓쳤을 것이라 생각하니 아찔했다.

숙소로 돌아와서는 바로 침대 위에 쓰러졌다. 정말 긴장의 연속이었다. 이놈의 영어 때문에 겪는 곤란한 상황이 한둘이 아니다. 내가 너를 언젠가는 마스터해주마!

## 내 인생에 기회를 주다

라스베이거스 관광을 마치고 드디어 말로만 듣던 뉴욕으로 출발했다. 원래 계획대로라면 라스베이거스 이후 약 10개의 도시를 더 거친 후에, 그리고 여행을 출발한 지 50일가량 뒤에 뉴욕에 도착했어야 하지만 금문교에서 버스 티켓을 잃어버리면서 대폭 축소된 계획으로 20여 일 만에 뉴욕 땅을 밟게 되었다. 뉴욕은 역시 듣던 대로, 기대했던 대로 대단한 도시였다. 세계 문화의 중심지답게 어디를 가든지 음악과 미술이 가까운 곳에 있는 아름다운 예술의 도시 뉴욕. 세계 금융의 선두주자임을 마치 뽐내기라도 하듯 하늘 위로 쭉쭉 뻗은 빌딩들이 장엄한 숲을 이루고 있는 월스트리트의 주인 뉴욕. 수많은 네온사인과 광고 간판으로 밤에도 낮과 같이 밝은 타임스퀘어의 아름다움과 활기는 내 심장을 뛰게 만들었고, 한국 사회에서 일거수일투족을 남의 시선을 의식하며 자라온 나에게 자유로운 뉴요커들의 모습은 진정 행복한 삶이란 어떤 것인지에 답을 제시해 주는 것 같았다.

그렇게 이곳저곳 돌아다니며 뉴욕의 아름다움에 심취되어 있던 중, 뉴욕에서 가장 상징적인 건물인 엠파이어 스테이트 빌딩Empire State

Building<sup>6</sup>에 올라가 보게 되었다. 티켓을 끊고 86층 높이의 메인 덱<sub>Main Deck</sub>에 올라서니 맨해튼의 전경이 한눈에 들어왔다. 세계 최고의 도시라 불리는 뉴욕을 아래로 내려다보니 기분이 묘했다. 그리고 또 한 번 우물 안 개구리와 같은 나 자신과 지금껏 내 삶에 대해서 깊게 생각해 보게 되었다.

'한번 사는 인생인데, 나도 이렇게 넓고 좋은 세상에서 한번 살아봐야 하지 않을까…….'

'저 큰 빌딩에서 일하는 사람들은 얼마나 대단한 사람들일까? 도대

---

6  과거 약 40년 동안 세계에서 가장 높은 빌딩이었던 엠파이어 스테이트 빌딩은 102층에 약 443.2m에 달하며 빌딩 꼭대기에서는 맨해튼의 전경을 한눈에 감상할 수 있다.

체 뭘 어떻게 해야 저런 곳에서 일할 수 있을까?'

'벌써 24년이라는 시간을 허송세월만 살아왔던 나에게도 저들 중 하나가 될 수 있는 기회가 있을까?'

바쁘게 살아가는 뉴요커들의 모습을 내려다보며 내 안에서 부러움이 용솟음치는 것을 느꼈다. 그러면서 새롭게 각오를 다지게 되었다. 여행을 마치고 나면 이제 정말 누구 못지 않게 열심히 살기로. 그리고 영어를 열심히 공부해서 한국에만 갇혀 지내는 우물 안 개구리로 살지 않고 넓은 세상으로 나오기로. 사실 여행을 하는 동안 이런 생각을 수도 없이 하고는 했지만 이번엔 마음가짐이 조금 달랐다. 그냥 막연한 생각이 아닌, 절실하고 절박한 깨달음이었다.

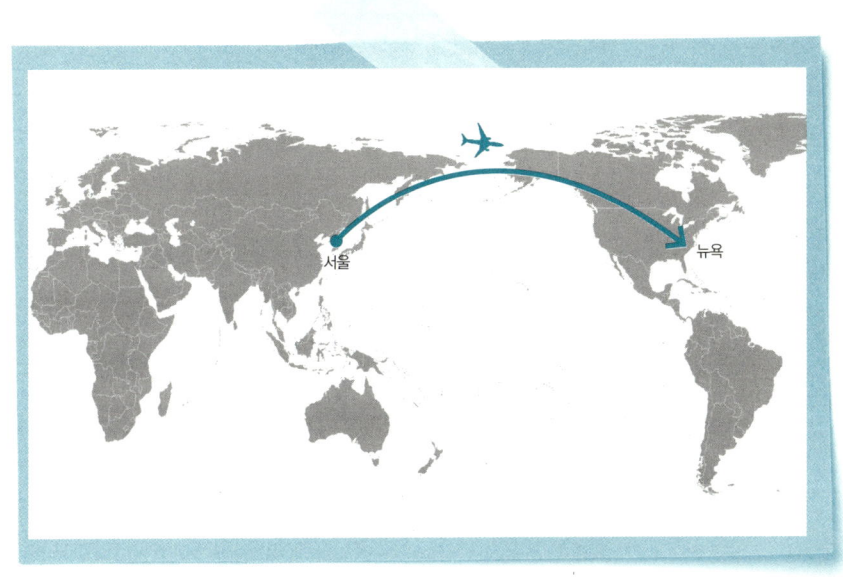

CHAPTER 2 영어로 길을 찾다

CHAPTER **3**

# 연수, 그리고 뒤늦은 유학

여행을 마치고 다시 한국으로 돌아온 나는 예전과는 조금 다른 사람이 되어있었다. 시간을 정말 소중하게 생각할 줄 알게 되었고, 무언가 목표를 세워 체계적으로 움직이기 시작했다. 친구들과 어울리고 여가를 즐기는 것은 휴식을 목적으로만 하게 되었고, 더 이상 단지 할 일이 없어서, 심심해서 시간을 때우는 일은 사라졌다.

## 어학연수

여행 당시 가장 아쉬운 부분이었던 영어를 체계적으로 공부해보고 싶어 1년간의 어학연수를 계획하기 시작하였다. 여기저기 인터넷을 뒤지고 몇몇 유학원과 연락하여 알아본 결과 학교부속 ESL 코스에 들어가 쓰기 위주의 영어 교육을 밟기로 하였다.

도시를 정하는 것도 문제였다. 가장 가고 싶은 도시는 역시나 뉴욕이었지만 살인적인 물가를 버틸 수 있을지가 의문이었고, 또한 한국인 유학생이 너무 많아 휩쓸려 다니지 않을까 걱정이 되었다. 유학 관련 카페나 웹사이트에도 내가 걱정하는 부분에 관련된 글이 많았다. 어딜 가던 한국인이 많고 항상 한국말로 대화하는 소리가 들려 영어공부에 무척 방해가 되었다는 종류의 글이 대부분이었다. 그렇게 뉴욕 어학연수에 대한 부정적인 글들이 많아 그나마 한인이 적다는 중부지방의 주들을 중심으로 마땅한 장소를 찾아보기도 했다. 그러나 이미 뉴욕으로 마음이 쏠려있는 터라 다른 도시가 눈에 들어오지 않았다. 그러던 중 뉴욕에 있는 성국이 형과 연락이 닿게 되었다.

우리 가족과 어려서부터 친한 성국이 형의 가족은 10여 년 전쯤 미국으로 이민을 했다. 그 뒤로는 어머니들끼리만 계속 연락을 유지하고 있었는데 어학연수를 결정하면서 나도 다시 자연스럽게 연락하게 되었다. 성국이 형이 영어공부를 하기에 좋다며 뉴욕에 있는 라과디아 커뮤니티 칼리지 La Guardia Community College 라는 곳을 추천해주었다.

가뜩이나 뉴욕으로 가고 싶은 마음이 굴뚝 같았는데 뉴욕에, 그것도 맨해튼 바로 근처에 있는 학교를 추천받으니 결심이 바로 섰다. 일단 가장 첫 번째로 해야 할 일은 I-20[7]를 받는 것. 유학원을 통하면 간단한 일이었지만 영어공부도 하고 수수료도 아낄 겸 직접 하기로 하고 학교 웹사이트와 유학 관련 카페 등 인터넷을 통하여 정보를 수집하기 시작했다. 어설픈 영어였지만 학교에도 직접 이메일을 보내는 등 연락을 취하여 물어보기도 하면서 필요한 서류를 준비해 나가기 시작했고, 생각보다 짧은 시간에 I-20를 받을 수 있었다. 그리고는 주한미국대사관에 인터뷰를 신청하여 학생비자도 성공적으로 받아내었다. 동시에 문법 위주의 영어공부와 아르바이트도 열심히 하며 차근차근 어학연수를 준비했다. 항공권까지 구매하고 나니 내가 앞으로 뉴욕에서 1년을 살 것이라는 게 조금씩 실감이 나기 시작했다.

2007년 12월 17일 저녁 8시, 다시 뉴욕 땅을 밟았다. 원래 비행기로 15시간 정도의 거리인데 비행기 값을 아끼기 위하여 일본을 7시간가량 경유해서 왔더니 인천공항을 떠난 지 벌써 23시간 정도가 지나 있다. 피곤한 몸을 이끌고 공항 밖으로 빠져나가니 성국이 형이 동생 성민이와 함께 기다리고 있었다. 차에 올라타 이런저런 이야기를 하면서 약 30분 정도를 달리니 갑자기 주위에 한국말로 쓰인 간판들이 눈에 띄기 시작했다. 뉴욕의 최대 한인 타운인 플러싱Flushing에 도착한 것이다.

플러싱은 수많은 한국인과 중국인들이 커다란 인종 공동체를 이루

---

7  학교나 어학원에서 발급되는 입학 또는 등록 증명서. I-20가 있어야 학생비자를 받을 수 있는 권리가 생긴다.

내가 살던 플러싱

며 살고 있는 도시이다. 흡사 80년대의 과거 한국을 재현한 것 같은 느낌인데, 뉴욕에 살고 있는 한인들 사이에서는 맨해튼에 위치한 코리아타운 Korea Town과 함께 뉴욕의 대표적인 한인촌으로 인식되어 있다. 생활에 필요한 거의 모든 것들이 한국말로 이루어져 있는 동네이기 때문에 영어 한마디 못해도 전혀 불편함 없이 살 수 있는 곳이다. 그래서 이 도시에서는 유학생들은 말할 것도 없고 심지어는 거주한 지 10년이 넘은 이민자들조차도 영어를 능숙하게 하지 못하는 경우가 많다. 이런 이유로 많은 유학생에게 별로 환영을 받지 못하는 도시인데, 금전적으로 넉넉하지 못한 나 같은 학생들은 비교적 저렴한 생활비로 살 수 있는 플러싱에 거주하며 어학연수나 유학을 하곤 한다.

뉴욕에 있는 한국 간판들을 바라보며 신기한 마음에 주변을 두리번거리고 있는데, 타고 있던 차가 한 순두붓집에서 멈췄다. 저녁 먹고 가자는 성국이 형의 말에 차에서 내려 가게 안에 들어가니, 여긴 뭐 한국이다.

"어서 오세요!"

식당 종업원들이 외쳤다. 맛있게 순두부 찌개를 먹고 있는 한국 사람들을 바라보니 내가 지금 뉴욕에 와 있는 게 맞는지 착각이 들 정도였다. 그곳에서 저녁을 해결하고 조금 늦은 시각에 성국이 형의 집에 도착할 수 있었다. 뉴욕에서 지낼 곳을 찾을 때까지만 잠시 머물러도 괜찮겠냐는, 어떻게 보면 상당히 곤란할 수 있었던 나의 부탁을 흔쾌히 수락해준 성국이 형의 가족에 매우 감사했다.

며칠 뒤에는 매형이 뉴욕에 도착했다. 나보다 여덟 살이 많은 매형은 다니던 직장에 사표를 제출하고 미국 어학연수의 길을 택했다. 장기적으로 볼 때 조금이라도 더 어린 나이에 영어를 배워놓는 게 미래에 훨씬 더 도움이 되리라는 판단에 내린 결정이었다. 다니던 직장을 그만둔다는 것이 큰 용기가 필요한 일임에도 본인의 판단대로 움직이는 매형의 결단력이 대단하다고 생각했다. 또한 흔쾌히 허락해준 누나의 강심장도 놀라웠다. 다음날부터 매형과 함께 방을 알아보러 다니기 시작했다. 원래 매형이 오기 전까지 적당히 1년 정도 살 곳을 내가 알아놓는 것이 계획이었지만 생각보다 쉽지 않았다.

그때 나는 현지 부동산 문화에 대한 지식이 너무 부족했다. 한국에서 나름 여러모로 조사를 해오기는 했지만 실제로 뉴욕에 사는 사람들이 어떤 식으로 저렴하게 좋은 방을 구하는지에 대한 지식이 전혀 없었다. 그러다 보니 무엇이 괜찮은 거래인지 알 수가 없어 계속 여기저기 발로 뛰며 비교해보는 수밖에 없었다. 가뜩이나 지리도 잘 모르는데다 뉴욕의 대중교통은 그나마 미국의 다른 도시들보다는 훨씬 나은 편임에도 불구하고 우리나라처럼 루트가 꼼꼼하게 짜여 있지 않기 때문에 시간이 매우 오래 걸렸다.

두 번째 문제는 아파트에 대한 나의 인식이었다. 우리나라처럼 아파트를 잘 짓는 나라도 드물어서 알게 모르게 아파트에 대한 나의 기대치가 매우 컸다. 게다가 TV나 영화에 나오는 뉴욕의 아파트가 얼마나 고풍스럽고 멋스러운가. 하지만 현실 속 대부분의 뉴욕 아파트들은 최소한 50~60년이 지난 매우 허름한 건물들이고 내부로 들어가면 더 가관이다. 방문을 열듯 손으로 직접 문을 열고 들어가는 엘리베이터를 보고 깜짝 놀랐던 기억이 아직도 생생하다. 재개발을 잘 하지 않기 때문에 100년이 넘은 건물도 많은 데다가 쥐와 바퀴벌레까지 득시글거리는 뉴욕의 아파트가 성에 찰 리가 없었다.

하지만 역시 사람은 적응의 동물이었다. 처음엔 기겁했던 뉴욕의 아파트지만 똑같은 광경을 열 번, 스무 번 보다 보니 점점 눈높이가 낮아졌고 결국 한 아파트를 택해 1년 월세 계약을 체결하게 되었다. 사실 처음엔 이 아파트도 길게 생각할 필요도 없이 탈락이었다. 그러나 화장실이나 주방 등 다른 부분은 그나마 여태껏 본 아파트 중 가장 괜찮았다.

괜찮은 아파트를 겨우 골라 놓고도 신분 증명이 확실하지 않은 유학생이라는 이유로 계약이 불가능할 뻔했지만, 성국이 형의 어머니께서 아무 거리낌 없이 신분증까지 빌려주시며 보증을 서주신 덕에 다행히 계약을 잘 마칠 수 있게 되었다.

당시에는 나름대로 최고의 선택이었지만 유학생활에 거의 도가 튼 지금 돌이켜 생각해보면 그 집은 사실 전혀 합리적인 계약은 아니었다.

돈 없는 유학생인 내가 해야 했던 계약은 룸메이트였다. 전 세계에서 방값이 비싸기로 둘째가라면 서러울 뉴욕에서는 집이 아닌 방 단위로 렌트를 하는 문화가 널리 퍼져있어 생판 모르는 사람들끼리 한 집에서 룸메이트를 사는 일이 흔하다. 집 주인과 룸메이트 양쪽 모두 돈을 절약할 수 있는 방식인데, 이런 경우 대부분 필수 가구는 방에 모두 구비되어 있고 관리비는 방값에 포함인데다 부동산 중개료도 필요 없이 인터넷에서 직접 자신의 처지에 맞는 월세방을 알아볼 수 있기 때문에 나 같이 돈 없는 유학생들에게 괜찮은 주거 옵션이 된다. 물론 불편함은 조금 감수해야 하지만 집에 돈이 남아돌아서 여유롭게 온 유학이 아닌 이상은 이런 식으로 돈을 절약하면서 사는 것이다. 뉴욕 생활이 처음이었던 나는 이러한 사실을 전혀 몰랐을 뿐만 아니라 정보를 줄 만한 인맥도 없었기에 넉넉하지 않은 처지에 큰 금전적인 손해까지 보며 뉴욕 생활을 아슬아슬하게 시작했다.

1월 중순부터 진행되는 영어 수업 때문에 12월 말에 레벨 테스트를 하게 되었다. 레벨은 1부터 10까지 나누어져 있고 10이 최고 레벨이었다. 읽기, 듣기, 말하기, 쓰기로 구성이 되어 있었는데 여행 복귀 후 약 6개월간 했던 문법 공부가 도움이 되었는지, 찍은 문제들이 많이 맞았는지 생각보다 높은 레벨 3을 받았다.

기분 좋게 치켜들었던 고개가 다시 아래로 떨궈지는 데는 그리 오랜 시간이 걸리지 않았다. 등록이라는 큰 난관에 부닥쳤기 때문이다. 라과디아에는 흑인 직원들이 매우 많았는데, 대체로 말을 조금 빠르게 하는 편인데다가 억양과 발음 자체가 우리에게 익숙한 백인 영어와 많이 달라서 알아듣기가 상대적으로 매우 힘들었다. 이해를 하지 못한 내가 계속 꿀 먹은 벙어리처럼 서 있기만 하니 직원도 짜증을 냈다. 그렇게 5분이면 끝날 등록이 20분도 넘게 걸렸다.

　레벨과 반을 배정받고 열심히 뉴욕을 돌아보다 보니 어느덧 첫 수업 날이다. 설렘과 두려움을 반씩 안고 아침 일찍 집을 나섰다. 수업 시작 30분 전쯤 학교에 도착해서 내가 공부할 교실도 먼저 알아볼 겸 주변을 두리번거리다가 벤치에 앉아서 두런두런 영어로 이야기를 나누고 있는 한 일행을 발견하였다. 한국인 한 명, 백인 한 명, 그리고 히스패닉[8] 한 명이었는데 너무도 자연스럽게 영어로 대화를 하고 있는 한국인이 부러웠다. '난 언제쯤 영어로 외국인들과 저렇게 자연스럽게 대화할 수 있을까? 미국에 몇 년이나 있었길래 저 정도로 영어를 할 수 있을까?' 혼자 이런저런 추측을 하며 첫 수업이 있는 교실로 발걸음을 옮겼다.

　수업 시작 5분 전, 교실에는 이미 많은 학생들이 자리를 잡고 앉아 있었다. 22명이 정원인 수업에 15명 정도가 와 있었는데 그중 반 정도가 동양인들이었다. 특이했던 점은 수업 첫날인데도 불구, 몇몇 동양인들을 제외하고는 다들 친해 보인다는 것이었다. 실제로는 대부분이 처음 보는 사람들이지만 미국 문화가, 그리고 영어라는 언어가 가진 특유의 친화력이 어학연수를 하는 외국인들의 수업에서도 고스란히 묻어 나오는 것 같았다. 그들의 대화로 교실이 왁자지껄 시끄럽기는 했지만 생기 넘치는 분위기가 나쁘지는 않았.

　곧 22명 정도가 되는 학생들이 교실에 꽉 들어참과 동시에 담임 선

---

8　에콰도르, 페루 등 남미의 인종을 지칭하는 말

생님이 모습을 드러냈다. 이름은 줄리Julie. 줄리 선생님의 간단한 본인 소개와 함께 본격적으로 수업이 시작되었다. 오늘 할 일은 자기소개. 이름과 국가, 그리고 미국에 와서 영어공부를 하게 된 배경을 간단하게 이야기하고 다음 사람으로 넘어가는 식이었다. 드디어 내 차례가 되었다.

"Hi. My name is... Heejung Kim. I am... 24 years old. I will study English here for... one year." 안녕. 난… 김희중이야. 나이는… 24살이고 여기서… 1년간 영어공부를 할 거야.

부들부들 떨리는 목소리로 간신히 자기소개를 마쳤다. 딱히 특별한 발표도 아닌 매우 간단하고도 어설픈 소개였지만 내 인생 처음으로 많은 사람들 앞에서 영어로 말을 해본 데에 큰 의의가 있었다. 모든 학생의 소개가 끝나고 종합해보니 나를 포함 다섯 명이 한국인인 것 같았다. 한국인 비율이 거의 전체 학생의 25%를 차지하고 있었다. 너무 많다. 앞으로 영어 공부 잘할 수 있으려나?

그들과 어울리며 한국말을 하는 빈도가 높아지면 효율적인 영어공부가 어렵게 될 것은 불을 보듯 뻔했다. 미국에 오면서 굳게 다짐했던 것이 한 가지 있는데, 매형과의 대화를 제외하고는 1년 내내 절대 한국말을 쓰지 않겠다는 것이었다. 어떻게 온 어학연수인가. 은행에 빚까지 져 가면서 미국에 왔는데 내가 하고자 하는 목표는 반드시 달성해야 했다. 그래! 말 걸어와도 무시하는 거야!

그리고 곧 쉬는 시간이 되었다.

"안녕하세요, 한국 분이시죠?"

나보다 최소 다섯 살은 많아 보이는 한국 여자 한 분이 말을 걸었다.
"아, 네 맞아요."
"이렇게 미국에서 같이 만난 것도 인연인데 우리 같은 반에 있는 한국사람들끼리 친하게 지내요."
"아, 네 물론이죠."

방긋 웃으며 호의 가득한 표정으로 대답하고 있는 나를 발견했다. '앗, 이러면 안 되는데……'라는 생각이 머릿속을 스쳤지만 말을 거는 사람을 무시할 정도로 매정하게 굴 수는 없는 노릇이었다. 그 누나와 통성명을 하고 난 후 자연스럽게 다른 한국 학생들과도 인사를 하게 되었다. 곧바로 미션을 〈한국말 '절대' 않기〉에서 〈한국말 '최소화'하기〉로 수정했다.

금요일에는 정규 수업인 읽기, 듣기, 쓰기, 말하기 외에 특별활동이 두 시간 편성되어 있었다. 춤, 영화 등 여러 가지 주제로 수업들이 개설되어 있었는데 나는 화술Conversation Skills을 다루는 수업을 선택했다. 특별활동 첫 시간에는 교실에 있는 모든 책상을 한쪽으로 치우고 서서 파트너를 바꿔가며 일대일로 대화하는 시간을 가졌는데, 당시의 나는 'I think so'를 '나는 생각한다, 그래서'라고 알아들을 정도로 영어를 못했었다. 정말 힘겹게 한 명, 두 명 대화를 이어나가고 있었는데, 영어를 매우 유창하게 하는 국적불명의 동양 남자 한 명과 마주쳤다. 고작 레벨 3~4인 학생들만이 모여 있는 특별활동 시간이었지만 국적불명의 이 동양인 남자는 달랐다. 그의 발음이나 말하는 속도는 아무리 낮게 생각해도 레벨 7이나 8 정도는 되지 않나 싶을 정도였다. 조금 대화를 나누다 보니 이 남자의 국적이 한국이라는 것을 알게 되었다. 미국에 온 지는 8개월 정도 되었다고 했다. '아니, 고작 8개월 만에 영어를 저렇게 구사한다고?' 깜짝 놀랐다. 이전에 미국에 살았던 적이 있느냐고 물어보니 그런 적도 없단다. 이 사람은 도대체 뭐지.

신호라는 이름의 이 형은 여느 한국 학생들과 많이 달랐다. 여기서 말하는 '여느 한국 학생들'이란 영어를 배운답시고 지구 반대편에 위치한 미국까지 비싸게 날아와서는 영어 공부는커녕 허송세월 보내다가 돌아가는 목표 없는 어학연수생, 또는 유학생들을 지칭한다. 신호 형은 자신의 주관이 뚜렷하고 목표가 바로 선 사람이었다. 100% 아르바이트를 통해 생활비를 충당하는 자립심 강한 사람이었고, 항상 외국인 친구들과 어울리며 그들의 문화에 동화되는 것을 즐기는 자유인이었다. 남의 시선을 별로 신경 쓰지 않고 본인이 중요하다고 생각하는 가치에 삶의 초점을 맞추고 생활하는 그와 나는 호형호제하는 사이가 되었다. 신호 형은 여느 한국 학생들처럼 '내가 지금 무얼 해야 미래에 면접관들이 좋아할까?'와 같은 질문에 천금 같은 청춘을 소비하고 있는 내게 큰 본보기가 되었다. 또한 뉴욕에서 유학생활을 하는 기간 내내 정신적으로 물질적으로도 어려

울 때마다 많은 도움이 되었던 은인 중 한 명이었다.

뉴욕에 온 지 8개월 만에 발군의 말하기 실력을 갖추게 된 형의 생활방식을 보면서 뉴욕에서 시간을 어떤 식으로 보내야 할지에 대한 큰 교훈을 얻었다. 너무도 당연하지만 외국인 친구들과 최대한 많은 시간을 보내는 게 최선이었다. 미국 현지에 와서 영어공부를 하는 가장 큰 이유가 사실 이것인데 많은 어학연수생들이 뉴욕까지 와서는 집과 학교만을 왔다 갔다 하며 혼자 공부를 하는 경우가 많다. 한국에서 공부하는 것과 별반 다를 바가 없는 것이다. 나는 반드시 기회가 될 때마다, 아니 기회를 억지로 만들어서라도 최대한 외국인 친구들과 시간을 많이 보내리라 굳게 마음을 먹었다. 구체적인 공부 방법은 이 장의 마지막에 자세히 정리해두었다.

그런데 외국인 친구들과 지내다 보니 의문이 하나 생겼다. 예닐곱 명의 외국인 친구들과 주로 함께 다녔는데 그 중 몇몇은 나와 같은 레벨인 것치고는 영어를 너무 잘했던 것이다. 특히 미켈과 엔드리케라는 이름을 가진 멕시코 출신 친구들은 말을 정말 막힘 없이 술술 했다. 엔드리케는 집에 가는 방향이 나와 같아서 수업이 끝나고 항상 집에 함께 가고는 했는데 전철에서나 걸을

때나 항상 나에게 영어를 가르쳐 주었다. 이렇게 영어를 잘하는데 왜 나와 같은 레벨에 있을까. 엔드리케에게 물어보았더니 자신들은 미국에서 오래 거주한 덕에 의사소통은 잘하지만 정식으로 영어 교육을 받지는 못해서 문법에 대한 체계가 없다는 것이었다. 미켈은 6년, 엔드리케는 3년가량 미국에 살았는데 불법체류자 신분으로 돈을 버는 것에만 주력한 탓에 제대로 공부를 하지 못했던 것이다.

확실히 그 친구들은 문법을 무시한 채 말을 하는 경우가 많았다. 예를 들어 '너 여기 왜 왔어?'라는 질문을 하려면 'Why did you come here?'이라고 물어봐야 올바른 과거형 질문이 되는 것인데 이 친구들은 이걸 'Why did you came here?'이라고 말하고는 했다. 조동사인 'did'가 이미 과거형이기 때문에 뒤에 오는 동사 'come'은 그대로 써야 하는데 이런 사실을 잘 모르는 것이다. 미국에 오래 체류하여 의미가 통하게 말을 할 수는 있지만 이런 기본적인 문법지식이 매우 부족하고, 그래서 말은 잘하지 못하지만 상대적으로 기본문법이 이들보다는 탄탄한 나와 같은 레벨에서 공부하고 있었던 것이다. 서로 다른 장단점을 지닌 이런 친구들과 함께 어울리면서 말하기 연습은 정말 수없이 많이 할 수 있었다.

우리 반을 맡은 줄리 선생님의 글쓰기 수업은 상당히 신선했다. 미국 사회에서는 에세이를 쓰는 것이 교육 전반에 대단히 큰 부분을 차지한다. 자신의 생각이나 의견을 글로 표현하는 능력이 매우 중요하게 여겨지기 때문에 초등학교 시절부터 대학 교육을 마칠 때까지 매우 체계적으로 글쓰기 교육을 받는다. 일반 어학원들과 달리 학교 부속의 어학 수업들이 글쓰기에 초점을 맞추고 학생들을 가르치는 이유다.

  수업의 진행 방식은 이랬다. 줄리 선생님이 주제를 제시하면 먼저 주제에 동의하는 학생들과 동의하지 못하는 학생들로 반을 나눈다. 그리고 같은 의견을 가진 친구들끼리 모여서 자신의 의견을 뒷받침할 수 있는 이유에 대하여 간략하게 의견을 모은 뒤 본격적으로 30분가량 다른 팀원들과 함께 토론을 진행한다. 그리고는 토론을 통해 수집한 정보를 가지고 에세이의 서론을 먼저 적은 후 줄리 선생님에게 에세이를 어떤 식으로 끌고 나갈 것인지에 대하여 전체적으로 검토를 받는다. 그 후 집에 가서 글을 완성시켜 온 후에 선생님에게 첨삭을 받는다.

  가장 첫 수업에 토론한 주제는 담배였다. 정확히는 '담배를 피우는 것에 대한 찬성 또는 반대 의견과 함께 자신의 주장을 뒷받침할 수 있는 근거를 제시하라'였다. 반대편에 서는 것이 근거를 제시하기가 훨씬 쉬울 것 같다는 생각이 들어 반대 의견에 대하여 토론하는 학생들 틈에 끼어 약 30~40분간 레벨 3 수준에서 어설프게나마 진행한 이후에 줄리 선생님으로부터 에세이의 구조에 대하여 배웠다. 그다음 선생님은 담배에 대한 주제를 가지고 글쓰기 과제를 주었다.

  열심히 전자사전을 뒤적거리며 서론을 작성하고 줄리 선생님에게 갔다. 쓱 훑어보던 선생님의 미간이 살짝 찌푸려졌다. 문법이 워낙 엉망이라 무슨 소린지 이해하기가 힘들었기 때문인 것 같다. 잠시 후에 받은 줄리 선생님의 피드백은 이랬다. 문법적인 오류가 매우 많지만 시작은 괜찮으니 이대로 다음 시간까지 두 가지 근거를 본문에 제시하여 에세이를 완성해오라는 것이었다. 집에 도착하여 먼저 폐의 건강과 간접흡연을 근거로 제시하여 전자사전과 구글을 열심히 두들겨가며 에세이를 완성했다. 이틀 뒤 다시 글쓰기 시간. 줄리 선생님이 에세이를 걷으며 주말 동안에 첨삭을 마치고 돌아오는 월요일에 다시 나누어 주겠다고 했다. 생전 처음 해보는 에세이 첨삭. 어떤 결과가 나올지 무척 궁금했다.

월요일 수업시간에 첨삭된 에세이를 받았다. 정말 자세하게 보지 않는 이상 내가 무엇을 썼는지 알아볼 수 없을 정도로 에세이는 줄리 선생님의 메모로 빽빽하게 채워져 있었다. 내가 쓴 것 그대로 멀쩡하게 남아있는 문장은 거의 없었다.

줄리 선생님과 에세이에 대하여 일대일로 대화할 수 있는 시간이 주어졌다. 문법이 심하게 엉망이니 앞으로 열심히 공부하라는 쓴소리를 들을 줄 알았는데 예상외로 에세이에 대한 호평이 쏟아졌다. 내가 레벨 3 수준의 영어 실력을 가지고 있기 때문에 문법적인 오류가 자주 나오는 것은 어쩔 수 없지만 전체적인 구조와 논리적인 부분에서는 하나의 에세이로써 손색이 없다는 것. 다만 주제와 의견에 대한 설명이 너무 구구절절하니 요점을 조금 더 간략하게 썼으면 좋았을 것이라는 건설적인 조언도 함께였다.

영어는 둘째치고 보통 에세이를 쓸 때 소재가 없어서 힘들어하는 학생들이 많이 있다. 어려서부터 훈련을 받는 미국이나 몇몇 다른 나라의 친구들은 그나마 나은 편이지만 에세이라는 것을 많이 쓸 기회가 없는 한국 학생들은 소재 고갈에 더욱 힘들어한다. 그러다 보니 글이 너무 짧아져 분량을 늘리려다가 주제를 벗어난 이야기를 하거나 같은 말을 반복하게 되는 경우가 부지기수이다. 나는 그 점에서 다른 학생들에 비하여 강점을 가지고 있었다. 쓸 소재가 많이 분량을 줄여야 하는 경우는 있었지만 억지로 늘리려고 해 본 적은 없었기 때문이다.

적어도 무언가를 빨리 많이 쓰는 것은 다른 친구들에 비하여 잘했던 것 같다. 예를 들어 군대에 있을 당시 대대장님께 보내는 편지 같은 것을 쓸 때면 다른 사람들은 무엇을 쓸지 한참을 고민하는 경우가 많은데 나는 5분만에 두 장 후딱 끝내고 선임들 것까지 대신 작성해 주고는 했던 기억이 있다. 이러한 것도 능력이었을까? 에세이를 쓰는 데 무척 도움이 되었다. 아마도 공부에 흥미가 없었던 고등학교 시절, 수업을 듣는 대신 엄청나게 읽었던 소설책 등 각종 도서들이 많은 도움이 된 것이 아닌가 싶다. 한국의 교육 시스템에서는 무용지물인 능력이었지만 에세이가 중요시 되는 미국에서는 그 빛을 발하게 된 것 같다.

한 학기 내내 담임인 줄리 선생님으로부터 후한 에세이 점수를 받을 수 있었던 데다가 나만의 공부 방법을 믿고 학교수업 포함 하루에 열두 시간 이상 매일매일 치열하게 영어를 공부한 덕분에 학기가 끝나고 치렀던 시험에서 다른 학생들을 훨씬 뛰어넘는 성적을 거두게 되었다. 성적이 완전히 산출된 이후 담임인 줄리 선생님과 다음 학기에 대하여 상담받을 수 있는 시간이 주어졌다. 3개월 동안 보여준 노력과 꾸준함에 대하여 고맙다는 말을 건넨 후, 줄리 선생님이 뜻밖의 제안을 했다. 다음 학기에 레벨 4를 거치지 않고 5단계로 바로 넘어가서 공부하는 것이 어떻겠냐는 것이다. 5부터는 중급이기 때문에 수업의 커리큘럼이 완전히 바뀐다. 난도가 상당히 높아지기 때문에 수업에 적응을 못하고 낙오가 될 가능성이 있다. 물론 줄리 선생님은 내가 충분히 적응할 수 있다고 생각하였기 때문에 나에게 이런 제안을 건넨 것이었다. 나는 물어볼 것도 없이 Okay였다.

## 졸업할 나이, 유학을 꿈꾸다

첫 학기가 끝나고 약 보름 정도 쉴 수 있는 시간이 주어졌다. 영어 공부를 잠시 접고 머리도 식힐 겸 앞으로의 계획을 천천히 생각해 보았다. 이제 9개월 남짓 남은 짧은 어학연수 기간에 아무리 공부를 열심히 해 보아야 만족할 만한 영어 실력을 얻고 한국으로 돌아가지는 못할 것 같았다. 1년만 하고 한국으로 돌아가는 게 과연 올바른 판단일까. 차라리 미국에서 새로 학교를 시작하는 것은 어떨까.

그렇다고 미국에 남아 유학을 하자니 여러 가지 문제들이 있었다. 가장 큰 문제는 비용이었다. 어학연수도 없는 돈 탈탈 털어서 온 터라 계속 미국에 남아 있겠다는 말을 차마 부모님께 할 수가 없었다. 더군다나 미국 4년제 대학교의 학비는 세계에서도 가장 비싼 것으로 유명하지 않은가. 유학 비용을 도저히 당해낼 재간이 없어 보였다.

두 번째 문제는 내 나이였다. 그때 당시 나는 벌써 25세였다. 대학교를 곧 졸업해야 할 나이인데 미국에서 새로 학교를 시작한다는 것이 큰 부담이 되었다.

큰 고민에 빠져있을 무렵, 영어 공부를 위하여 그동안 열심히 피해 다녔던 한국 어학연수 친구들과 함께 술자리를 가지게 되었다. 함께 미국이라는 먼 땅에서 영어 공부를 하고 있다는 큰 공감대는 우리에게 무궁무진한 이야깃거리를 만들어 주었고 생각보다 즐거운 자리로 이어졌다. 심지어 가족들에게도 쉽사리 털어놓을 수 없었던 미국 생활에 대한 이런저런 근심 걱정들을 털어놓게 되었다. 나는 요즘 한창 고민 중인 유학에 대한 이야기도 꺼내게 되었다.

뉴욕생활 2년 차인 한 어린 유학생이 말해준 정보가 매우 솔깃했다. 한마디로 정리하자면 돈이 많지 않아도 유학할 수 있다는 것이었다. 집안이 어지간히 부자가 아닌 이상은 1년에 학비만 3~4천만 원이 되는 미국 사립대학교들은 꿈도 꾸기 힘들지만 주립이나 시립대학교들은 상대적으로 학비가 많이 저렴해 평범한 가정의 학생들도 미국에서 대학을 졸업하는 것이 결코 꿈만은 아니라고 했다. 또한 유학생들이 미국에서 돈벌이하는 것이 법적으로 금지되어 있기는 하지만 뉴욕에는 유학생들도 아르바이트할 수 있는 기회가 많다고 했다. 물론 힘들겠지만 아르바이트와 학업을 잘 병행하면 대출에 늪에 깊게 빠지지 않고서도 졸업이 가능하단다.

또한 내 나이에 미국에서 유학을 시작하는 것이 결코 늦은 것이 아니라는 말을 덧붙여 주었다. 남자들은 군대를 다녀온 뒤에 미국에서 학교를 시작하는 사람들이 많아서 25세가 늦은 나이가 아닐 것이라고 했다. 실제로 자신의 주변에 있는 유학하는 남학생들도 서른한두 살에 졸업을 계획하는 사람들이 많이 있단다. 자리에 함께 있던 다른 사람들도 이 어린 유학생이 하는 말에 많은 공감을 해 주었다. 그제야 평범한 집안 출신에 이미 학업이 많이 늦은 나 같은 사람에게는 한국으로 돌아가느니 오히려 미국에 남아있는 것이 나을 수도 있겠다는 판단이 섰다.

이날 이후로 완전히 유학으로 결심을 굳혔다. 이왕 한번 사는 인생, 위험을 조금 감수하더라도 도전해보고 싶었다. 물론 힘들 것 같았다. 언제나 내 편이 되어주고 나를 도와줄 수 있는 가족과 친구도 주변에 없이 아르바이트로 생활비를 벌며 공부를 해야 하는데 영어 실력이 모자라 공부도 남들보다 두세 배는 더 해야 할 것이다. 버틸 수 있을까 걱정은 되었지만 그래도 한번 해 보기로 했다.

집에 전화를 걸어 부모님께 나의 결심을 알려드렸다. 매우 걱정하는 눈치셨다. 주위에 유학 가서 실패한 친구의 자식들 이야기를 들려주시며 내 생각을 바꿔보려는 시도를 수차례 하셨다. 그러나 내 결심을 바꿀 수 없다는 것을 곧 깨달으시고는 금전적으로 많이 도와줄 수는 없으나 열심히 해보라고 격려를 해 주셨다. 부모님께는 한 달에 50만 원 정도를 지원받기로 하였다. 그것도 부모님께 큰 짐을 지워드리는 것 같아 많이 죄송했다. 진작에 어려서부터 공부를 열심히 했으면 이런 일이 없었을 텐데…….

다음날부터 본격적으로 편입에 대해서 알아보기 시작했다. 아르바이트를 하면서 학교에 다녀야 했기 때문에 뉴욕을 벗어나기는 힘들고 뉴욕 소재 2년제 학교 중 다닐 만한 곳을 물색해본 결과 세 군데 정도로 후보가 압축되었다. 비엠씨씨 BMCC, Borough of Manhattan Community College, 퀸즈보로Queensborough Community College, 그리고 라과디아인데, 세 곳 모두 큐니CUNY, City University of New York에 소속이 되어있는 학교들이었다. 여기저기 인터넷을 뒤지며 학교들에 대한 평가나 후기들을 읽어보기 시작했는데 각각 장단점이 있었다. 딱히 뭐가 제일 낫다고 말하기가 힘들어서 그냥 이미 다니고 있는 라과디아로 편입을 하기로 결심했다.

지원을 하려면 지원서를 먼저 작성한 후 서류와 토플 점수를 준비해야 했다. 개별적으로 운영되고 있기는 하지만 큐니에 소속이 되어있는 학교들은 큐니 웹사이트(www.cuny.edu) 한 곳을 통하여 모두 지원이 가능하게 되어있다. 웹사이트에 가서 편입생 지원자가 해야 할 일들을 훑어보니 이게 웬걸, 마감일이 코앞이다. 9월부터 시작되는 가을학기에 지원할 예정이었는데 4월 1일이 마감일이다. 지원서 작성과 서류 준비는 가능할 것 같았다. 고등학교와 대학교의 성적 증명서, 그리고 졸업 및 휴학 증명서는 가족에게 부탁해 최대한 가장 빠른 우편으로 보내면 되었지만 토플 점수가 문제였다. 당장 토플 시험을 치르는 것도 문제인데 점수가 공식적으로 나오기까지는 2주 정도의 시간이 필요하니 마감일까지 점수를 제출하는 것은 아무래도 무리인 것 같았다.

다음날 어학연수 수업이 끝나고 학교에 편입을 담당하는 사무실인 편입 센터Transfer Center를 찾았다. 인상 좋게 생긴 후덕한 백인 아주머니 한 분이 반갑게 맞아주었다. 어설픈 영어 실력을 최대한 끌어내어 필요한 질문을 건네었다.

"I... um... want to... um... transfer... this school... hm... but the

deadline? is... um... one week after... um... um... um... um..."저... 음... 이
학교... 흠... 편입... 원해요... 근데... 마감일? 음... 1주 뒤... 음..."

　내가 말하면서도 무슨 소린지 잘 모르겠는데 알겠다는 듯이 고개를 끄덕이는 백인 아주머니가 신기했다. 영어 못하는 유학생들을 하도 많이 겪어 내공이 쌓이셨나 보다. 아주머니가 아주 천천히 질문에 대한 설명을 해 주었는데, 지원서만 일단 마감일까지 작성을 하면 서류와 토플 점수는 조금 늦게 제출해도 관계가 없단다. 그 대신 서류와 토플 점수가 너무 늦어 정원이 꽉 차면 학생을 더 받을 수가 없는 상황이 벌어질 수도 있으니 최대한 빨리 제출을 하는 게 좋을 거라고 조언을 해 주었다.

　집에 와서 바로 한국에 전화해 서류를 부탁한 뒤 토플 시험을 예약하기 위하여 주관사인 ETS의 홈페이지(www.ets.org)에 접속했다. 집 근처에 있는 토플 시험장을 검색하는데 이미 두어 달 앞까지 예약이 꽉 차 있었다. 집 근처는 포기하고 다른 장소를 알아보니 왕복 여섯 시간은 걸리는 거리인 브롱스라고 불리는 도시에 위치한 토플 시험장에서 3주 정도 뒤에 바로 시험을 치를 수 있었다. 새벽 5시에는 출발을 해야 하는 힘든 일정이었지만 토플 점수를 최대한 빨리 뽑아야 했으니 선택의 여지가 없다.

　토플은 iBT Internet-based Test 기준 120점 만점에 45점만 넘으면 목표로 하던 대학에 편입할 수 있었지만 미국 생활 3개월 만에 내가 이 점수를 달성할 수 있는지는 미지수였다. 비록 시험날까지 3주밖에 남지 않았지만 열심히 공부를 해보기로 작정하고 서점으로 달려가 토플 교재

를 하나 샀다. 그런데 역시나 나는 교재를 보고 공부하는 스타일은 아닌가 보다. 도저히 집중이 안 되는 것이었다. 한 이틀 정도 억지로 책을 붙잡고 앉아 있다가 이내 한쪽 구석에 처박아놓고 그동안 하던 책 읽기와 드라마 보기를 계속 이어갔다. 토플이라는 주제와는 전혀 맞지 않는 공부 방식이었지만 집중도 되지 않는 걸 억지로 하는 것보다는 훨씬 나으리라 생각했다. 뭐 어쨌든 똑같은 영어 공부니까.

곧이어 새로운 학기가 시작되었다. 이제부터 레벨 5다. 첫날부터 확실히 저번 학기와는 수업의 난도가 차원이 다르다는 것을 느낄 수 있었다. 같은 반에서 공부하는 학생들의 수준도 훨씬 높아서 유창하게 영어를 말을 하는 친구들이 열에 여덟은 되었다. 부담이 많이 되기는 했지만 오히려 영어 실력을 빠르게 늘릴 기회가 될 수도 있겠다 싶었다. 사실 자신보다 조금 높은 수준의 그룹에 속해있는 것은 항상 양날의 검과 같다. 낙오의 위험이 있기는 하지만 잘만 따라간다면 주위의 영향을 받아 결국에는 동등한 수준으로 짧은 시간 안에 뛰어오를 수 있는 절호의 기회이기 때문이다. 지금 레벨 5에 와 있는 내 상황이 딱 그러했다. 열심히 해서 낙오만 면하면 큰 폭의 실력 상승을 경험할 수 있게 될 것이었다.

수업을 따라가기 위해 예습과 복습에 시간을 많이 투자하다 보니 틈틈이 즐겨 하던 나만의 공부방식도 뒤로한 채 학교 수업에만 열중하게 되었다. 그렇게 바쁘게 하루하루 보내던 중 기다리던 토플 점수가 메일로 날아왔다. 시험은 다행스럽게도 성공적이었다. 45점을 훌쩍 넘는 52점을 받아 당당하게 점수를 학교 측에 제출했다. 이제 모든 준비가 완료되었고 결과만 기다리면 되었다.

몇 주 뒤에 합격 통보가 날라왔다. 2년제 커뮤니티 칼리지 입학은 다른 대학 입학에 비해 어려운 것이 아니었지만 매 순간 실수가 없을까 조마조마했다. 그리고 생각만 하고 있었던 미국 유학이 조금씩 실감이 나기 시작하면서 엄청난 중압감이 밀려오기 시작하였다. 학사 학위를 취득하기까지 4~5년이라는 시간이 더 걸릴 텐데 이 물가 비싼 뉴욕 땅에서 과연 내가 혼자 살아남을 수 있을 것인가. 돈도 돈이지만 주위에 도와주는 사람 없이 모든 것을 혼자 헤쳐나가야 하는데 가능할까.

무조건 열심히 하는 수밖에 없었다. 당장 해야 할 일은 어학연수 레벨 5를 성공적으로 끝마치는 것이기 때문에 영어 공부에만 온 신경을 쏟으려 노력했다.

넷째 주부터는 버거웠던 수업들이 조금씩 편해지고 학급 친구들과의 대화도 조금씩 더 자연스러워지면서 영어 실력이 느는 것을 느낄 수가 있었고, 그러면서 영어에 조금씩 자신감이 붙기 시작했다.

하루는 복도를 지나가는데 전 학기 담임이었던 줄리 선생님과 마주쳤다. 공부 열심히 하고 있느냐며 간단하게 안부를 건넨 선생님은 소개해줄 사람이 있다며 나를 어디론가 데려갔다. 그리고 그곳에서 융아라는 한 한국 친구를 알게 되었다. 융아는 줄리 선생님이 가르치던 특별활동반에서 공부를 했었는데 정말 열심히 하고 괜찮은 친구라 둘이 알고 지내면 좋을 것 같다며 줄리 선생님이 소개를 해준 것이다. 융아도 나와 비슷한 시기에 미국에 왔지만 한국에 있을 당시에는 영어로 과외까지 할 정도로 기본이 되어 있는 아이였다. 레벨 4로 어학연수를 처음 시작했는데 성적이 좋아서 5를 건너뛰고 6에서 공부를 하고 있다고 했다. 융아는 챠이라는 이름의 대만 친구를 소개해 주었고 이후로 셋이서 주로 어울리며 공부도 같이하고 여기저기 놀러도 많이 다니게 되었다. 친하게 지내는 친구들이 생기면서 뉴욕 생활을 점점 즐길 수 있게 되었고, 그러다 보니 큰 스트레스 없이 한 학기를 잘 보낼 수 있었다.

열심히 공부한 결과 레벨 5를 별 탈 없이 마무리하고 레벨 6으로의 진학을 권장 받을 수 있었지만 9월부터 어학연수가 아닌 정식으로 학교에 다니게 되어있는 나는 굳이 어학코스를 더 밟을 필요는 없었다. 그래서 돈도 아낄 겸 5월 말부터 9월 초까지는 혼자 공부를 하려고 생각하고 있었는데 융아가 아주 좋은 정보를 가지고 왔다.

융아에 따르면 컬럼비아대학교에 한 달 반 정도 길이의 영어 코스가 있는데 $240 정도로 가격이 매우 저렴하단다. 원래 컬럼비아의 어학 코스는 한 학기에 $8,000가 넘을 정도로 비용이 어마어마한데 이번 한 달 반짜리 영어 코스는 컬럼비아 졸업을 앞둔 사범대 학생들이 좋은 취지로 하는 프로그램이었기에 저렴하게 받는다는 것이었다. 아이비리그 학교 중 하나인 컬럼비아대학교를 간접적으로나마 경험해 볼 좋은 기회가 될 것 같기도 했다. 이런 기회가 아니면 언제 컬럼비아 정도 되는 학교에 매일매일 통학하는 기분을 느껴보겠는가 싶었다. 기간도 7~8월이었기 때문에 나에게는 더할 나위 없이 좋은 프로그램이었다. 등록하기 위해 융아와 함께 컬럼비아를 찾았다.

학교라고 하기에는 너무 멋있었다. 미국에서 가장 오래된 교육 기관 중 하나라는 것을 증명이라도 하듯 고풍스러운 건물들로 이루어져 있는 컬럼비아대학교의 정문을 쭉 따라 들어가니 중간에 넓은 광장이 나오고 양옆으로 학교를 대표하는 두 개의 거대한 도서관이 웅장하게 자리 잡고 있었다. 지붕이 돔 형식으로 생긴 유명한 로우 도서관Low Library으로 올라가는 계단 중간에는 컬럼비아대학교에 대한 TV 뉴스나 기사에서 항상 볼 수 있는 알마 매터Alma Mater 동상이 묘한 분위기를 풍기며 앉아있었다. 아테나 여신을 상징한다는 이 동상은 컬럼비아대학교의 상징과도 같은데 마치 학교의 학생들을 지켜보고 보호해주고 있는 듯한 표정과 몸짓을 하고 있다. 또한 알렉산더 해밀턴Alexander Hamilton 동상, 컬럼비아의 마스코트인 사자상, 생각하는 남자The Thinker 동상 등이 오래된 건물 및 화사한 꽃, 나무들과 조화롭게 어우러져 너무도 아름다운 캠퍼스를 이루고 있었다. 모든 건물은 각각의 테마를 가지고 있는데, 예를 들면 수학관, 철학관 같은 식이다. 한눈에 학교에 반해버렸다. 이미 봄 학기 기말고사Final가 끝난 이후였기 때문에 활기 넘치는 학생들의 모습을 볼 수 없는 것이 아쉬웠지만 학교는 캠퍼스 자체의 아름다움만으로도 내 심장을 두근두근하게 만들기에 충분했다. 이런 곳에서 공부하고 있는 학생들은 참 공부할 맛 나겠다 싶었다.

한동안 넋 놓고 캠퍼스를 구경하다가 등록을 하기 위해 사범대학Teacher's College 건물로 들어갔다. 사범대 건물 내부 역시 고풍스러운 분위기가 멋스러웠다. 지하로 내려가 등록을 마치고 학교를 나왔다. 비록 어학연수이지만 이런 학교에서 한 달 반 정도를 공부할 수 있다는 생각에 매우 들떴다.

### 자린고비의 시작

1년 정도를 쓸 수 있을 거라 예상했던 돈이 반년이 지나자 30%밖에 남지 않았다. 스스로 돈을 벌기 시작해야 하는 시기가 온 것이었다. 일단 당장 필요한 돈을 계산해 보기 시작했다.

현재 살고 있는 아파트의 월세와 관리비를 포함한 금액이 약 $1,600 정도인데 매형과 내가 반반씩 냈으니 내 몫이 $800 정도…… 이게 정말 큰 낭비였다. 이전에도 언급했듯이 플러싱에서 룸메이트를 살았다면 월세와 관리비를 포함하여 평균 $550 안팎이면 되었을 텐데 말이다. 아까웠지만 아파트가 1년 계약이었기 때문에 꼼짝없이 12월까지는 아파트에 남아 있었어야 했다.

교통비는 뉴욕 버스와 전철을 합쳐놓은 교통 시스템인 MTA의 한 달 자유 이용권이 정확하지는 않지만 당시 $75 정도 했던 것으로 기억한다(지금은 $110도 넘는다). 그리고 식비와 자잘한 부대비용을 합치면 한 달에 대략 $1,100 정도의 돈이 들어갔다. 거기다가 9월 초에 첫 학비도 내야 했다. 총 1년에 네 학기가 있는 라과디아에서 첫 두 학기에 걸쳐 15학점 정도를 들을 생각이었으니 15×$240 = $3,600이라는 목돈이 또 한 번에 들어간다.

| | |
|---|---|
| 아파트의 월세와 관리비 | $800 |
| 지하철 한 달 자유 이용권 | $75 |
| 식비와 자잘한 부대비용 | $1,100 |
| 9월 초 첫 학비 | $3,600 |
| 유학 첫 달 비용 | $5,575 (약 563만 원) |

당시에 가지고 있던 금액으로 첫 학기 학비 정도는 낼 수 있었지만 생활비 벌기는 당장 시작해야 했다.

크사니(www.ksany.com), 또는 헤이코리안(www.heykorean.com)이라고 불리는 뉴욕 유학생 커뮤니티가 있는데 그곳에서 한인들끼리 구인, 구직, 방 렌트, 사고팔기 등의 활발한 거래가 이루어지고는 한다.

아르바이트 자리를 찾기 위하여 크사니를 샅샅이 물색하여 면접을 보러 다니기 시작하였다. 다행히도 아르바이트는 금방 구할 수 있었다. 집에서 도보로 약 5분 정도 떨어진 거리에 있는 한 한인 빵집이었는데 아침 6시에 시작해서 오후 3시에 끝나는 9시간 근무를 금요일부터 일요일까지 하기로 결정했다. 시급은 $8 남짓이었는데 하루에 팁으로 $5~10 정도가 보통 나온다고 했다. 한 달 치 급여를 계산해보니 대략 일주일에 3일만 일해도 약 $980 정도를 벌 수 있었다. 물가가 비싼 만큼 인건비도 확실히 비싸다. 아껴 쓰면 적당히 생활비가 나올 법도 하였다. 컬럼비아에서 하는 어학연수 코스가 월요일에서 목요일까지만 수업이 있기 때문에 스케줄도 안성맞춤이었다.

    부모님께 약속받은 대로 집에서 한 달에 50만 원가량의 돈을 받기로 했는데, 차곡차곡 잘 모으면 이것만으로도 학비는 적당히 충당될 것 같았다. 당시 환율이 달러당 1,000원이 채 되지 않아 50만 원이면 $500가 넘었기 때문이다. 송금은 그 당시 시티은행의 국제현금카드라는 시스템을 이용하면 저렴하였다. 한국에 있는 시티카드 계좌에 돈을 입금시켜 놓으면 미국에 있는 은행 ATM에서 마음껏 뽑아서 쓸 수 있는 시스템으로 1회 인출 한도가 $5,000, 인출 1회당 수수료가 $1, 그리고 환율은 달러 매입 환율보다 낮은 송금 환율이 적용되니 일반 송금을 하는 방식보다 훨씬 저렴하게 환전할 수 있었다.

    컬럼비아에서 어학연수를 시작하기 전 빵집에 먼저 출근하였다. 직원은 한국인 계산원 두 명에 빵을 만드는 남미 친구들이 약 열 명가량 되었고 만들어져 나온 빵을 포장하고 정리하는 한국인 직원이 네 명

있었다. 남미 직원들 중에는 미국에 온 지 10년이 넘은 사람도 있었는데 제대로 된 교육을 받은 적이 없어 영어를 거의 못했기에 의사소통은 불가능했다.

일을 시작하면 처음엔 누구나 계산원으로 시작하여 어느 정도 경력이 쌓이면 남자들은 대부분 포장 및 정리로 빠진다고 했다. 두 명의 계산원 선배들에게 일에 대하여 배우는데 생각보다 외국인 손님들이 많이 있었다. 잘하면 영어 말하기 공부에도 도움이 될 것 같다는 생각을 했다(하지만 실제로는 매일 똑같은 말만 반복하기 때문에 영어 실력 향상에 전혀 도움이 되지 않았다).

밥 먹는 시간 30분을 제외하고는 9시간 내내 서서 근무를 했기 때문에 다리는 좀 아팠지만 그래도 할 만했다. 예전에 해 봤던 막노동이나 내부 인테리어 공사와 같은 아르바이트에 비하면 이건 양반이었다. 점심은 김치, 김, 고추장과 빵을 함께 밥에 버무려 먹곤 했다. 빵집에서는 흰 쌀밥에 김치와 김, 그리고 빵을 두 개 먹을 수 있게 해 주었다. 빵은 주로 카레 고로케 같이 밥에 비벼 먹을 수 있는 속이 든 것을 두 개 선택하였고, 고추장은 직원들끼리 돈을 모아 같이 나누어 먹었다.

뉴욕에서 유학생들은 아르바이트를 많이 한다. 아르바이트는 사실 불법이었다. 이런 일반 음식점에서 F-1 비자(유학생 비자)를 가지고 돈벌이를 하는 행위는 법적으로는 금지되어 있다. 뉴욕시에서도 이 상황을 잘 알고는 있지만 그 수가 너무 많아 이들을 솎아내기 시작하면 뉴욕 전체의 경제 순환에 타격이 있을 수도 있기 때문에 그냥 내버려두는 것이라는 소문과 함께 뉴욕에서는 유학생들이 무리 없이 아르바이트를 할 수 있다. 물론 이민국에 걸리는 사람들도 간혹 있다는 말도 들렸다.

한 가지 아이러니한 점은, 상황이 이렇다 보니 뉴욕에 거주하는 시민권자나 영주권자들보다 유학생이나 불법 체류자들이 아르바이트로 이득을 더 많이 챙긴다는 것. 이유는 세금을 내지 않아서인데, 미국에서는 원래 법적으로 근무를 하려면 아르바이트를 하는 사람들도 세금을 내야 하므로 흔적이 남지 않는 현금으로는 인건비를 지급하지 못하게 되어있다. 그래서 계좌이체를 하거나 우리나라에는 없는 체크Check라는 시스템으로 급여를 지급하고 소득의 일정 부분을 세금으로 내는데, 유학생이나 불법 체류자들은 흔적이 남지 않는 현금으로 지불을 받는다. 세금을 내지도 않고 낼 수도 없다. 물론 시민권자나 영주권자들은 1년에 한 번씩 세금 환급을 통하여 일정 부분 보상을 받기는 하지만 여전히 불법으로 근무하는 외국인들이 실리를 더 많이 챙긴다는 사실은 뉴욕이라는 세계 최대의 도시가 가지고 있는 정책의 구멍 중 하나이다.

이렇게 아르바이트도 시작했고 최소 앞으로 6개월 정도까지의 예산도 적당히 맞아떨어지니 기분이 괜찮았다. 곧 있으면 정식으로 뉴욕에서 학교도 다닐 것이니 앞으로 핑크빛 인생이 펼쳐질 것 같은 좋은 예감도 들었다. 그러나 이것은 앞으로 펼쳐질 험난할 자린고비 생활의 시작에 불과했다.

## 쉽게 따라 하는 어학연수 특급 비결

● **어학연수 할 곳 정하기**

ESL(English as a Second Language) 어학연수에는 학교부속 코스와 어학원이라는 두 가지 옵션이 있었는데, 각각 특징은 조금씩 다르다.

1. 학교부속 코스는 쓰기를 가장 중점으로 가르친다.
2. 어학원 코스는 말하기에 초점을 많이 맞추는 것이 일반적이다. 말하기 실력을 빨리 늘리기 위하여 어학원 쪽으로 방향을 잡는 사람들이 많다.

나는 개인적으로 '말하기를 굳이 가르침을 받아야 하나? 현지에서 외국인 친구들과 어울리면서 자연스럽게 느는 것이 말하기 아닌가?'라는 생각을 했고, 또한 먼저 문법에 맞게 쓸 줄을 알아야 말도 잘할 수 있을 것으로 생각되어 학교부속 코스로 정했다. 이점은 모두 개인차 및 목적에 따라 고르면 될 것으로 보인다.

● **어학연수 영어 공부법**

어학연수를 통해 알게 된 한국인 친구들과 가끔 영어 공부에 대한 대화를 나눌 때면 친구들은 하루에 문법책을 몇 페이지 공부했네, 단어를 100개 넘게 외웠네, 하면서 뭔가 눈에 보이는 진도를 쭉쭉 빼고 있는데 나는 하루에 열 시간이 넘도록 공부를 해봐야 따라 하기 두 문장, 책 한 페이지, 드라마 네다섯 시간 본 게 전부였다.

처음에는 이 방법을 사용하면서 나 스스로 의심이 전혀 없었던 것은 아니었다. 눈에 보이는 진척 상황이 없으니 답답했다. 하지만 내가 스스로 정한 방법을 믿고 계속 똑같은 방법으로 꾸준히 노력했고 시간이 지날수록 내가 옳았다는 것을 알 수 있게 되었다. 일정 시간이 지나고 나니 다른 유학생들에 비해 내 영어 실력이 비교할 수 없을 정도로 빠르게 발전했다.

1. 수업 듣기

1) 수업시간에 토론과 같은 조별 활동 적극 참여: 주제가 한정되어 있어 해당하는 단어와 내용을 가지고 의견을 버무리는 지식활동 전개. 언어 학습 시 가장 크게 작용하는 언어 자아(language ego)의 연령 저하로 인한 무력감 및 열등감을 해소하면서 자신의 의견을 피력할 수 있는 절호의 기회.

2) 수업이 끝나고 친구들과 같이 놀러 나갈 기회 잡기: 놀러 나가면 새로운 흥미와 공통 주제가 생기면서 말하기에 동기부여가 자연스럽게 이루어짐. 연습을 따로 하지 않아도 그동안 배운 지식을 총동원하게 됨.

2. 개별 공부(총 10~12시간)

1) 무작정 따라 하기: 〈이근철의 굿모닝 팝스〉 홈페이지에 매일 새롭게 업데이트되는 뉴스 스크립트 2~3 문장을 앵커의 리듬에 맞춰 따라 하기. 하

루 3시간 걸리던 연습 시간이 3개월 후 5분으로 줄어듦. 이후부터는 영어 말하기에 리듬이 제법 붙기 시작하면서 실력 향상에 가속도가 제대로 붙기 시작.

2) 닥치고 읽기: 그날 배운 내용 복습 후 영문 도서 닥치는 대로 읽기. 페이지마다 모르는 단어가 나오면 영영사전을, 모르는 구조가 나오면 문법책 찾기. 절대 단어장이나 문법책을 붙잡고 통달하지 않음. 한 페이지당 3시간 걸림. 3개월 이후 엄청난 가속도. 영문이 읽기 편해짐.

3) 무한 듣기: 미국 드라마나 뉴스를 볼 때 영어 자막을 끼거나 아예 자막 없이 4~5시간 동안 보기. 가장 고역 치른 작업. 드라마 장르가 대사가 많아 듣기 연습에 좋지만 지루하다면 대사가 많이 없는 액션물 등으로라도 꾸준히 듣기 연습 유지. 3개월간 꾸준히 진행하면 지나치던 말소리가 들리기 시작.

● **커뮤니티 칼리지 잘 알기**

커뮤니티 칼리지(Community College, 이하 CC)는 보통 2년제 대학교들을 일컫는 말인데, 빠른 취업만을 목적으로 하는 우리나라의 전문대와는 조금 다른 개념이다. CC의 주목적은 돈이 없어서 4년제 대학교를 바로 들어가기 좀 부담되는 학생들, 중고등학교 시절 교육을 잘 받지 못한 학생들, 그리고 영어를 못하는 이민자들이나 유학생들과 같이 상대적으로 다소 뒤처질 수 있는 학생들을 대상으로 대학 교육에 쉽게 적응할 수 있도록 한 후 4년제 대학으로 편입을 시키는 것이다. 물론 빠른 취업을 위해 CC를 찾는 학생들도 있다.

미국의 학위 시스템은 크게 네 가지로 나뉜다.

- 2년제 Associate Degree
- 4년제 Bachelor's Degree
- 석사 Master's Degree
- 박사 Doctor of Philosophy (Ph.D.)

간혹 간호학과와 같은 3년짜리 프로그램도 있지만 대부분이 2년 과정으로 졸업 시 준학사 학위(Associate Degree)를 받게 된다.

CC에서는 편입이 목적인지 취업이 목적인지에 따라 커리큘럼이 다르다. 편입이 목적인 학생들의 경우 리버럴아츠(Liberal Arts)라고 불리는 교양과목 위주로 수업을 듣게 되는데, 그중 상당수의 학점을 추후 4년제 대학교로 편입 시 가져갈 수 있다. 취업을 하려는 학생들은 전공, 또는 실기 위주의 수업을 듣는데, 이 경우는 우리나라의 전문대와 비슷한 개념으로 생각하면 된다. 라과디아는 이러한 CC의 일종으로 뉴욕 시립대인 큐니에 소속이 되어있는데, 참고로 큐니(CUNY)는 City University of New York의 약자로 뉴욕 주립대학교를 뜻한다. 커뮤니티 칼리지, 4년제 대학교, 그리고 대학원을 포함하여 총 24개의 캠퍼스로 구성이 되어있다.

CHAPTER **4**

# 아르바이트로
# 셀프 유학하기

아르바이트와 함께 컬럼비아대학교에서 어학연수를 하던 기간에 드디어 라과디아 대학에서 수강 신청을 해야 할 시기가 다가왔다. 하지만 그 전에 해야 할 것이 있었다. 영어 읽기와 쓰기 시험. 학교에서 요구하는 토플 점수를 제출해서 수업에 필요한 최소한의 영어 실력을 입증은 했지만 학생들이 언어 때문에 낙오되는 것을 최대한 막기 위하여 학교에서 자체적으로 치르는 시험이 또 남아 있었다. 이것을 통과해야만 정상적으로 수강 신청을 할 수 있게 되고, 통과하지 못하면 필수 영어 수업과 함께 몇몇 교양 및 수학 과목들만 들을 수 있다.

## 뉴욕 라과디아

순천향대학교에 다니던 당시 66학점 정도를 이수했었는데 라과디아로 편입이 된 학점은 고작 네 과목으로 13학점이었다. 중간에 전공을 바꾸는 과정도 있어서 어쩔 수 없는 결과였지만 그래도 못내 아쉬웠다. 특이하게 이곳 학비는 학기가 아니라 학점당 대략 240달러 정도 책정이 되었기 때문에 1학점이라도 더 인정이 되면 그만큼 돈이 굳는 것이었으니 말이다. 2년제 대학교는 60학점만 채우면 졸업이 가능했기 때문에 47학점만 더 들으면 되었다. 라과디아는 시메스터(1년에 2학기)Semester, 제도가 아니라 쿼터(1년에 4학기)Quarter[9], 제도로 운영이 되고 있기 때문에 상대적으로 빠르게 졸업이 가능해서 정상적으로 하면 1년 반 만에 졸업할 수 있을 것으로 생각했다.

하지만 위에 언급했던 영어 시험에서 읽기만 통과하고 쓰기는 탈락한 탓에 전공과목을 바로 듣는 것이 불가능했다. 첫 학기에 수강 신청을 할 수 있었던 과목은 3개: ESR-098(ESL 3 Select Readers), HUH-100(Exploring Humanities, 인문학 탐험), FSM-098(New Student Seminar, 신입생 세미나)였다. 여기에서 학점을 인정받을 수 있는 과목은 인문학 한 개. 3학점짜리 수업이었는데 영화, 미술, 문학 등 유명한 예술 작품들에 대하여 배우는 교양 과목이었다. 첫 번째 ESR-098 과목은 영어 과

---

9 라과디아는 쿼터Quarter 제도이다. 3~6월, 9~12월 두 정규 학기(Spring Session 1, Fall Session 1)가 있고 중간에 1~2월, 7~8월에 짧은 두 개의 학기(Spring Session 2, Fall Session 2)가 들어간다. 학기가 짧은 대신에 수업 시간은 두 배이다.

목이었는데 읽기와 쓰기 중 쓰기만 탈락한 학생들을 위한 반이다. 읽기까지 모두 탈락한 사람은 ESL-098이라고 개설된 수업을 들어야 했다. ESR-098, ESR-099, ENG-099 세 수업을 통과하면 비로소 학점이 인정되는 영어 수업인 ENG-101(English Composition 1), 즉 작문 수업을 들을 수 있었다. 짜증이 났던 것은 ESR-098이 학점을 인정받지 못하는 수업이었지만 8학점 상당의 수업료를 내야 한다는 사실이었다. 배보다 배꼽이 더 컸다. FSM-098은 새로 들어온 학생들에게 학교에 관련한 전반적인 부분을 설명해주는 신입생 세미나 수업이었다. 영어 때문에 1년 반 만에 졸업하는 것은 절대 불가능 해 보였다.

전공은 회계학으로 결정했다. 특별히 하고 싶은 것이 없어 이것저것 수소문하던 중 누나가 회계를 추천해 주어서 선택했다. 누나 말로는 회계가 조금 어렵기는 하지만 열심히 공부해 놓으면 나중에 직장 잡기는 다른 전공들에 비해서 상대적으로 수월할 것이라고 했다.

2008년 가을, 나의 첫 학기가 시작되었다. 가장 처음 들어가게 된 수업은 ESR-098이었는데 어학연수 코스의 쓰기 수업과 거의 비슷하게 진행이 되었다. 이번에는 거의 매 수업마다 150~200단어 정도가 되는 에세이를 하나씩 써야 했다. 게다가 일주일에 10시간을 쓰기에만 집중하는 수업이었기에 학기가 끝나면 에세이 실력은 확실하게 많이 늘 것 같았다. 이 수업의 한 가지 특이한 점은 인문학 수업과 연계가 되어 있어 에세이 형식의 숙제를 도와준다는 것이다. 우리의 에세이에는 문법적인 오류가 너무 많았기 때문에 첨삭을 몇 번 거치지 않는 이상 도저히 대학 과제로는 역부족이었던 것이 이유였다. 그래서 숙제를 다 끝마치면 ESR을 가르치는 선생님이 전체적으로 문법적인 오류나 논리가 심하게 어긋난 부분을 짚어주고, 그러한 과정을 2~3번 더 거쳐 최종적으로 완성된 에세이 과제를 인문학 교수님께 제출하는 형식이었다.

 인문학 수업은 매우 흥미로웠다. 내가 전혀 알지 못하는 과거의 예술 작품을 탐방하는 재미가 쏠쏠했을 뿐만 아니라 박물관을 견학하는 시간도 포함되어 있어 한 학기 내내 즐겁게 수업을 들을 수 있었다. 뉴욕은 이런 부분에서 정말 강점이 있는 도시가 아닌가 싶다. 세계에서 문화적인 요소가 가장 발달된 도시에 걸맞게 수많은 유명 박물관이나 미술관들이 어마어마한 양의 유명 예술 작품들을 소유하고 있기 때문이다. 중세시대의 미술 작품들을 탐방하기 위하여 뉴욕 맨해튼 어퍼 웨스트 사이드Upper West Side[10]에 위치한 메트로폴리탄 박물관The Metropolitan Museum of Art[11]을 처음 방문했을 당시의 감동은 지금도 잊을 수가 없다. 개인적으로는 역사상 가장 유명한 화가 중 한 명인 빈센트 반 고흐에 대하여 배울 때 무척 재미있었다. 정신 질환을 앓고 자살을 감행해야 했던 그의 인생 이야기도 내 주의를 끌었지만 후기 인상주의 화가로서 물감의 두께를 조절하여 입체감을 표현한 화법이 무척 인상 깊었다. 박물관에서 반 고흐의 실제 그림들을 보면서 사람들이 멍한

---

10 미국 맨해튼 북서쪽의 구역을 가리키는 말. 센트럴 파크를 기점으로 서쪽 구역이다. 컬럼비아대학교가 위치해 있는 곳이기도 하다.

11 미국에서 가장 큰 미술 박물관. 세계에서도 규모로 열손가락 안에 들어간다. 2백만 점이 넘는 중요한 미술 작품들을 보관하고 있다.

표정으로 오랜 시간 미술작품을 관찰하는 이유를 이해할 수 있었다.

ESR과 연계된 수업의 특성상 여전히 영어를 잘하지 못하는 유학생이나 이민자들로 구성된 수업이었다. 그래서 교수님이 항상 '여러분, 잘 따라오고 있나요?'라며 이해 여부를 확인하는 질문을 던져 주시고는 했는데, 거의 아흔이 다 된 백발의 할머니 교수님이셨기에 말씀을 천천히 차근차근해주시는 것이 나에게는 크나큰 행운이었다. 만약 말이 빠른 젊은 교수였다면 수업을 단 10분의 1도 알아듣기가 어려웠을 것이다. 하지만 그럼에도 불구하고 나는 수업시간에 특히 못 알아듣는 것이 많아 수업이 끝나면 교수실에 찾아가 여러 가지 질문을 하고는 했는데 내가 제대로 이해할 때까지 천천히 가르쳐주는 친절한 교수님이셨다.

이 시기에 나는 영어를 유창하게 하는 외국인이나 미국 원어민 모두에게 말 걸기가 굉장히 두려웠다. 그들이 나를 말도 잘 못하는 바보로 생각할 것만 같았고 왠지 무시당할 것 같은 기분이 들었기 때문이다. 특히 수업시간 같은 공적인 자리에서 질문하는 것이 가장 힘들었다.

나뿐만 아니라 많은 한국인 학생들이 이런 식으로 지레 겁을 먹고 영어로 말을 하기 꺼리는 경우가 많은데, 사실 전혀 그렇게 생각할 필요가 없다. 물론 극소수의 몇몇 미국인들이 영어를 잘하지 못하는 외국인들을 무시하는 경향이 있지만 대부분은 매우 존중해준다. 한국에서 어설픈 한국말을 하는 외국인들을 우리가 무시하지 않듯이 그들도 마찬가지이다. 그러므로 말을 할 기회가 생기면 최대한 그 기회를 살리려고 노력을 많이 하였다.

## 유학 홀로 서기

좋은 외국인 친구들도 생기고 인문학 및 ESR 수업의 에세이 숙제에서도 A 학점을 많이 받는 등 첫 학기가 순조롭게 지나가고 있었다. 그런데 9월 중순이었던 어느 날 무심코 환율을 보고 깜짝 놀랐다. 1,200원이 훌쩍 넘어가 있었다. 이전과 비교해 엄청나게 치솟아 있었다. 내가 유학을 처음 왔을 당시에 달러당 1,000원이 안 되어 그 당시 집에서 50만 원을 받으면 $520~530 정도가 되었는데 이제는 $400정도 밖에 되지 않는 것이었다. 환율 때문에 한 달에 거의 10만 원이 넘게 손해를 보는 셈이 되었고, 다음 학기 학비인 $3,120를 은행에서 찾게 되면 기존보다 60만 원이 넘게 더 비싼 돈을 내는 것이었다. 갑자기 눈앞이 캄캄해졌다. 당장 다음 학기 학비를 낼 돈이 넉넉하지 않았다.

그 당시 경제와 금융의 흐름을 이제는 이해할 수 있다. 이야기하자면 길다. 중요한 것은 그 당시 이러한 흐름에 대한 지식이 전혀 없었던 나는 이런 사실을 전혀 예측하지 못한 채 높아진 원 달러 환율을 보며 안절부절못할 수밖에 없었다는 것이다.

환율이 올라 일주일에 3일 일해서 $900가량의 돈을 벌고 부모님께 한 달에 50만 원씩 받는 것으로는 뉴욕 생활이 불가능하게 되었다. 아니, 어차피 첫 학기가 지나면 부족해질 것이었기 때문에 각오는 하고 있었지만 예상치 못한 환율의 변화로 그 시기가 훨씬 앞당겨진 것이었다. 부족한 돈을 수급하기 위해 평일에도 아르바이트를 해야 했는데 아침 8시부터 오후 2~3시까지는 수업이 있었기 때문에 평일 오후에

할 수 있는 아르바이트를 알아봐야 했다. 크사니의 구인구직 페이지를 매일매일 검색하다가 하나가 내 눈에 딱 띄었다. 바로 태권도 사범. 일거양득의 일자리라고 생각이 되었다. 첫째는 시급이 $10로 괜찮았고, 둘째는 나 스스로 운동이 많이 되어 체력 관리에 장점이 있으리라 판단이 되었으며, 셋째는 남미계 미국 아이들을 가르치는 자리였기 때문에 나의 영어 말하기 실력이 빠르게 향상할 수 있을 것 같았다.

다음 해까지의 수입과 지출을 제대로 계산을 해 보기로 했다. 사범을 하게 되면 월요일에서 목요일까지 하루에 5시간씩 해서 $10×5시간×4일=$200을 일주일에 벌 수 있었다. 한 달에 $800 정도 되니까 빵집과 합쳐서 $1,700 정도의 벌이가 된다. 지출은 조금 줄어들 예정이었다. 12월이 지나면 $500~600 정도가 되는 룸메이트 계약으로 이사를 할 것이기 때문이었다. 교통과 생활비를 포함 $1,000 아래로 줄이는 것이 가능했다. 내년에 총 38학점 정도를 들을 것이라고 예상이 되기 때문에 $240×38 = $9,120 정도의 학비가 지출될 것이다. 한 달 평균을 내면 $9,120/12 = $760이기 때문에 생활비를 $1,000이라고 치면 한 달에 $1,760. $1,700 정도를 내가 벌고 또 부모님께서 보내주시는 돈이 있기 때문에 생활이 충분히 가능할 것이라는 계산이 나왔다. 하지만 몇 년 동안 일주일에 7일을 계속 일하며 공부를 하는 것이 가능할지는 의문이었다.

다음날 학교가 끝나고 유나이티드 태권도(United Taekwondo) 체육관을 찾았다. 관장님은 뉴욕과 뉴저지에 15개가 넘는 체육관을 가지고 계셨는데 뉴욕에서 태권도 사업을 시작한 거의 1세대 한국인이라고 했

다. 내가 면접을 본 체육관은 뉴욕 퀸즈Queens의 코로나Corona라는 곳에 있었는데, 플러싱이 한국인과 중국인들이 많이 모여 사는 도시라면 코로나는 남미 쪽 사람들이 모여 사는 곳 중 하나였다. 관원도 물론 남미 아이들이 전부였다.

원래는 태권도 2단 이상이 되는 사람들에게만 사범이 될 수 있는 자격을 주었다. 나는 고등학교 시절 배운 격투기 석 달과 군대에서 딴 태권도 1단이 내 경험의 전부였는데, 이걸로는 사범 자격을 주지 않을 것 같았다. 그러나 난 이 일을 꼭 해야 했다. 거짓말을 조금 보탰다. 격투기 1단에 태권도 1단으로 합계 2단이라고 한 것. 이 정도는 충분히 할 자신도 있었다. 군대에서 태권도를 배울 당시 동기들보다 훨씬 뛰어난 발차기 실력 덕분에 시범단으로 활약을 했었기 때문이다. 나의 열정을 보여주기 위하여 인터넷을 통해 태권도 초단에 필요한 품새인 고려와 2단 금강까지 완벽히 외운 후 집에서 연습을 거친 상태로 면접에 들어갔다.

그런데 몸으로 하는 것은 절대 벼락치기로 어떻게 되는 것이 아니었다. 발차기해 본지 벌써 4~5년이 넘게 지난 시점이어서 다리와 골반이 많이 굳어 있었는데 그 당시 수준의 발차기로 강렬한 인상을 남기려고 했던 욕심과 나의 자만심은 도리어 화를 불렀다. 앞차기와 옆차기를 아슬아슬하게 넘기고 앞쪽 대각선으로 차는 돌려차기를 하는데 '빽' 하는 소리와 함께 허벅지 뒤쪽 근육이 파열되고 말았다. 허벅지에 말로는 표현하기 힘든 엄청난 통증이 밀려왔다. 더는 발차기를 할 수 없는 지경에 이르렀다. 하지만 꾹 참고 되든 안 되든 하려던 다른 것들을 계속 이어갔다.

 허벅지 근육이 다 나으면 2~3주간의 훈련을 거친 후 정식 사범으로 근무를 시작해 보라고 하셨다. 내 의지가 마음에 들었을까. 나중에 안 사실이지만 내 실력은 정말 형편없었다고 했다. 그렇지만 진심과 절박함이 보이고 열심히 할 것 같아서 나를 고용하기로 마음을 먹으셨다고 했다. 정중하게 인사를 건네고 밖으로 나왔는데 허벅지가 너무 아팠다. 바지를 살짝 내려 허벅지를 보니 시뻘겋게 멍이 들어있었다. 밤 10시가 넘은 시간. 절뚝거리며 전철역으로 걸어와 사람도 하나 없는 캄캄한 전철역에 아픈 허벅지를 주무르며 혼자 서 있는데 갑자기 울컥했다. 앞으로 최소 4~5년은 뉴욕에서 더 버텨야 하는데 육체적 정신적으로 벌써 너무 힘들다. 나중에 무슨 부귀영화를 누리려고 내가 허벅지 근육이 터지는 고통까지 감내하면서 이 낯선 도시에서 이렇게 외로운 투쟁을 해야 하나 생각하니 눈물이 슬며시 차올랐다.

 열흘 정도 지나니 허벅지 근육이 웬만큼 아물었다. 체육관으로 가서 하루에 5시간씩 훈련을 받기 시작했는데, 그러다 보니 공부할 시간이 너무 부족했다. 아침 8시에 학교에 가서 오후 2~3시에 끝나면 4시까지 체육관으로 가서 밤 9시까지 훈련하는 것을 월요일부터 목요일까지 반복하고 금, 토, 일에는 하루에 9시간씩 빵집에서 빵을 포장하니 학교에서 내주는 숙제를 따라가기가 버거웠다. 하루에 주어진 시간은 24시간밖에 없으니 시간이 부족하면 잠을 줄여서 시간을 늘리는 수밖에 없었다. 공강 시간이나 전철을 타고 움직이는 시간에도 항상 책에서 눈을 떼지 않았고 그것도 안 되면 잠잘 시간을 희생하다 보니 하루에 3~4시간만 자는 날이 일주일에 5, 6일씩 계속되었다.

그동안은 그래도 매형과 함께 살고 있었기 때문에 의지가 많이 되었다. 사실 초반에는 나의 힘든 생활에 대한 투정 어린 반항으로 다투기도 많이 했지만 이후 화해를 하고 사이가 좋아진 이후에는 내가 매형에게 많이 의지하였다. 그래도 가족이 곁에 있어서 다행이었다. 매형은 내가 명색이 처남이라고 먹을 거 하나라도 더 챙겨주려고 노력을 많이 하셨다.

그런데 그랬던 매형이 이제 한국으로 돌아가야 할 때가 왔다. 11월 중순부터 천천히 짐을 싸기 시작하여 11월 말쯤 한국으로 돌아가게 되는데, 이제 완전한 홀로서기를 해야 할 것으로 생각하니 두려움이 조금 생겼다. 진심으로 나를 도와줄 사람은 이제 미국에 단 한 명도 없다. 모든 것을 나 혼자 다 해야 한다.

매형이 한국으로 돌아가던 날, 집 앞에서 택시를 타고 공항으로 떠나는 모습을 보며 손을 흔드는데 나도 모르게 눈물이 났다. 집으로 돌아오니 이젠 정말 혼자라는 생각에 이전과는 비교도 할 수 없는 외로움이 엄습해 왔다. 한동안 책상에 멍하니 앉아 있다가 문득 내가 이러고 있을 시간이 없다는 것을 깨달았다. 빨리 새로운 방을 구해서 한 달 반 안에 지금 사는 방을 비워야 했다. 한 달에 관리비 포함 $1,550이 훨쩍 넘는 렌트비를 혼자 감당할 수가 없기 때문이다. 가뜩이나 아르바이트에 공부까지 해야 해서 시간이 없는데 방까지 알아봐야 하니 정말 미쳐버릴 지경이다. 바로 크사니를 켜서 여기저기 방을 알아보는데 마음에 드는 $500짜리 방이 하나 있었다. 4월부터는 렌트비를 $50 올려 $550을 받겠다고 적혀있었는데 뭐 그 정도는 괜찮지 않을까 싶었다. 이곳을 포함하여 약 다섯 군데 정도를 주말에 일 끝나고 돌아다녀 봤는데 역시나 여기만 한 곳이 없었다. 방도 넓고 집 청소 상태도 매우 좋았으며 TV에 케이블까지 달려있어 영어 공부에도 도움이 많이 될 것 같았다. 에어컨도 있었으며 방에 냉장고도 갖춰져 있었다. 보통 방을 구할 때 인터넷 등 다른 옵션들은 다 비슷비슷 하지만 TV, 에어컨, 냉장고 3종 세트가 모두 구비되어 있는데 월세가 $500인 방은 정말 찾기가 힘들다.

주인아주머니와 아저씨는 두 분 모두 하루에 12시간이 넘게 맞벌이를 하면서 힘들게 사시는 부부였다. 뉴욕에는 이런 식으로 힘들게 사시는 분들이 일부러 조금 큰 집을 얻어 남는 방을 유학생들에게 세를 주며 사는 경우가 많다. 이렇게 하면 돈이 조금 절약되기 때문이다. 물론 불편하다. 정말 불편하다. 생판 모르는 사람들과 한 집을 쓰는 불편함은 겪어보지 못한 사람들은 절대로 모른다. 그렇지만 생활이 넉넉하지 못하니 어쩔 수 없이 감수하고 사는 거다. 우리 같은 유학생들이야 짧게는 몇 달 길게는 1~2년 살다가 나가면 끝이지만 집 주인들은 평생 이런 식으로 살아야 한다. 인생은 참 다양하다.

방에는 나 말고도 뉴욕에서 1년을 넘게 산 유학생 한 명이 더 들어와 있어 필요할 때 정보를 공유하기에도 유리할 것 같았다. 방세의 일정 부분을 선금으로 치르고 나머지 방세와 보증금은 이사가는 날 주기로 하였다.

그때 살고 있는 집은 계약 만료까지 아직 20일 정도가 남았다. 매형 방은 단기 서블릿(재 대여)sublet으로 한 달만 방을 사용할 여자분이 $500에 이미 생활을 하는 중이었는데 (같은 집에서 나는 거실에, 생면부지의 여성분은 방에 살며 화장실과 거실을 공유하는 어색한 생활을 보름 남짓했다) 내가 사용하고 있는 거실도 이런 식으로 단기 서블릿을 줄 수 있을 것 같았다. 이사 준비를 하면서 동시에 크사니에 보름 단기 서블릿 광고를 올렸더니 한 시간도 되지 않아 연락이 두 군데에서 왔다. 그리고 그 중 한 명에게 $350에 서블릿을 내어 주면서 이사에 따른 금전적인 손해를 최소화할 수 있었다.

이사를 하고 얼마 지나지 않아 라과디아에서의 첫 학기가 끝났다. ESR과 인문학 수업 모두 에세이를 쓰는 것이 기말고사였기 때문에 막판에 밤새며 공부를 할 필요는 없었다. 쿼터제인 라과디아이기에 1월에 2차 가을학기가 시작되기까지 방학은 3주가 채 되지를 않았는데, 이 기간에 돈을 조금 더 벌어놓고 싶었다. 크사니에 들어가 구인구직란을 조금 뒤져보니 안성맞춤인 일용직 노동 자리가 있었다. 맨해튼에서 한국과 관련된 행사를 하나 하는데 그곳에서 세트를 건설하고 행사가 끝난 후에는 청소와 정리를 하는 일이었다. 시급은 $20. 바로 지원을 하였다.

토요일 빵집 아르바이트가 끝나고 행사장으로 바로 갔다. 20여 명의 아르바이트생이 모여 있었다. 세트는 이미 많이 건설되어 있었고 우리는 오후 4~7시까지 깔끔하게 세트를 정리하는 일에 투입이 되었다. 행사가 진행되는 7~12시까지는 빈둥빈둥 시간을 보냈는데 (이러한 시간도 급여에 포함되었다) 이때 다른 사람들과 많은 이야기를 할 수 있었다. 뉴욕에 와서까지 일용직 노동을 해야 하는 사람들이니 다들 얼마나 사정이 안 좋을까. 역시나 구구절절 한 사연들이 많았다. 프리랜서의 꿈을 안고 뉴욕으로 건너왔는데 실패하여 각종 아르바이트를 전전하며 살아가는 사진작가도 있었고 4년 전에 미국으로 건너와 어학연수 코스만 밟으며 아르바이트로 생계를 꾸려나가고 있는 33세 형도 있었다. 이들 사이에 있으니 26세에 2년제 대학 1학년에 재학 중인 나는 아무것도 아니었다.

밤 12시부터 청소 및 정리를 시작하여 새벽 4시 반이 되어서야 끝이 났다. 12시간 반에 시급 $20이었으니 $250을 그 자리에서 현금으로 받았다. 기분이 좋았지만 지금은 일요일 아침. 또 빵집에 6시까지 일을 하러 가야 한다. 토요일 아침에도 빵집 근무 때문에 5시 반에 일어났는데 그때부터 일요일 오후 3시까지 한숨도 못 자고 일하게 된 것이다. 이날 빵집 아르바이트를 마치고 집에 가서 거의 기절하다시피 쓰러졌다. 뉴욕 생활 5년 반을 통틀어 가장 피곤했던 날이었다.

2차 가을학기에 ESR-099를 수강하여 통과했다. 그리고 1차 봄학기에 드디어 첫 번째 전공 수업을 들을 수 있었다. 어학코스 마지막 단계인 ENG-099(Basic Writing, 기초 작문)와 더불어 AMA-111(Intro to

Accounting I, 회계 기초 I)과 AMM-101(Intro to Business, 비즈니스 기초)을 들을 수 있게 된 것.

전공 과목을 듣기 시작한 것이 기뻤지만 한편으로는 걱정이 많이 되었다. 기존에는 교양과 영어 과목만 들었기에 일주일에 7일을 모두 일 하더라도 좋은 성적을 얻을 수 있었는데 전공을 시작하면 이게 가능할지 의문이었다. 일단 부딪혀 봐야 알겠지만 상황이 나쁘게 되더라도 딱히 해결책은 없었다. 그냥 견뎌야 하는 수밖에.

학기가 시작되는 날 ENG 수업을 들어갔는데 약 반 정도의 학생들이 유학생이 아닌 미국인이었다. 의문이 생겼다. '문법 틀리고 말도 잘 하지 못하는 유학생들이 공부하는 이런 교실에 왜 미국인들이 있지?' 나중에 알게 된 사실이지만 ENG 수업을 듣고 있는 미국인들은 영어가 모국어인 것은 맞지만 제대로 된 영어 교육을 받지 못할 형편에 처해 있었던 학생들이 많았다.

미국인과 같이 어학연수의 일부분인 ENG-099 수업을 듣는 것이 처음엔 매우 이상하고 어색했지만 곧 이해할 수 있었고, 미국인들에 대한 나의 환상이 깨지게 된 아주 좋은 계기가 되었다. 나뿐만 아니라 미국에서 어학연수를 하는 많은 학생이 미국인들을 마치 전지전능한 신인 것 마냥 경외심을 가지고 대하는 경우가 종종 있다. 영어를 쓰는 나라에서 나는 의사소통이 안 되어 할 수 있는 게 별로 없고 스스로 바보가 된 것 같은 기분을 가지게 마련인데, 미국인들은 뭐든지 척척 해내기 때문에 이런 착각이 생기는 것이다. 자격지심인 셈인데, 이런 이유로 어학연수 학생들이 미국인들을 피하고 그들에게 말 걸기를 두려워하게 되면서 어학연수의 가장 주된 목적인 '원어민들과의 의사소통을 통한 영어 실력 향상'을 제대로 하지 못하고 한국으로 돌아가는 안타까운 현상이 계속 반복이 된다. 나는 이번 일을 계기로 미국인들도 사람이라는 너무도 당연한 진리를 뒤늦게 깨닫게 되었고 그들과 의사소통을 하는 데 있어서 주저함이 많이 사라지게 되었다.

회계 수업은 에드워드 굿맨Edward Goodman이라는 교수님이 담당이었다. 수강 신청 전에 교수님에 대한 사전정보 전혀 없이 스케줄에만 맞게 선택한 것치고는 운이 매우 좋았다. 회계로는 가장 인기가 많은 교수님을 만난 것이었다. 약간 몸집이 있으신 젊은 교수님이셨는데 유머 감각도 뛰어나시고 매우 쉽게 가르쳐 주셨다. 이번에 들을 과목은 회계 기초 I이었는데, 나중에 II도 반드시 굿맨 교수님께 들으리라 다짐했다.

다행히도 모든 수업이 재미있고 공부하는 데 큰 어려움을 느끼지는 않았지만 아르바이트와 함께 계속된 강행군에 피로가 점점 쌓여갔다. 2009년 1~2월에는 기존보다 환율이 훨씬 높게 치솟아 1,400원, 1,500원을 돌파하면서 부모님이 달마다 보내주시는 50만 원을 아예 통장에서 뽑기가 어려워졌다. 환율에 의한 손해가 너무 컸기 때문이다. 돈이 점점 더 쪼들려갔다. 방값, 교통, 학비 등 고정적으로 들어가는 비용은 줄일 수가 없었기 때문에 생활비에서 최대한 절약을 해야 했다.

특히 식비가 절약하기에 가장 좋았다. 이전에는 식비로 한 달에 약 40만 원 정도의 돈이 들어갔는데 일단 이걸 최대한 줄이고 싶었다. 그리고 그렇게 하려면 외식을 금하고 100% 집에서 끼니를 해결해야 했다. 약 8만 원의 거금을 들여 좋은 한국산 전기밥솥을 하나 사들였다. 새로 산 전기밥솥은 많은 양의 밥을 한꺼번에 짓고 보온상태로 유지하다가 일주일이 지난 후 먹어도 맛이 크게 변하지 않았다.

반찬은 일일이 손으로 하기에는 시간이 너무 많이 소요되어 일주일에 한 시간 정도만 투자하여 국을 끓여 먹기로 했다. 매형과 함께 살 당시에 샀던 냄비세트가 있었는데, 그중 일주일 치 국을 끓일 수 있을 만한 큰 녀석이 하나 있었다. 할 줄 아는 것은 미역국과 된장국밖에 없었기 때문에 격주로 끓여 먹기로 했다. 반찬은 근처 한인 마트에서 살 수가 있었다. 김치와 멸치, 무말랭이 3가지만 샀다. 김치는 한 번 사서 아껴먹으면 한 달을 먹을 수 있었고 멸치와 무말랭이는 2주 정도 먹을 수 있었다.

하루에 두 끼는 국과 김치, 그리고 나머지 한 끼는 멸치와 무말랭이로 거의 매일 먹었다. 학교에 갈 때 항상 이 두 가지 메뉴 중 하나를 골라 도시락을 싸서 가지고 갔는데 국을 가져가는 날에는 학교 매점에 있는 전자레인지에 3분 정도를 돌려서 따뜻하게 데워 먹고는 했다. 스케줄이 워낙 빡빡해 친구가 많지는 않았지만 그나마 있는 친구들이 가끔 점심을 같이 하자고 해도 이미 먹었다고 둘러대고는 사람이 적은 구석진 곳에 혼자 앉아 먹고는 했다. 그들과 함께 점심을 먹으면 또 $10~$20의 돈을 써야 했기 때문이다.

하루는 휴지가 다 떨어져서 마트에 갔는데 12개의 롤이 들어있는 묶음을 하나 사려니 약 $15가량이 되는 것이었다. 휴지 값이 그렇게 비싸게 느껴질 수가 없었다. 너무 아까워 그날 이후로 휴지를 최대한 쓰지 않아야겠다고 다짐했다. 휴지를 쓰지 않으려면 집에서 큰 볼일을 보지 말아야 했다. 먹는 양을 조절하면 큰일을 보는 시간도 조절할 수 있지 않을까 싶어서 한번 시도를 해 보았다. 예상은 틀리지 않았고, 정확한 식사량의 조절을 통하여 항상 학교에 있거나 일을 하는 오전 11시에서 오후 3시 사이에 큰일을 보는 것이 가능했다. 이후로 약 2년간 한 번도 휴지를 돈 주고 산 적이 없다.

가뜩이나 육체적으로 피곤한데 최대한 돈을 아끼려고 들다 보니 신경을 쓸 일들이 많아 정신적으로도 피로가 계속 쌓였다. 가난하게 살다 보니 돈 많은 유학생 친구들을 보면서 부럽기도 하고 왠지 그들이 나보다 잘난 것 같은 느낌을 받으며 열등감에 사로잡혀 지내기도 했다. 스트레스를 많이 받으며 언제부터인지는 잘 모르겠지만 호흡곤란 증세가 시작되어 가슴이 답답하고 숨을 제대로 쉬기가 힘들었다. 이전부터 가지고 있었던 오른쪽 어깨와 목 통증은 계속 심해져 책상에 20~30분만 앉아 있어도 견딜 수가 없는 지경이 되었다. 이래저래 건강이 급속도로 나빠졌지만 돈이 없으니 병원에 갈 생각은 하지 못했다. 정신적으로도, 육체적으로도 힘든 날이 계속되니 우울증에도 시달리는 등 피로가 많이 누적되었다.

1차 봄학기가 끝난 6월 무렵, 나는 정말 녹초가 되었다. 그래도 악착같이 포기하지 않고 공부를 해 모든 수업에서 A 학점을 받을 수 있었지만 몸은 말이 아니었다. 이대로 가다가는 미국에서 4년제 대학교 졸업은 고사하고 내가 먼저 죽을 지경이었다.

## 더 나은 곳을 향해

2차 봄학기가 시작되는 7월 초까지 약 3주간의 방학이 사막 한가운데 놓여있는 오아시스와도 같았다. 시간적 여유가 조금 생겨 잠도 실컷 자고 쉬면서 다시 한번 앞으로의 계획을 천천히 생각해보기로 했다. 일단 다음 학기 학비를 낼 돈은 넉넉히 있었다. 그동안 열심히 벌고 절약하며 스스로 모은 것도 있고 부모님이 보내주신 돈도 통장에 약 200만 원가량 쌓여있었기 때문이다. 계속 1,300원이 넘는 고환율이 지속되어 환전 시 손해가 너무 컸기 때문에 보내주신 돈을 쓰지 않고 통장에 고이 모셔둔 덕이다. 이 돈을 쓰면 일주일에 이틀 정도는 일을 빼도 될 것 같았지만 나중에 환율이 또 어떻게 될지, 무슨 일이 일어날지 모르기 때문에 섣불리 쓸 수가 없었다. 그렇지만 이대로 계속 살기에는 너무 무리가 있었다.

무언가 대책을 세워야 할 필요성이 절실할 즈음 하루는 학교에서 공부를 잘하는 학생들이 수업을 잘 따라가지 못하는 학생들을 가르치며 교수를 도와주는 API라는 프로그램을 선전하는 광고를 보게 되었다. API는 Academic Peer Instruction의 약자로 또래를 지도하는 프로그램이라는 뜻이었다. 시급이 약 $12에 일주일에 10시간을 일하는 것으로 계산되는데 더욱 놀라운 것은 내가 실제로 가르치는 시간은 고작 3시간밖에 되지 않는 것이다. 나머지는 매주 수요일에 1시간 반 정도 되는 미팅에 참석하는 것과 내가 가르칠 수업에 항상 출석하는 것이 전부였다. 태권도 사범보다 체력적으로 매우 수월할 것 같고 또한 공부할 시간이 대폭 늘어날 것 같았다. 일하는 10시간 중 미팅과 가르치는 시간 4시간 반을 제외하면 나머지 5시간 반은 그냥 내 시간이나 다름이 없었기 때문이다. 영어로 다른 학생들을 가르치는 것이기 때문에 말하기 실력 또한 비약적으로 상승할 것이라고 기대되었다.

자격 요건을 보니 GPA[12] 3.5 이상에 내가 가르치고자 하는 수업에서 A- 이상의 학점만 받으면 되었다. 광고에 나와 있는 사무실로 바로 달려가서 API 프로그램에 대한 나의 관심을 표현하였다. API를 책임지는 사람은 닥터 Z Zoyce Zaritsky 라고 불리는 교수님과 앤디 토스 Andi Toce 라는 교수님이셨는데 비서처럼 보이는 한 분께서 담당자가 현재 자리에 없으니 메일 주소나 연락처를 알려주면 면접 일정을 추후에 알려 주겠다고 했다.

2차 봄학기가 시작된 7월 초에 닥터 Z 교수님과 면접을 보게 되었다. 차분하고 성실한 학생의 이미지를 연출하기 위하여 당시 시간이 날 때마다 틈틈이 읽고 있던 '마지막 수업 The Last Lecture'이라는 책을 옆에 끼

---

[12] 누적 학점

고 그의 사무실에 들어갔다. 내 인생 처음으로 경험해보는 영어 면접이라 매우 떨렸지만 닥터 Z 교수님께서 온화한 미소를 지으시며 매우 친절하게 대해주셔서 나도 차분하게 나의 이야기를 할 수 있었다.

"이 일을 하고 싶은 이유가 뭐지?"

"원래 주위 사람들에게 제가 아는 지식에 대하여 이야기를 하는 것을 좋아합니다. 그래서 과외를 해본 경험도 여러 번 있어 저에게 잘 맞는 일이 될 것 같아서 지원하게 되었습니다."

"미국에는 어떻게 오게 되었지?"

"한국에서만 갇혀있지 않고 넓은 세상으로 나오고 싶은 생각이 항상 있었습니다. 가정 형편이 별로 좋지가 않아 포기하려고 했지만 꿈을 놓고 싶지 않아 미국으로 건너왔고 현재는 일주일에 50시간 가까운 아르바이트를 통해 스스로 학비와 생활비를 벌어가며 공부를 하고 있습니다."

어려서 공부를 안 했다는 이야기는 싹 뺐다.

"가지고 있는 책은 무슨 내용이지?"

준비해 왔던 질문이 나왔다.

"카네기 멜론이라는 대학교에 암으로 시한부 선고를 받은 한 교수가 죽음을 눈앞에 두고 깨달은 인생의 진리와 자신의 철학에 대하여 강의를 하였는데 그것을 책으로 엮은 것입니다."

대답을 아예 다 외워 가는 것이 우물쭈물 대는 것보다 나았다. 지나치게 완벽하면 외워온 티가 날까 봐 차라리 살짝 더듬는 쪽을 택했다. 이렇게 질문이 몇 개가 더 오간 후 면접이 끝났다. 아직 영어 실력이 많이 부족하여 단어 선택이나 문법적으로 말이 안 되는 부분이 많았지만, 그런 것은 이미 예상한 눈치셨다. 오히려 식은땀을 삐질삐질 흘리며 안 되는 영어로 열심히 대답하는 모습이 절박하고 성실해 보였는지 그 자리에서 바로 합격을 주셨다. 일은 9월에 1차 가을학기부터 시작했다.

API로 일하기 위해서는 상당히 많은 서류 작업이 필요했다. 빵집 직원이나 태권도 사범같이 정부의 허가가 나지 않은 아르바이트를 하는 것은 그냥 현금으로 돈을 받으면 끝이었지만, API는 학교에서 공식적으로 급여를 받고 일하는 것이었기 때문에 미국 정부에 세금을 내야 했다. 따라서 세금에 관련된 여러 가지 서류를 읽고, 질문에 대답하고, 서명해야 했으며 또한 임시 SSN Social Security Number [13]을 발급받아야 했다. SSN은 미국의 주민등록번호나 마찬가지인데 학교에서 일하는 것과 같은 매우 특이한 경우가 아닌 이상 유학생들이 받기에는 불가능한 번호이다. API를 통해 돈을 벌고 영어 실력을 향상시키는 것뿐만 아니라 미국인 친구를 사귈 기회도 얻게 되고, SSN을 받으면서 미국이라는 사회에 한 걸음 더 가까워지는 계기도 될 것이라는 기대에 부풀었다.

그런데 태권도 사범을 그만둔 이후에는 API 하나로 돈벌이가 조금 부족할 것 같았다. 그래서 일주일에 이틀 정도만 할 수 있는 일을 찾다 보니 한국인 비디오 가게가 눈에 들어왔다. 미국 뉴욕에 한국 방송 프

---

13  9자리 숫자로 이루어져 있으며 미국 시민권자, 영주권자, 그리고 노동을 하는 외국인들에게 발급되는 번호. 우리나라의 주민등록번호와 비슷한 개념이다.

로그램을 대여해주는 한국인 비디오 가게라는 비즈니스는 미국 1세대 이민자들을 상대로 하는 장사이다. 시간제로 하루에 6시간씩 일주일에 이틀 정도만 할 수 있었는데 일은 간단했다. 한국 예능이나 드라마 등 방송 프로그램으로 제작된 CD나 비디오를 복사하고 대여해주는 일이었다. 9월 중순부터 일을 시작하기로 하였다.

이제 9월 이후의 스케줄을 완벽하게 짰다. 지친 몸을 조금 달래기 위해서 한 달 정도는 아르바이트를 조금 줄이고 쉬기로 하고 태권도 사범을 7월 말에 그만두었다. 금, 토, 일요일에 하던 빵집은 그만두지 않고 계속 했지만 평일에 일하지 않는 것만 해도 아주 편히고 즐거웠다.

2차 봄학기에 두 개의 수업을 들었는데 그중 하나가 통계 기초였다. 하루는 수업 시간에 컴퓨터실에 앉아 통계 관련 프로그램을 배우고 있는데 집중이 잘 안 되어 컴퓨터로 페이스북에 잠깐 접속하여 태권도 사범 시절 사진을 보고 있었는데 옆자리에 앉은 친구가 갑자기 지대한 관심을 보이며 나에게 말을 걸었다.

"너 무술하는구나!"

"응. 나 태권도 사범으로 일했었어. 태권도를 알아?"

"알지. 그거 한국 무술이잖아. 올림픽에도 나오고. 너도 그럼 한국인이야?"

"응. 난 한국에서 왔어. 희중이라고 해. 반갑다. 너는?"

"난 후안이야."

후안이라는 이 친구는 도미니카계 미국인이었다. 부모가 미국에 이민을 온 후에 태어나 영어가 모국어이지만 도미니카 공화국의 언어인 스페인어도 자유자재로 구사한다. 무술에, 특히 동양 무술에 굉장히 관심이 많은 친구인데 태권도복을 입고 있는 내 사진을 보고 나에게 흥미를 느낀 것이다.

"우와! 대단하다. 너 언제 시간 되면 나도 좀 가르쳐줄 수 있어?"

"물론이지. 요즘엔 시간이 조금 있어. 평일에 수업 끝나고 하자. 장소는 어디로 하지?"

"내가 사는 루스벨트 아일랜드Roosevelt Island에 넓은 잔디밭이 많이 있어. 거기로 가자. 내가 우리 집에도 초대할게. 플레이 스테이션도 같이 하고 저녁도 먹자."

처음으로 생긴 미국 친구다. 태권도를 가르치면 후안에게 이득이고 후안과 친해지면 미국인을 상대로 마음껏 영어를 사용해 볼 수 있는 나에게 이득이다. 서로 도움이 되는 관계인 셈이다. 군대에서 배운 태권도가 이런 식으로 도움이 될 줄이야! 태권도 사범을 막 그만두고 시간이 조금 생겼을 때 이런 인연이 생긴 것도 참 다행이다. 그 전에 후안을 만났으면 내가 시간에 쫓겨 친해질 기회조차 없었을 것이니 말이다.

이틀 뒤 수업이 끝나고 후안과 함께 루즈벨트 아일랜드로 갔다. 루즈벨트 아일랜드는 뉴욕의 맨해튼과 퀸즈 사이에 흐르는 좁은 이스트 강East River 가운데에 위치한 섬이다. F전철이 루즈벨트와 퀸즈, 맨해튼을 연결하고 또한 케이블카가 맨해튼과 루즈벨트 섬을 연결해 주는데, 케이블카 내부에서 창문을 통해 바라보는 전경은 정말 예술이다. 좁고

길쭉한 모양의 루즈벨트 아일랜드에 가면 한쪽에서는 맨해튼 어퍼 이스트 사이드Upper East Side의 큼직큼직한 빌딩숲이 한눈에 들어오는 장관을 감상할 수 있고 다른 한쪽에서는 퀸즈의 전경이 눈에 들어온다. 섬 자체의 아기자기하고 평화로운 분위기에 좌우 측면의 환상적인 경치가 더해져 전체적으로 매우 인상적이고 아름다웠다. 나중에 뉴욕에서 살게 되면 반드시 이런 곳에 집을 얻어 살고 싶다는 생각이 들었다.

이동 중에 후안과 이런저런 이야기를 많이 했다. 후안은 동양의 무술뿐만 아니라 전반적으로 동양의 나라들에 대한 호기심이 많아 우리의 문화에 대해 이런저런 질문을 많이 하였다. 내 영어가 워낙 부족해 설명하는데 진땀을 빼기는 했지만 미국인 친구를 상대로 평소에 다뤄본 경험이 없는 주제에 대해 영어로 이야기하니 말하기 실력이 실시간으로 향상되는 기분이 들었다. 영어는 확실히 원어민 친구가 생겨야 빨리 늘었다. 후안과 몇 시간 동안 대화를 나누고 보니 한국 유학생들과 대화를 할 때 내가 영어가 많이 늘었다고 느낀 것은 나만의 잘못된 환상에 불과했다. 나도 스페인계 미국인들의 문화에 대해 아는 것이 별로 없었기 때문에 이것저것 많이 묻고 배우며 유익한 시간을 보냈다.

적당한 잔디밭을 찾아서 태권도의 기본 발차기 몇 가지와 품새에 대해 가르치는데 후안이 무척 즐거워했다. 약 한 시간 정도 가르친 후 후안의 집으로 갔다. 난생 처음 가보는 외국인의 집이다. 신발을 벗으려고 하는데 후안이 신발을 신은 채로 성큼성큼 집안에 들어섰다. 아 참, 미국 사람들은 집 안에서 신발을 신고 다니지. 드라마를 통해서 많이 본 장면이기는 했지만 실제로 경험을 해보니 신기했다.

잠깐 쉬고 나서 후안과 함께 자동차 경주 게임을 하는데 미국인 친구와 함께하다 보니 나도 모르게 "Jesus! Damn it!"과 같은 탄식이나 감정 표현들이 영어로 자연스럽게 나왔다. 영어를 학문이 아닌 언어로서 받아들이게 된 전환점이었다. 일단 영어를 언어로서 받아들이게 되면 단어를 외우고 영어 문법을 분석하는 학문적인 공부에 비하여 폭발적으로 실력이 늘게 된다. 후안을 통하여 자연스럽게 그런 기회를 얻게 된 것이다.

즐겁게 같이 게임을 즐기다 보니 금세 저녁이 되었고 후안의 부모님이 일을 마치고 돌아오셨다. 비슷한 시각에 후안의 여동생 또한 집으로 들어와 함께 저녁 식사를 하게 되었다. 후안의 부모님이 직접 만드신 푸짐한 요리가 식탁에 차려졌다. 소스가 듬뿍 뿌려진 큼지막한 비프스테이크 한 점과 빨간 콩이 들어간 남미식 수프, 그리고 구운 옥수수에 바게트까지 우리의 식탁과는 아주 거리가 먼 음식이었지만 맛있는 향기가 입안의 침샘을 자극했다. 함께 테이블에 둘러앉아 이런저런 이야기를 하면서 식사를 시작했다. 이민 1세대인 후안의 부모님은 영어가 매우 서툴렀지만 저녁 식사를 하면서 간단한 의사소통을 하기에는 전혀 무리가 없었다. 남미계 미국인의 가족 사이에서, 그것도 그들의 집에서 저녁을 함께하고 있다는 사실이 나에게 묘한 카타르시스를 안겨 주었다. 후안의 가족은 아들이 처음으로 집에 데려온 동양인 학생이 신기했는지 이것저것 많이 물어보았다.

이날 이후로 나와 후안은 틈만 나면 붙어 다녔다. 학교뿐 아니라 방과 후에도 함께 자전거, 롤러스케이트 등을 타면서 놀거나 맨해튼 여기저기를 함께 다녔다. 사실 태권도에 대한 유대라는 희한한 촉매로부터 처음 시작된 나와 후안의 우정은 착하고 순수한 후안의 기운이 나로 하여금 영어 연습이라는 계산적인 생각을 잊게 만들어 주었고 이후에는 후안과 진정한 친구가 되었다.

나의 첫 번째 미국인 친구 후안과 즐거운 시간도 보내고 공부도 열심히 하다 보니 7, 8월이 빠르게 흘러갔다. 어느새 새 학기가 시작되기 일주일 전. 학교의 한 강의실에서 API 미팅이 있었다. 담당 교수인 닥터 Z와 앤디를 포함하여 수학, 영어 작문, 화학 등 각 과목을 맡은 30여 명의 API 튜터[tutor]14들이 한자리에 모였다. 모두의 자기소개가 있은 이후에 API 프로그램이 어떻게 진행이 되는지에 대한 설명이 이어졌고, 간식과 함께 서로 네트워킹을 하는 시간이 주어졌다. 이 시간을 기점으로 본격적으로 유학생이나 영어권 친구들 가릴 것 없이 인맥도 넓히면서 자연스럽게 영어로 말을 할 수 있는 장이 마련되었다. 태권도 사범을 하던 시절에도 영어로 말할 기회는 많았지만 매일 거의 비슷한 말만 반복하게 되어 별로 도움이 되지 않았는데, API가 본격적인 영어 말하기 기술을 키울 수 있는 시작점이 된 것이다.

새로운 학기가 시작되고 API를 통해 내가 가르칠 회계 기초 I 과목의 첫 수업, 굿맨 교수님이 깜짝 놀라시며 물으신다.

---

14　tutor라고 하면 보통 우리나라 말로 과외라는 뜻으로 통하지만 정규 학교수업 외적으로 학생들을 가르치는 모든 행위 역시 tutor라고 한다.

"희중, 이 수업은 이미 저번 학기에 들었잖아?"

"이번엔 API라는 프로그램을 통해 교수님을 보조하러 수업에 왔어요. 혹시 API에 대해 아세요?"

"아, 저번 학기에 내 회계 기초 II 수업에 API가 있어서 잘 알지. 그럼 이따가 시간 좀 필요하겠네?"

모든 API 튜터는 첫 시간에 학생들에게 API에 대하여 소개를 하고 보충 수업 시간과 API에 대한 설문 조사를 해야 했다. 이 시간에 학생들의 이름과 이 메일 주소도 모두 파악하여 그들이 API에 적극적으로 동참할 수 있게 학기 내내 광고를 해야 했다.

"네, 맞아요. 이따가 한 30분 정도만 저에게 주실 수 있나요?"

"물론이지. 오늘 수업 끝나기 30분 전부터 네가 맡도록 해."

준비는 열심히 했지만 막상 다른 학생들 앞에 서서 이런저런 이야기를 하려니 무척 떨렸다. 유학생이나 이민자들도 많았지만 미국계 흑인과 남미 친구들이 반 이상을 차지하고 있는 수업이어서 그들이 속으로 '영어도 잘 못하는 주제에 어디 우리를 가르친다고 나서고 있어?' 라며 무시를 하지는 않을까 걱정이 되었다.

긴장을 한 채로 기다리니 시간이 금방 지나고 곧 나의 30분이 다가왔다. 굿맨 교수님이 나에게 눈빛으로 신호를 주었다. 앞으로 나가 30명이 넘는 학생들 앞에 서니 다리가 후들거릴 정도로 떨렸다. 열심히 외워놨기에 망정이지 한마디도 못 할 뻔했다. 준비한 대로 내 소개와 함께 API에 대한 간략한 설명 후 설문 종이를 나눠주었다. 약 15분 정도 설문지를 작성할 시간을 주고 다시 거둬들이면서 나의 시간은 끝이 났다. 곧이어 수업이 종료되었고 굿맨 교수님과 함께 복도를 걷게 되었다.

"희중, 저번 학기에 내 회계 기초 I 수업에서 네가 성적이 젤 높았던 것으로 기억하는데, 현재 GPA는 몇이야?"

"저 4.0이에요."

"만점이라고? 너 아르바이트도 많이 하면서 학교 다니고 있다고 하지 않았어?"

저번 학기 회계 기초 I 수업에 아르바이트 때문에 시간이 너무 모자라 숙제를 제시간에 못해갔던 적이 한번 있었다. 그때 용서를 구하느라 사정 설명을 주저리주저리 하며 내 생활 이야기를 꺼낸 적이 있었는데 그걸 기억하고 계셨던 것이다.

"네. 그런데 아직 들은 수업이 그렇게 많지 않아서 뭐 자랑할만한 것은 못 돼요."

"그래도 쉬운 건 아니지. 이번 학기에는 무슨 수업을 듣지?"

"저 회계 II, 인턴십, 작문 I 그리고 거시 경제학이요. 회계 II도 교수님 수업이에요. 일주일에 교수님만 열 시간을 뵙겠네요."

"졸업은 언제고?"

"제 계획대로라면 내년 봄학기 두 번째 세션까지 마치고 졸업이 가능할 것 같아요. 8월이 되겠네요."

지금 시점이 2009년 9월. 내년 8월에 졸업 예정이다.

"그럼 내년 9월부터 4년제 대학교에 다니는 것을 목표로 편입 준비를 해야겠네?"

"네 맞아요."

"편입 학교들은 어디를 알아보고 있어?"

"큐니에 버룩칼리지에 가서 회계 전공하는 게 목표예요. 회계 전공으로도 유명하고, 저희 사이에서 학비 대비 효율 높은 대학으로 알고 있어요. 그리고 수니SUNY[15]에 빙햄튼대학교Binghamton University[16]같은 학교도 지원해 보려고요."

"그러면 당장 올해 말부터 본격적으로 편입 준비를 해야겠네. 그런데 왜 시립이나 주립 학교들만 알아보고 있어? 좋은 사립대학교들도 많은데. NYU[17]나 컬럼비아 같은 학교들 말이야."

"그런 학교들은 저한테 조금 과분하죠. 학비도 무척 비싸고 학생들 수준도 높고요. 어차피 해도 안 될 텐데요 뭐."

"흠, 그건 네가 잘못 생각하고 있는 거야. 내가 지금 수업이 하나 있으니까 나중에 다시 얘기하자. 이메일 주고 내 사무실로 한번 찾아와."

"네 알겠습니다."

굿맨 교수님께서 언급하신 NYU나 컬럼비아 같은 학교들은 나에게

---

15  SUNY는 State University of New York, 뉴욕 주립대학교. 총 64개의 캠퍼스로 구성이 되어있는 거대한 규모의 교육기관이다.
16  SUNY에 소속이 되어있는 64개의 캠퍼스 중 하나이다. 당시 유학생들 사이에서는 비즈니스로 괜찮은 학교 중 하나로 알려져 있었다.
17  New York University의 약자. 뉴욕에서 가장 유명한 사립대학교 중 하나로 USA News 기준 미국에서 약 30위권 안팎의 학교이다. 캠퍼스가 따로 없이 맨해튼 East Village 근처의 빌딩 수십 개로 이루어져 있는데, 미국에서 학비가 비싸기로 둘째가라면 서러운 학교이다. 미국인들이 가장 가고 싶어하는 학교 1위로 몇 년간 선정되기도 했다.

는 전혀 고려사항이 아니었다. 아니, 고려사항이 될 수 없었다. 정말 어마어마한 학교들이다. 집안 재력도 되고 머리도 좋은 슈퍼 초 엘리트들이나 갈 수 있는 학교들이 아닌가. 나같이 평범한 사람이 들어갈 수 있을 리가 만무했다.

만에 하나 기적이 일어나서 내가 합격을 했다고 가정을 해도 학교에 다니는 것은 불가능해 보였다. 컬럼비아대학교를 예로 들면, 1년 학비가 4만 달러가 넘는데 환율을 계산하면 한화로 4,500만 원이 훌쩍 넘는 돈이다. 맨해튼에 위치한 학교에 다니려면 아무리 아껴도 한 달에 백만 원 이상은 들어갈 생활비까지 포함하면 1년에 6천만 원 이상이다. 2년 반 정도 학교에 다닌다고 치면 최소 1억 5천만 원인데 그 돈을 어떻게 감당하나. 우리 집 재정 상황으로는 집을 팔지 않는 이상 이 큰돈을 댄다는 것은 어불성설이었다.

굿맨 교수님께 이메일을 보냈다. '저는 그런 학교들과 맞지 않을 것 같으니 평소에 생각했던 대로 시립대나 주립대를 알아보겠습니다.' 교수님으로부터 바로 답장이 왔다. 다음 회계 기초 I 수업이 끝나고 당신의 사무실에서 30분 정도만 이야기하자는 것이었다.

다음 회계 수업이 끝나고 교수님의 사무실로 갔다.

"교수님, 저 왔습니다."

"그래, 여기에 앉아. 학비 문제 때문에 그냥 시립대와 주립대에만 원서를 넣겠다고?"

"네, 어차피 붙을 것 같지도 않고요. 붙는다 하더라도 학비가 워낙 비싸니 다닐 수 있을 것 같지도 않고요. NYU는 원서 값이 필요가 없으니까 한 번쯤 넣어볼 수 있겠지만[18] 컬럼비아는 원서 값만 $70이잖아요. 가뜩이나 생활도 어려운데 괜히 $70를 낭비하고 싶지 않아요."

"원서 값 $70가 아깝다고 네가 클 가능성을 저버리는 건 정말 어리석은 짓이야. 원서 값은 일단 생각하지 말고, 너는 붙을 가능성이 없다고 말하는데 내가 보기에는 충분히 가능성이 있어. 만약 컬럼비아나 NYU 같은 좋은 학교들에 진학해서 열심히 공부하기만 한다면 네 인생이 많이 바뀔 거야. 원서는 꼭 넣어보도록 해."

교수님의 일장 연설은 계속 이어졌다.

"특히 나는 네가 컬럼비아에 진학했으면 좋겠어. 컬럼비아대학교에 너같이 뒤늦게 깨달음을 얻고 열심히 공부하면서 사는 학생들에게 학사 학위를 공부할 수 있는 기회를 주는 프로그램이 있어. 학비가 비싼 것은 사실이지만 이 정도 학교라면 투자할 가치는 충분히 있다고 봐. 게다가 장학금 제도가 잘 되어 있어서 어느 정도는 도움을 받을 수 있을 거야. 그런 걱정은 나중에 하고 일단 원서라도 넣어봐."

"네. 그러면 일단 준비해 보겠습니다."

"잘 생각했어. 필요한 게 있으면 언제든 얘기하고."

---

[18] 커뮤니티 칼리지들과 연계되어 있는 몇몇 4년제 사립대학교들은 편입하려는 학생들의 부담을 덜어주기 위하여 원서 값을 제외시켜준다.

## 아이비리그의 기적

당시 재학 중이던 2년제 대학교를 2010년 8월에 졸업할 예정이었기에 같은 해 9월 가을학기에 편입지원을 해야 했다. 마감일을 알아보니 2월. 그 당시 2009년 10월이니 아직 준비할 시간이 4개월가량 남아있었다. 편입에서 가장 중요한 것은 2,000단어 이하로 써야 하는 자기소개서 Autobiography. 미국에서는 편입뿐만 아니라 신입생을 선발하는 과정에도 이런 자기소개서 양식의 에세이가 당락을 결정지을 정도로 매우 중요하다. 아무리 점수가 좋아도 에세이에 자신의 목표와 지원 동기 등을 조리 있고 근거 있게 담아내지 못한다면 합격을 기대하기 어렵다.

그 다음으로 중요한 것이 교수님 추천서 두 장과 학교에서 치르는 영어 시험이었다. 보통 유학생들은 미국 학교에 편입 시 토플 점수를 제출하게 되어 있지만 컬럼비아는 학교에서 자체적으로 치르는 영어 시험이 훨씬 난도가 있다고 판단을 하였는지 토플 점수를 따로 요구하지 않았다. 그 대신 학교 영어 시험에서 최고 레벨인 10을 받아야 정규 수업에 참여할 수 있는 자격을 주었다. 만약 10 미만의 레벨을 받으면 ESL로 돌아가 영어를 다시 공부하고 재시험을 치르는 사이클을 반복해야 했는데, 만약 3년 안에 통과를 못 하면 학교에 입학할 수 있는 자격이 자동으로 박탈된다. ESL은 한 학기에 $8,000 정도로 어마어마하게 비싸다. 돈 많고 시간 많은 사람이야 상관없겠지만 나이 많고 돈 없는 나 같은 사람은 만약 한 번이라도 떨어지면 다른 학교를 선택해야 할 상황에 처하게 된다. 그런데 이 시험이 정말 쉽지가 않은 것이, 레벨이 1, 2, 3, 4… 이런 식으로 올라가는 것이 아니라 각각의 레벨이 a, b, c로 다시 나누어지기 때문에 1a, 1b, 1c, 2a… 이런 식으로 총 28개의 레벨이 있는 것이었다. 최고 레벨이 10이 아니라 사실상 28인 것. 만약 떨어져서 ESL로 돌아가게 된다면 보통 한 학기에 많이 올려봐야 2단계 정도 레벨을 올릴 수 있다고 한다. 만약 내가 첫 시험에서 8a를 받으면 아무리 잘해봐야 최소 3학기는 ESL을 해야 한다는 결과가 나온다. 학비만 2천 5백만 원이 넘는다. 나에게는 어림도 없는 옵션. 시험에 한 번에 합격하기 위해서는 준비를 철저하게 해야 했다.

교수님 추천서는 일단 굿맨 교수님께서 한 장을 써주셨고 나머지 한 장은 현재 나의 작문 교수님인 제니퍼 Jennifer Baumgartner에게 부탁했다. 제니퍼의 작문 수업은 3학점짜리 정규 작문 수업이기 때문에 기존의 ESL 작문 수업들과는 차원이 달랐다. 에세이의 길이부터 기본이 800~1,000단어일 정도로 기존보다 최소 세 배가량 길어졌으며 다루는 주제의 깊이도 훨씬 철학적이고 논리적이게 되었다. 처음에 너무 버거워서 제니퍼에게 찾아가 여러 번 고충을 토로했지만 열심히 노력한 끝에 학기 중반에 접어든 지금까지 첫 번째 에세이에서 A, 두 번째 에세이에서 A- 를 받는 쾌거를 이루었다. 내가 얼마나 포기하지 않고 노력하는지 실시간으로 가장 잘 보고 계셨던 교수님이기 때문에 교수님에게 추천서를 부탁한 것이었다.

나머지는 내가 거쳐 간 동안 고등학교와 순천향대학교, 그리고 라디아에 관련된 서류들만 준비하면 되었기에 12월쯤에 해도 괜찮았다.

이제 내 자기소개서 에세이와 내년 6월에 보게 될 컬럼비아 영어 시험만 차근차근 준비하면 된다. 바로 컴퓨터를 켜고 워드 파일을 하나 만들었다. 그리고 Autobiography라는 제목으로 글을 써 내려가기 시작했다.

가볍게 웃을 수 있는 이야기로 에세이를 시작하면 적어도 심사관이 하품하며 내 에세이를 읽지는 않을 것이라는 생각에 최대한 재미있게 에세이를 적으려고 노력했다.

내가 학창시절을 어떻게 보냈고 군대에서는 어떤 생활을 했으며 지금은 왜 미국에 와서 이렇게 치열하게 살고 있는지 담담하고 솔직하게 써 내려갔다. 영어가 막히는 경우가 많아 전자사전을 옆에 끼고 끙끙대야 했지만 내 자신에 관해 서술하는 것이기 때문에 적어도 쓸 말이 없어 고민할 일은 없었다. 에세이를 모두 완성하는 데는 약 두 달 정도의 시간이 걸렸다. 학교 편입 담당 사무실의 사람들과 작문 센터 Writing Center[19]에 스무 번도 넘게 방문하여 에세이에 문법적인 오류는 없는지, 재미있게 읽히는지, 컬럼비아대학교에 대한 나의 목표와 각오가 확실하게 글에 묻어나는지 등을 끊임없이 점검하고 수십 번을 고친 끝에 완성한 것이었다. 에세이의 완성도가 꽤 괜찮다고 생각이 되었는지 편입 센터의 관계자 한 분이 내 에세이를 학생들이 참고할 수

---

19 미국에 있는 대부분의 학교에는 학생들의 작문을 도와주는 작문 센터가 있다. 2년제 대학교인 라과디아에는 4년제 대학교에서 작문과 관련된 전공을 하는 학생들이 아르바이트로 일을 하고 컬럼비아대학교에서는 작문이나 철학 계열의 석·박사 과정자들이 작문 센터에서 학생들의 작문을 도와준다.

있도록 공개해도 괜찮겠냐고 물어봤다. 물론 나에겐 영광스러운 일이기에 괜찮다고 대답했다.

모든 준비가 끝나고 1월에 지원서와 함께 관련된 모든 서류를 컬럼비아대학교에 제출하였다. 물론 큐니의 버룩칼리지 등 몇몇 다른 학교에도 준비한 원서를 2월까지 모두 넣었다. 저번 학기에 들었던 네 과목에서 다행히 모두 A 학점을 받을 수 있어서 지원서에 GPA를 4.0 만점으로 작성할 수 있었다. 열심히 했는데 설마 다 떨어지지는 않겠지.

3월이 되자 점점 학교들로부터 연락이 오기 시작하였다. 대부분 결과가 좋았는데 4월이 지나도록 컬럼비아에서는 연락이 오지 않는 것이었다. 아, 역시 떨어졌구나 생각하며 체념을 하고 있었는데 5월 중순쯤 되었을까, 아르바이트를 끝내고 집에 와서 쉬고 있는데 모르는 번호로 한 통의 전화가 왔다. 아무 생각 없이 받았다.

"여보세요."

"김희중 씨?"

"네, 맞는데요."

"여긴 컬럼비아대학교입니다."

설마!

"네, 무슨 일이시죠?"

"컬럼비아에 지원하셨죠? 축하합니다. 합격하셨습니다."

말도 안 돼…… 설마 했는데 진짜 합격이다.

## 또 하나의 걱정

"진짜예요? 제가 합격했다고요? 말도 안 돼……. 저 그럼 9월 가을 학기부터 컬럼비아에서 공부하는 건가요?"

"네 그렇습니다. 정말 축하합니다. 편입을 위한 다음 과정들을 설명해주는 서류들이 며칠 내로 김희중 씨의 주소로 도착할 겁니다. 서류들을 잘 읽으시고 준비해주세요."

전화를 끊고 한동안 얼이 빠져 있었다. 내가 진짜로 컬럼비아대학교에서 공부하게 되다니! 이게 꿈인지 생시인지 실감이 나지를 않았다. 그러다가 문득 부모님 생각이 났다. 얼른 이 기쁜 소식을 전해드려야지. 시계를 보니 4시이다. 한국 시간으로 새벽 6시이니 어머니가 깨어 있을 시간이다. 바로 집으로 전화를 걸었다.

"엄마! 나 컬럼비아대학교 합격했어! 방금 전화 왔어!"

"아이고, 잘됐네! 고생이 많았다, 우리 아들!"

미국으로 건너와서 2년이 조금 넘는 시간 동안 아무리 힘들어도 독하게 견뎌왔는데 좋은 소식을 전하면서 엄마의 목소리를 들으니 그동안의 고생들이 주마등처럼 머릿속을 스쳐 지나갔다. 그리고 눈물이 쏟아졌다. 그렇게 약 5분가량을 수화기를 붙잡은 채로 엄마와 함께 울다가 전화를 끊었다.

그런데 감동은 잠시, 현실적인 문제들이 머릿속에 들어차기 시작하면서 기쁜 감정을 몰아내고 내 신경을 자극하기 시작했다. 편입 지원을 하기 전에 스쳐 지나가듯 했던 생각들이 막상 합격이 현실이 되고 나니 몇 배나 더 큰 고민이 되었다. 내가 정말 이 학교에서 살아남을 수 있을까. 미국인들 중에서도 머리 좋기로는 둘째가라면 서러운 학생들이 모여있는 학교인데 영어 더듬거리는 유학생의 신분으로 내가 이들과 경쟁을 할 수 있을까. 학비와 생활비는 어떻게 해야 하지? 컬럼비아 수업들은 라과디아보다 몇 배는 더 힘들 텐데 아르바이트를 하면서 학교에 다닐 수 있을까. 만약 아르바이트도 못 한다면 지금보다 훨씬 더한 자린고비 생활을 해야 하는 상황이 올 텐데 그걸 견딜 수 있을까. 그냥 시립대나 주립대로 가야 하나……. 갖가지 고민들이 나를 에둘러 쌌다. 침대에 누워 이리저리 머리를 굴리다가 잠이 들었다.

다음날 빵집에 아르바이트를 가서 친구 한 명에게 편입 합격 소식을 전했다. 친구는 놀라면서도 내 표정이 그다지 밝지만은 않은 것을 눈치채고 무슨 일이 있느냐고 물었다. 이런저런 고민을 털어놓으니 본인이 해줄 수 있는 조언은 딱히 없지만, 대신에 힘든 유학생활에 자신에게 힘이 되어주는 책이 한 권 있으니 그걸 빌려주겠다고 했다. 아르바이트가 끝나고 그 친구의 집에 들러서 받은 책의 이름은 '7막 7장.' 친구는 이 책을 읽고 열심히 공부해야겠다는 의지와 할 수 있다는 자신감을 다소 얻었다고 한다. 하지만 나는 집에 가서 책을 펴고 조금 읽다가 그냥 덮어버렸다. 저자가 매우 똑똑하고 대단한 사람인 것은 맞지만 이 사람은 나와 출발점부터가 다르다. 1980년대에 조기유학을, 그것도 천문학적인 학비를 자랑하는 초우트 사립 고등학교Choate Rosemary Hall를 별다른 금전적인 부담 없이 다닐 수 있었던 사람의 이야기를 읽고 당장 돈이 없어서 붙은 학교도 때려치워야 할 상황인 내가 어떤 도움을 받겠는가.

며칠을 혼자 끙끙대며 고민을 해봤지만 결론이 나오지를 않았다. 결국, 집에 다시 전화를 걸었다. 부모님께 걱정을 끼치거나 부담을 안겨드리고 싶지는 않았지만 내 능력 밖인 문제들을 나 혼자 고민해봐야 결론이 나올 리가 만무했기 때문에 가족들과 상담을 해보는 수밖에 없었다. 마침 전화를 건 시간이 한국 시간으로 주말 아침이라 가족 모두가 집에 있었다. 간단한 인사 후 일주일이 넘게 혼자 끙끙대며 했던 고민을 털어놓기 시작했다.

"저 컬럼비아 붙었다고 했잖아요. 장학금이 조금 나오기는 하지만 1년에 학비랑 생활비 합치면 4천 5백만 원도 넘게 나올 것 같아요……. 학교 포기하는 게 나을까요?"

부모님의 대답은 뜻밖이었다.

"우리가 은행 대출 받아서 보내줄 테니 돈 걱정은 하지 말고 공부에만 전념하도록 해."

사실 간단하게 나올 수 있는 대답이 아니었다. 한번 대출을 받기 시작하면 졸업까지 1억 원 안팎의 돈을 빌려야 하는데 이자만 해도 엄청나다. 부모님께 엄청난 부담이 될 것은 불보듯 뻔했다. 그걸 알고 있는 내가 이런 고민을 토로할 줄 미리 알고 당신들이 해결책을 미리 생각해 놓으신 것 같았다. 가슴이 뜨거워지고 어찌해야할 바를 몰랐다.

"그 학교에 들어가서 제가 잘할 수 있을지 모르겠어요. 워낙 똑똑한 애들이 공부하는 학교라서요. 괜히 돈만 엄청나게 쓰는 거면 어떡해요?"

"우린 아들이 잘할 거라고 믿어."

가족들이 한 명씩 돌아가면서 화이팅을 외쳐 주었다. 누나들도 최대한 아껴서 내가 공부에만 전념할 수 있도록 지원해 주겠다고 한다.

'믿는다'라는 말이 정말 큰 힘이 되었다. 그리고 가족들에 대한 미안함과 고마움에 눈물이 났다. 그래, 한번 해보자. 최선을 다하면 적어도 낙오는 면할 수 있겠지. 저렇게 나를 믿는 가족들이 있는데 내가 포기하면 되나. 컬럼비아에 가자. 가서 세계 최고 수준의 학교라는 게 얼마나 대단한 건지 내 피부로 느껴보자. 그리고 김희중이라는 사람이 어느 정도인지, 어디까지 할 수 있는지 한번 테스트해 보자.

편입을 결정했다.

편입을 준비하는 데 있어 가장 중요시해야 할 것은 두 가지였다. 첫 번째는 컬럼비아에서 치러지는 영어 시험, 두 번째는 학점 편입. 6월에 있는 영어 시험이 매우 중요하기는 하지만 사실 따로 준비하고 있지는 않았다. 시험이 토플과 비슷해서 토플 교재를 사서 공부해볼까 생각을 했었는데 바로 접었다. 내 성격상 시험이랍시고 괜히 신경 써서 준비하려고 하다 보면 오히려 잡생각이 많아지고 집중을 못 하게 될 것이 뻔했기 때문이다. 평소에 영어 공부 열심히 하고 있었으니 그냥 하던 대로 하기로 했다. 에세이를 쓰는 기술은 작문이나 역사와 같은 수업들을 통해서 계속 배우고 있었고 나머지 읽기, 듣기나 문법 같은 것은 지금 공부하는 것으로 충분히 할 수 있을 것 같았다.

학점 편입은 조금 복잡했다. 순천향대학교 성적 증명서와 라과디아 성적 증명서를 토대로 컬럼비아에서 계산한 나의 편입 가능 학점은

45점. 라과디아에서 나의 마지막 학기가 될 다음 학기까지 하면 51학점까지 가능했다. 최대 60학점까지 컬럼비아로 편입할 수 있는데 51학점이라……. 만약 못 채운 이 9학점을 고스란히 컬럼비아에서 들으면 $12,600 이상의 돈이 들어간다. 거의 1천 4백만 원이다. 라과디아에서 들으면 약 $2,160이다. 컬럼비아에서 빨리 공부를 시작하고 싶었지만 라과디아에 한 학기 더 머무르면서 남은 9학점을 채우는 것이 현명해 보였다. 어차피 이수해야 할 학점이기 때문에 시간낭비도 아니었다. 컬럼비아에 전화를 해 물어보니 편입 연장이 1년까지 가능하단다. 라과디아에서 한 학기를 더 머무르기로 했다.

편입 가능한 수업 목록을 비교해 앞으로 라과디아를 떠나기 전에 들어야 할 수업들을 정리하고 나니 거의 모든 준비가 끝났다. 이제 그냥 평소에 하던 대로 일 하면서 학교 공부만 하면 되었다. 처음엔 일과 공부만 병행하는 것도 그렇게 힘들었는데, 편입이나 생활적인 부분에서 워낙 신경 쓸 것들이 많아 거기에 몇 달 시달리고 나니 이제는 일과 공부만 하라면 평생도 할 수 있을 것 같았다. 정신적인 스트레스가 주는 피곤함이 얼마나 큰 것인지 깨달았다.

6월 중순 즈음에 치른 영어 시험에서는 8b의 레벨을 받았다. 통과 레벨인 10은 아니었지만 어차피 1월 봄학기부터 편입을 할 계획이었기 때문에 시험 비 $40 이외에는 별다른 손해가 없었다. 그러나 12월에 볼 시험에서는 반드시 레벨 10을 받아야 어학연수를 거치는 일 없이 바로 컬럼비아에서 전공 수업을 들을 수 있게 된다. 이제 어차피 일과 학교 공부 이외에는 딱히 신경 쓸 것이 없었기 때문에 남는 시간을 최대한 영어 공부에 쏟아 부었다. 그래 봐야 더 많은 책과 신문을 읽은 것이 다였지만.

10월 어느 날에는 컬럼비아로부터 메일을 하나 받았다. 나의 어드바이저라고 자신을 소개한 그는 본인과 함께 수강 신청을 해야 하니 학교로 한번 찾아 오라고 했다. 기쁜 마음으로 학교를 찾았지만 그를 만나고 난 이후에 기분이 매우 찝찝해졌다. 첫 번째 학기에 미적분학 Calculus III, 통계 기초 Intro to Statistics, 대학 작문 University Writing, 중급 거시경제학 Intermediate Macro Economics 이렇게 네 과목을 듣게 되어있는데 수학과 통계만을 남겨두고 나머지 두 개 수업을 빼며 작문과 경제학 수업 대신에 ESL 수업을 넣자고 했기 때문이다. 내가 반박을 하자 이유를 설명해 주는데 대충 뉘앙스가 이랬다. '넌 어차피 12월에 영어 시험에서 떨어질 것 같으니까 ESL 수업을 미리 넣어놓자. 그래야 나중에 번거롭지 않지.' 영어 시험 레벨 10을 받기 전까지는 수학이나 교양 과목만 들을 수 있으므로 경제학과 작문 수업은 빼야 한다는 것이다. 아니, 내가 시험에서 떨어질 것을 어떻게 저렇게 확신에 찬 말투로 이야기를 하지? 그것은 내 계획에 차질이 생기는 일정이다. 짜증이 머리 꼭대기까지 났다. 나는 반드시 영어 시험에서 합격할 거니까 작문과 경제학 수업을 절대 빼지 말라고 단단히 강조하고 그 사무실을 나왔다. 반드시 붙고 말리라.

12월에 다시 시험장을 찾았다. 이전에 다른 시험들은 합격점을 받았지만 에세이 점수만 아쉬웠던 탓에 이번에는 에세이 시험만을 보게 되었다. 시험은 두 가지 주제가 나오고 그중 하나를 골라 주제에 대한 나의 의견을 두 시간 동안 서술하면 되었는데, 운이 정말 좋았다. 내가 너무도 잘 알고 있었던 토머스 제퍼슨Thomas Jefferson이 주제로 나온 것이다. 제퍼슨은 미국의 3번째 대통령이자 독립 선언문을 주도한 건국의 아버지 중 한 명인데 미국 역사 수업을 통틀어 내가 가장 좋아한 인물이다. 평소에는 두 시간 동안 쉬지 않고 에세이를 쓰는 것이 정말 고역이었는데 이번에는 달랐다. 두 시간이 모자를 정도로 재미있게 글을 써 내려갔다. 제퍼슨에 대하여 하고 싶은 말이 많았기 때문이다. 내 의견을 쓰고 제퍼슨의 실제 사연과 명언들을 곁들여 가며 주장을 뒷받침하였으니 미국인 신사관들이 좋아하지 않을 수가 없을 것으로 생각했다. 우리와 멀리 떨어져 있는 아프리카 대륙에서 날아온 학생이 세종대왕에 대하여 줄줄 읊으면 한국 사람들 입장에서 얼마나 기특하겠는가.

천만다행으로 결과는 합격이었다. 메일로 성적을 받던 날 정말 떨듯이 기뻤다. 만약 떨어지면 돈과 시간이 엄청나게 낭비될 뻔했기 때문에 벼랑 끝까지 밀렸다가 살아난 기분이었다. 어드바이저에게 바로 메일을 보내 합격 소식을 알리며 속으로 무척 통쾌했다. 이제 진짜 컬럼비아에서 공부를 시작한다!

공부할 마음이 절로 들게하는 멋진 컬럼비아대학교 도서관

## 에세이 고득점! 나만의 비공식 비법

**1. 기본은 많이 읽기, 추리 판타지도 읽자**

모든 에세이는 기본적으로 넓은 지식이 바탕이 되어야 하는데, 지식은 많은 글을 읽는 것에서 비롯된다. 한국어든, 영어든 상관없으니 일단 많이 읽어서 다양한 분야에 지식을 쌓아 놓으면 에세이를 배울 때 큰 도움이 된다. 글의 종류는 크게 상관이 없다. 신문, 교양서적에서 추리나 판타지 소설까지. 여러 장르를 접하면서 정보 분석력에서 창의력까지 고루고루 발전시켜서 에세이 작성에 수월했다. 참고로, 마음에 들어오는 구절을 익혀두면 언젠가 내 에세이에 그 구절을 유용하게 활용하는 날이 오곤 했다.

**2. 평가는 100% 주관, 교수의 의도를 파악하자**

에세이는 교수가 직접 평가한다. 똑같은 에세이를 가지고도 교수의 의중을 제대로 파악하고 쓴 에세이가 A 학점을 받는다. 그러려면 1:1로 만날 기회를 최대한 많이 만들어 질문하고 교수의 뜻을 좀 더 구체적으로 알아낼 수 있는 대화를 많이 해 봐야 한다. 또한 에세이 교수들은 대부분 미국인이므로 그들에게 친근한 미국 관련 예시로 이야기의 근거를 제시하자. 예를 들면 미국의 역사나 9.11 테러 같은 것이 있다.

**3. 주제는 내 선택, 할 말이 많은 주제를 고르자**

보통 사람들에게 글을 쓰라고 하면 남들과 다른 멋들어진 작가가 되려는 경향이 있다. 그러나 이는 성적과는 무관하다. 성적을 잘 받아야 하는 학생이라면 쓸 말이 많을 것 같은 주제를 선택하자. 예를 들어 '담배를 피우는 행위'에 대한 주제로 찬반을 할 경우, 내가 담배를 피워도 정작 타당한 이유를 들기 힘들다. 하지만 반대의 견해로 가면 무궁무진한 이유가 나온다. 이런 경우엔 내가 담배 옹호자라고 해도 깔끔하게 반대 의견을 주제로 쓰는 것도 점수 잘 받는 에세이를 쓰는 지름길이다.

### 4. 일취월장하는 모습을 보이자

에세이의 평가는 보통 초고를 쓰고, 교수의 첨삭과 피드백을 거친 뒤, 두세 번 정도 더 에세이를 다듬을 기회가 주어지고, 그 후에야 비로소 에세이의 최종 점수가 결정된다. 예를 들어 10점 만점 평가에서 처음에 8점에서 9점, 그리고 최종 9점으로 성적을 내는 사람보다, 처음에 4점 수준에서 6점, 9점으로 발전하는 모습을 보이는 사람이 상대적으로 총괄점수를 A로 받기에 유리하다. 여기서 중요한 게, 초고를 아무리 잘 써봐야 이후에 발전하는 모습을 보여주지 못하면 절대 좋은 평가를 받을 수가 없다.

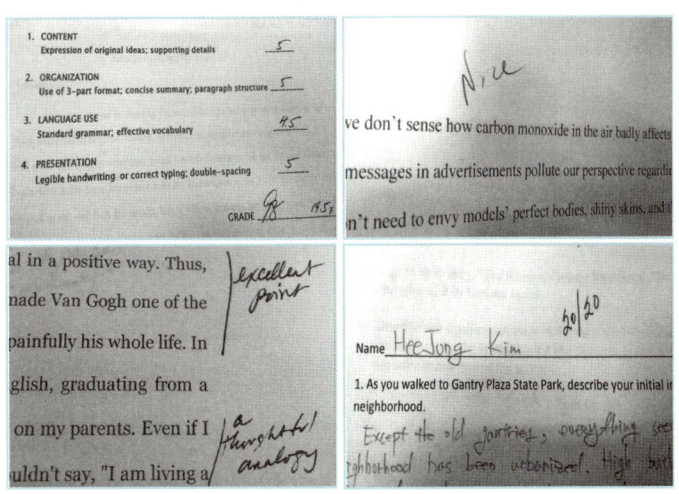

CHAPTER 5

# 컬럼비아대학교에서 살아남기

2011년 1월, 세계적인 명문대 중 하나인 컬럼비아대학교에 첫발을 내딛게 되었다. 첫 수업은 10시 반에 시작이었는데 9시쯤 학교에 도착했다. 왠지 설레어 전날 밤잠을 조금 설쳤음에도 불구하고 아침에 6시에 눈을 뜨자마자 정신이 바짝 들었다. 집에서 학교까지는 전철과 걷는 시간을 모두 합쳐 약 1시간 10분 정도가 걸렸다. 그나마 급행을 타서 이 정도로 시간이 단축된 것이었다. 컬럼비아 역에 내려 정문 앞에 세워진, 책을 들고 있는 두 개의 큰 여신상 앞에 서서 한동안 명상에 잠겼다. 지난 3년간 어학연수와 라과디아를 거치면서 힘들었던 일들이 생각났다. 그리고 다짐했다. 정말 죽을 힘을 다해 노력해 보기로. 이제 아르바이트도 다 그만두었고 공부에만 전념하면 된다. 빚을 지고 하는 공부이기 때문에 이건 나 혼자만의 일이 아니고 우리 가족 모두의 일이라고 생각하니 어깨가 조금 무거워졌다.

## 이방인의 수업 적응기

정문을 통해 안으로 들어가 학교의 메인 도서관인 버틀러 도서관 Butler Library에 갔다. 보안 데스크 앞에서 인식기에 내 학생증을 찍고 자연스럽게 들어가는데 왠지 모를 벅찬 감동이 내 안에서 뭉클뭉클 솟아나는 것을 느꼈다. 웅장한 도서관 내부와 컴퓨터실, 휴게실 등을 둘러보며 혼자 감탄을 하는데 정신이 팔려있다가 보니 어느새 첫 번째 수업인 미적분학Calculus III이 시작하기 벌써 10분 전이다. 허둥지둥 도서관을 빠져나와 북서쪽에 있는 수학 빌딩으로 향했다.

100명이 넘는 규모의 수업인지라 강의실이 아주 넓었다. 오래된 학교의 역사를 증명이라도 하듯 낡았지만 고풍스러운 분위기의 강의실이 인상적이었다. '건물 외벽만 그런 줄 알았더니 강의실도 낡았네.' 하고 생각하며 주위를 둘러보니 이미 80~90명 정도의 학생들이 자리를 잡고 앉아 있었다. 백인 학생들이 전체의 반을 넘게 차지하고 있었는데 그 모양새가 마치 영화의 한 장면 같았다. 내가 이런 곳에 있다는 것이 너무 신기했다.

앳된 학생들의 외모에서 내가 거의 최고령 학생 중 하나라는 것이 느껴졌다. 뭐 당연한 얘기지만 95% 이상의 학생들이 나보다 여섯 살 이상은 어리다. 내가 한국 나이로 28세였는데 이 수업에 있는 학생 대부분이 22세 이하였기 때문이다. 다들 하나같이 그렇게 똑똑해 보일 수가 없었다. 전체 학생의 40~50% 정도가 유학생 혹은 이민자들, 그것도 미국에 온 지 몇 년 되지 않아 영어가 서툰 학생들이 많았던 라과디아와 달리 컬럼비아는 외국인의 비율이 10%도 되지 않는데 그마저도 대부분이 중고등학교 때 유학을 온 학생들이어서 영어도 내가 제일 못하는 것처럼 느껴졌다. 훗날 보니 실제로도 그랬다. 또다시 '아, 내가 이 사이에서 정말 살아남을 수 있을까?' 하는 의문이 들면서 자신감이 떨어졌다.

맨 앞에서 둘째 줄에 비어있는 자리를 하나 차지하고 앉았는데 왠지 나만 외톨이인 것 같았다. 즐겁게 웃으며 친구들과 수다를 떨고 있는 다른 학생들을 보니 친구도 없고 영어도 잘 못하는 나는 이상한 이방인이 된 것 같은 기분이 더욱 심하게 느껴졌다. 다행히도 좌절감이 더욱 커지기 직전, 교수님이 들어오셨다.

동그란 검은색 뿔테 안경을 쓰고 2:8 가르마를 하고 있는 동양인 교수님이었다. 남 리<sub>Nam Li</sub>라는 이름의 교수님인데 키도 작고 무척 마른 체형으로 왜소하기 그지없었다. 그런데…… 뭔가 정말 멋있었다. 컬럼비아대학교의 교수님이라는 위치 때문인지 무언가 범접하기 어려운 기운이 느껴졌다. 학생들은 순식간에 조용해졌고 교수님이 칠판에 자신의 이름과 수업의 이름을 적은 후 수업 계획서<sub>Syllabus</sub>를 나누어 주었다. 그리고 드디어 입을 떼셨다.

예상치 못한 일이 벌어졌다. 자신이 박사 학위까지 받은 전공 분야를 가르치고 있기 때문에 말이 막힘 없고 거침없으시기는 한데 교수님의 영어 발음과 억양이 정말 알아듣기 어려울 정도로 안 좋아 매우 이상하게 들렸다. 아니, 미국 아이비리그 학교 중 하나인 컬럼비아대학교 교수님인데 이렇게 이상한 영어를 구사하다니! 교수님이 전형적인 중국인 스타일의 영어 발음을 구사하고 계셨다. 영어 발음이 원어민 같지 않아도 컬럼비아에서 교수님이라는 위치에 있는 걸 보니 영어 발음이 공부와 성공의 절대적인 요소는 아니라는 자신감이 조금 생겼다. 교수님도 저 영어 발음으로 수많은 원어민과 경쟁하여 저 자리까지 올라갔을 것이 아닌가. 그러면 나라고 못할 게 뭐가 있을까. 열심히 하기만 하면 나도 여기에서 살아남아 성공할 수 있지 않을까?

다음 수업은 작문이었는데, 이 시간에는 나와 다른 학생들 사이에서의 이질감이 수학 수업 때보다 훨씬 크게 느껴졌다. 작문 수업은 10명이 조금 넘는 규모로 큰 사각 테이블 하나에 둘러앉아 토론하는 식으로 진행된다. 상대적으로 나의 허술한 영어 실력이 훨씬 두드러질 것이 분명했다. 거기다 교수님께서 말씀하시길 수업시간 중 토론 참여 정도가 점수에 크게 반영이 된다고 한다. 나에게 너무 불리한 조건이 아닌가.

데보라 Deborah Aschkenes 교수님께서 수업에 대해 간단한 브리핑을 하시고 난 후 자기소개 시간을 주셨다. 내 영어 실력이 상대적으로 얼마나 부족한지 적나라하게 드러난 순간이었다. 다른 학생들의 소개를 듣고 있자니 영어가 모국어가 아닌 학생은 나를 포함하여 네 명 정도인 것을 알 수가 있었는데, 한 명은 원래 영어를 사용하는 싱가포르 출신, 다른 한 명은 미국에서 10년도 넘게 산 스페인계 출신이다. 싱가포르와 스페인계 학생은 악센트를 조금 가지고 있을 뿐 거의 완벽한 영어를 구사했다. 자기소개 시간에 '진정한 외국인!'이라는 게 확연하게 드러난 사람은 나와 토머 Tomer 라고 자신의 이름을 밝힌 한 남학생밖에 없었다. 와, 이건 진짜 힘들겠구나……. 다른 수업이야 영어가 지식을 전달하는 도구의 역할만 할 뿐이기 때문에 영어가 조금 부족해도 좋은 성적은 받는 것이 가능하다고 생각했지만 작문은 영어능력 자체를 평가하는 수업이 아닌가. 이 수업에서 살아남을 수 있을까?

　자기소개가 끝난 이후에는 읽을거리가 산더미처럼 나왔다. 아주 조그만 글씨들로 빽빽하게 채워져 있는 60여 페이지의 유인물을 읽고 토론 거리를 준비해 오는 것이 다음 시간까지의 숙제. 말도 안 되는 양이다. '다음 시간이면 고작 이틀 뒤인데 이걸 다 읽어오라니. 가능할까? 토론 준비는 또 어떻게 해야 하나. 나는 한 페이지 읽는데 다른 친구들보다 시간이 5배는 더 걸리겠지? 이거 하나만 해도 시간이 엄청나게 걸릴 것 같은데 다른 수업 숙제들은 어떻게 하지?' 나누어준 유인물에 대하여 데보라가 간단한 설명을 덧붙이고 있었지만 나는 하나도 귀에 들어오지를 않았다.

　근심 걱정들로 이래저래 궁리하는 동안, 시간은 흘러흘러 수업이 어느덧 끝나버렸다. 몇몇 짧은 질문을 데보라에게 던지는 학생들을 제외하고는 하나둘 주섬주섬 자신의 짐을 챙겨 교실을 떠나기 시작했다. 나는 학생들이 모두 교실을 빠져나갈 때까지 기다리고 있었다. 근심 걱정을 산더미처럼 떠안고 이대로 그냥 집에 가면 스트레스만 받고 공부를 못할 것 같았기 때문에 데보라에게 상담을 요청할 셈이었다. 머릿속으로 할 말들과 질문을 정리하며 교실에 나와 데보라 둘만 남기를 기다렸다가 말을 걸었다. 말 한마디 거는데도 왜 이렇게 떨리던지.

"데보라 교수님, 죄송하지만 혹시 상담을 좀 요청해도 괜찮을까요?"

"물론이지. 수업 끝나고 1시간 동안이 내 학생 상담 시간 office hour [20] 이니까 시간 많아. 바로 위층 작문 센터로 가자."

작문 센터에 올라가니 수많은 작문 선생님들과 학생들이 에세이에 대하여 토론하느라 시끌벅적했다. 아마도 내가 태어나서 본 광경 중 가장 학구적인 분위기가 아니었나 싶다. '공부할 맛이 난다'는 말이 아마 이럴 때 쓰는 것이리라.

"그래, 상담할 일이 뭐야?"

"이 수업에 대해서 걱정이 좀 있어서요. 제가 이번에 편입한 학생이라 컬럼비아에서 첫 학기인데다가, 교수님께서 자기소개 시간에 들어서 아시겠지만 아직 영어 실력이 다른 학생들에 비해 많이 부족해요. 그래서 제가 이 수업을 따라갈 수 있을지 너무 걱정되네요. 읽는 속도도 무척 느리고, 토론 참여도도 상대적으로 낮을 것 같고요. 이 수업을 포기하고 몇 학기 뒤에 영어 실력이 조금 더 늘었을 때 다시 듣는 게 좋을지, 아니면 일단 부딪혀 보는 게 좋을지 고민됩니다."

"글쎄, 나는 네 영어 실력이 전혀 부족하다고 느끼지 않았는데?"

미국인들은 항상 이렇게 좋은 얘기를 해주고는 하는데 진심인지 뭔지 잘 모르겠다.

"읽을 자료가 조금 많이 나가기는 하겠지만 열심히 하면 충분히 따

---

20 정규 수업 이외 교수나 조교의 집무시간. 이 시간을 통해 학생들은 교수님 혹은 조교들과 개인적인 만남을 가질 수 있고 질의 응답 및 다소 개인적인 대화가 가능하다.

라올 수 있을 거로 생각해. 토론 평가는 토론에 대한 질보다는 준비를 얼마나 많이 해왔는지, 얼마나 적극적으로 참여하는지를 평가할 예정이기 때문에 영어가 조금 부족한 것은 문제가 되지 않을 거야. 에세이는 여기 작문 센터에서 언제든지 도움을 받을 수 있기 때문에 괜찮을 거야. 너뿐만 아니라 미국 학생들도 작문 센터에서 에세이에 대한 지원을 받아. 너는 단지 문법적인 실수가 그들보다 조금 많을 수 있을 뿐인데, 작문 센터 튜터들이 도와줄 거야. 수업 포기하지 말고 한번 해보는 게 어때?"

또한 도움이 필요하면 언제든지 얘기하라는 데보라 교수님의 말에 자신감이 바닥을 치고 있던 나에게 조금은 회복의 기운이 돌았다. 그래, 포기하지 말고 한번 해보자.

첫 학기의 둘째 날은 거시 경제학과 통계학 수업이 있는 날이었다. 나의 첫 번째 전공 수업을 듣는 날이라 전날보다 긴장감이 더했다. 수업 시작 30분 전에 교실에 도착, 맨 앞자리에 자리를 차지하고 앉았다. 백인 남학생 한 명만이 교실에서 책을 읽고 있었다. 나도 주섬주섬 가방에서 어제 데보라가 나누어준 자료를 꺼내 읽기 시작했다. 수업 시작 15분 전쯤이 되니 하나둘 학생들이 들어오는 모습이다. 5분 전이 되니 80명이 넘는 학생들로 교실이 시끌벅적해졌다.

곧이어 교수님께서 들어오셨다. 간단하게 교수님과 과목에 대한 소개가 끝나고 다른 수업과 마찬가지로 진도를 나갔는데…… 그런데 정말 한마디도 알아들을 수가 없었다. 영어가 부족한 것도 문제였지만 경제학에 대한 지식이 거의 전혀 없는 상태여서 더 그랬다. 라과디아에 있을 당시 기초 경제학 수업을 두 개 듣기는 했지만 별로 도움이 되지는 않았다. 수준이 너무 달랐다. 또 다른 난관이다. 머릿속은 다시금 근심 걱정으로 가득 찼다. 이 수업을 어떻게 따라가야 하나.

수업이 끝나고 어두운 표정으로 주섬주섬 가방을 챙기고 있는데 왼쪽에 앉아있던 백인 남학생이 말을 걸었다.

"안녕. 너 일본에서 왔어?"

"아니, 나 한국에서 왔어."

"아, 한국에서 왔구나? 내 여자친구가 일본인이라서 너도 혹시 일본에서 왔나 궁금해서 물어봤어. 혹시 실례가 됐다면 미안해."

"아냐, 괜찮아. 난 희중이라고 해. 넌?"

"난 제임스James Dipaolo야. 그나저나 수업은 어땠어?"

우리나라에서도 그렇지만 첫 수업을 들어보고 수강 신청을 조정하는 경우가 많아서 학생들끼리 수업에 대한 소감을 물어보는 경우가 많다.

"나 사실 이번이 컬럼비아에서 첫 학기라 잘 모르겠어. 어려울 것 같던데. 오늘은 교수님이 무슨 얘기 하는지 하나도 못 알아듣겠더라. 경제학 관련 기초 지식도 부족하고 영어 실력도 많이 모자라고 해서……."

"아 그렇구나. 수업 계속 같이 듣게 되면 영어는 내가 도와줄 수 있으니까 알아듣기 힘든 부분 있으면 언제든지 얘기해. 내 여자친구도 유학생이라 영어 때문에 고생을 많이 하거든. 다음 수업은 몇 시야?"

"2시 50분이야. 넌?"

"나도 그때쯤 다음 수업이 있어. 시간 많은데 커피나 한잔 하러 갈래?"

"오, 물론이지!"

경제학 수업 첫날 자연스럽게 미국 학생 한 명과 친분을 쌓을 수 있게 되었다. 제임스는 23세였는데 음악에 대한 관심이 많아 원래 그쪽으로 진로를 설정하여 음악 레코딩과 관련된 회사까지 차렸다가 생각을 바꾸고 학업에 열중하기 위해 컬럼비아로 편입한 것이었다. 흥미로운 배경이다. 제임스 역시 내 이야기를 듣고 매우 흥미로워했다. 나중에 꼭 나를 집에 초대하겠다고 했다. 제임스와 전화번호를 교환하고 다음 수업에 가기 위하여 발걸음을 옮겼다.

통계학 수업에서도 옆에 미국 남학생이 앉아 있었다. 바로 몇 시간 전에 제임스와 약간의 친분을 쌓게 되면서 미국인들과 대화에 대한 두려움이 많이 완화된 나는 이 학생과도 말을 터 놓아야겠다고 생각했다. 친구는 많으면 많을수록 좋다. 특히 영어를 배우는 단계인 나에게 미국인 친구는 매우 큰 재산이 아닌가.

수업이 끝나고 옆에 앉은 남학생에게 모르는 문제를 물어보는 식으로 내가 먼저 말 걸기를 시도했다. 예상했던 대로 이 친구는 매우 친절하게 대답을 해 주었고 질문은 자연스럽게 대화로 연결이 되었다. 이번엔 커피까지는 함께 마시지 못했지만 교실에서 학교 정문까지 함께 걷기로 하고 이런저런 이야기를 할 수 있었다.

제임스처럼 키가 거의 2미터 가까이는 될 것 같은 이 친구의 이름은 미샤Mischa Beumer. 21살의 어린 친구인데 원래 군대에 입대하는 것이 꿈이었다고 했다. 하지만 사정이 생겨 부적격 판정을 받아 지금은 학업에만 전념하고 있단다. 여자친구가 터키 사람이라 그런지 터키와 인접 국가들의 문화와 역사에 관심이 많다고 했다. 미샤도 나의 이야기를 듣고 꽤 흥미로워하며 이것저것 많이 물어보았다. 대화에 열중하다 보니 마치 축지법을 쓴 것처럼 학교 정문에 금방 도착하였다. 미샤와도 연락처를 교환하고 헤어졌다. 학기 초반 시작이 아주 좋은 느낌이다. 친구를 두 명이나 사귀었고, 억지로가 아닌 자연스러운 영어 회화 연습도 실컷 했으니 말이다.

통계학을 마지막으로 이번 학기에 수강할 4과목 모두 첫 수업이 마무리되었다. 전반적으로 나와 다른 학생들 사이에 큰 이질감이 있는 것 같은 느낌이었다. 세계 최고의 수재들이 모여있는 이 학교에 나만 왠지 이방인인 것 같은 기분이었고 살아남을 수 있을지 걱정도 많이 되었다. 하지만 한편으로는 이제껏 경험해보지 못한 새로운 세계를 직접 눈으로 보고 피부로 체험한 짜릿함도 있었다. 친구 두 명을 새로 알게 된 것도 늦깎이 유학생으로서 매우 흥분되는 일이 아닐 수 없었다. 걱정 반, 기대 반. 앞으로는 어떤 일들이 벌어질까.

### 막다른 골목의 쥐, 고양이 물다

학기 2주차가 시작되면서 컬럼비아대학교의 본 모습이 서서히 드러나기 시작했다. 본격적으로 진도를 나가기 시작한 수업들은 무지막지하게 빠르면서도 심도 있게 진행이 되었고, 그에 맞춰 숙제와 공부해야 할 것들이 산더미처럼 쌓이기 시작했다. '더 데일리 비스트The Daily Beast'라는 미국의 한 매체에서 '가장 스트레스 주는 대학 50선The 50 Most Stressful Colleges'이라는 주제로 매긴 순위에서 컬럼비아대학교가 당당히 1위를 차지한 것과 무관하지 않은 듯싶었다.

컬럼비아에서 첫 학기를 보내고 있던 나는 아직 공부와 학교생활에 대한 노하우가 많이 부족해 숙제와 진도를 따라가는 것만으로도 잠을 줄여야 할 만큼 바쁜 나날을 보내야 했다. 더군다나 학교 근처에서 살고 있는 대부분의 컬럼비아 학생들과 다르게 나는 학교에서 전철로 한 시간 반이나 떨어진 동네에 살고 있었기 때문에 시간 낭비를 최소화하기 위해 전철에서도 항상 책을 놓지 않고 있어야 했다.

친구가 많이 없어서 특히 과제를 하는 데 많은 어려움을 겪었다. 보통 과제 점수가 최종 학점의 10~20% 정도를 차지했기 때문에 학점관리를 잘하기 위해서는 과제가 매우 중요했는데, 나는 대부분 혼자서 과제를 해야 했고 답을 비교해 볼 수 있는 친구도 많이 없었다. 그나마 경제학 수업은 제임스가 있어 함께 숙제를 할 수 있었지만 수학과 통계 과목은 철저하게 혼자였다. 통계 과목을 같이 듣는 미샤는 공부를 함께하는 것에는 다소 비협조적이었다.

모르는 문제도 많고 풀었다고 하더라도 답이 맞는지에 대한 확신이 없는 상태로 숙제를 그냥 제출할 수는 없는 노릇이었다. 다행히도 미국에는 TA[21]라는 제도가 있어 그들에게 이 메일을 보내거나 학생 상담 시간에 찾아가면 어느 정도 도움을 받을 수는 있었지만, 이마저도 쉬운 일은 아니었다. 보통 몇십 명의 학생들을 신경써주면서 자신의 공부도 병행해서 해야 하는 것이 TA들의 운명이기 때문에 이메일을 보내도 답장이 지연되는 경우가 많았고, 학생 상담 시간에는 나처럼 도움이 필요한 학생들이 몰려 운이 좋아야 5~10분이 내가 질문할 수 있는 전부였다.

상황이 어렵다고 생각되었지만 포기하지 않고 정말 열심히 했다. 숙제에는 항상 제출되는 순간부터 바로 착수하여 최대한 일찍 내가 할 수 있는 만큼 끝내놓고 가능한 모든 TA들의 학생 상담 시간에 찾아가 질문을 퍼부었으며, 또한 염치 불구하고 수시로 이메일을 보내 그들을 괴롭혔다. 조금 미안한 마음이 들기도 했고 너무 많은 질문을 해댄 탓에 무식해 보일 것 같아 민망하기도 했지만 살아남으려면, 잘하려면 어쩔 수 없었다.

그렇게 하루하루를 보내다 보니 어느덧 컬럼비아에서의 첫 번째 시험을 봐야 할 때가 되었다. 두 번의 시험을 치르는 통계학 수업의 첫 시험이 한 주 앞으로 다가온 것. 그동안 숙제도 열심히 하고 복습도 항상 철저하게 해 왔지만 시험에 대한 긴장감은 떨쳐버릴 수가 없었다. 스트레스가 너무 심해 전에 없던 역류성 식도염이 생겼다. 뛰어난 컬럼비아 학생들과의 경쟁에서 나를 객관적이고 구체적으로 평가할 수

---

21 Teaching Assistant. 학생이 많은 수업들은 교수가 모든 학생을 관리하기 힘들기 때문에 몇몇 TA를 두고 교수를 수행하는 업무를 시킨다. TA들이 주로 하는 일은 과제 및 시험 채점, 보충 수업, 학생들의 과제 수행 조력, 점수 산출 등이 있다. TA는 보통 석·박사 과정 학생들이 맡지만 성적이 뛰어난 일반 대학생들도 한다.

있는 첫 번째 무대인데, 내가 이렇게 부단한 노력을 기울였음에도 불구하고 만약 이번 시험을 망치면 자신감이 나락으로 떨어질 것 같았다. 컬럼비아에 남아 졸업까지 버티는 것이 불가능하게 될지도 모른다.

이런 절실함이 나를 필사적으로 만들었다. 제아무리 유명한 컬럼비아대학교라도 낙오되고 싶지 않았다. 아니, 적어도 중간 이상은 하고 싶었다. 배운 부분을 보고 또 보았다. 노트 몇 페이지, 책 몇 페이지에 무슨 내용이 있는지를 말할 수 있을 만큼 외우고 아주 조금이라도 이해가 되지 않는 부분이 있으면 교수님이나 TA를 찾아가 질문을 했다. 이번 첫 번째 시험만큼은 무슨 수를 써서라도 높은 점수를 받고 싶었다. 지방대 학사경고와 미국 커뮤니티 칼리지라는 나의 배경이 이 학교에 와서 은연중에 컴플렉스가 되고 열등감이 되었을까. '내가 너희보다 모자란 것이 없다!'라는 것을 시험으로 증명하고 싶었다.

통계학 첫 번째 시험 시간, 시험지를 받았는데 눈앞이 캄캄해졌다. 예상했던 것보다 시험이 훨씬 어려웠던 것이다. 사실 그동안 공부를 하면서도 난도에 대한 걱정은 항상 있었다. 시험 범위를 반복적으로 보고 관련 내용을 모두 외울 정도로 공부를 했음에도 불구하고 내가 이걸 완벽하게 이해하고 있는 건지 어떤 건지 나 자신도 알 수 없었기 때문에 시험이 조금이라도 꼬아져서 나오면 힘들겠다 싶었는데, 이건 단순히 꼬아놓은 정도가 아니다.

정신을 차리고 차근차근 내가 풀 수 있는 문제부터 손을 대기 시작했다. 1/3 정도는 확실히 풀 수 있었지만 나머지는 너무 어려웠다. 다른 친구들은 이 시험이 어땠을지 궁금했다. 얘네도 당연히 어렵겠지?

나자신을 스스로 위안했다. 남은 문제들은 내가 할 수 있는 만큼 최대한 빽빽하게 답안지를 작성했다. 객관식 따위는 처음부터 있지도 않았기 때문에 '아는 지식이라도 써 두면 부분 점수는 받겠지'하는 심산이었다. 책에서 한번도 본 적 없는 기호를 이용한 문제가 마지막 문제였는데 이런 문제는 언제나 체감상 난도가 최고다. 거의 그리다시피 답안지를 작성하고 나니 어느덧 시험시간이 다 지났다.

시험지를 제출하자마자 미샤에게 말을 걸었다.

"어땠어?"

"최악이었어. 이렇게 어려울 줄이야."

그는 고개를 절레절레 흔든다. 나만 어려운 게 아니었구나. 함께 신나게 교수님 탓을 한 뒤에 집으로 돌아왔다. 그래도 최선을 다했지 않은가! 상황을 미화시키기에는 기분이 너무 언짢기는 했지만 지나간 시험 따위에 연연해 하고 있을 시간이 없다. 다음 주에 수학Calculus 시험이 예정되어 있기 때문이다.

수학 시험을 준비하는 과정도 비슷했다. 컬럼비아와 버나드에 수학 보조방Math Help Room이라고 해서 TA의 학생 상담 시간의 개념과 비슷하게 학생들을 도와주는 곳이 있는데 학기 내내 수십 번을 들락날락했다. 숙제로 나왔던 문제들을 최소한 4~5번씩은 반복해서 풀어보고 수업시간에 받아 적은 노트도 마찬가지로 여러 차례 정독했다. 그래도 이해하기 어려운 부분은 그냥 통째로 외워버렸다. 외우느라 반복해서 보다 보면 이해가 되는 느낌이었다. 느낌만인지 진짜로 이해가 된 건지는 잘 모르겠지만.

통계학 시험만큼 극악의 난도는 아니었지만 수학 시험도 꽤 어렵게 느껴졌다. 하지만 적어도 10문제 중 7문제는 100% 맞았다고 확신할 수 있었다. 다른 학생들의 생각이 궁금했지만 친구가 전혀 없는 수업이라 어디 물어볼 곳이 없었다. 점수가 나올 때까지 기다리는 수밖에.

통계와 수학 시험을 준비하던 도중에는 작문 수업 첫 번째 에세이의 마감 날짜가 있었다. 에세이의 평가는 보통 이렇게 이루어진다. 먼저 주제에 대한 각종 논문과 잡지, 책에서 발췌한 글 등 어마어마한 읽기와 수업시간 중 토론을 거쳐 초안을 먼저 완성한다. 에세이에는 주제에 대한 내 의견뿐 아니라 내 의견을 뒷받침할 수 있는 증거나 자료, 혹은 인용구를 구체적으로 제시하면 더 좋은 점수를 받게 된다. 어마어마한 양의 읽기를 하는 것도 이런 이유에서다. 초안을 제출하면 수일 뒤에 교수님의 피드백이 돌아온다. 제출한 에세이에는 이에 대한 교수님의 의견이 색깔 펜으로 빽빽하게 적혀있고, 교수님과는 1:1로 약 30분씩 에세이에 대한 면담이 있다. 이런 과정을 두 번 정도 거친 후 마침내 에세이를 완성하게 되는 것이다. 나 같은 유학생들은 어쩔 수 없이 나오는 문법 오류를 고치기 위해 항상 에세이를 제출하기 전에 라이팅 센터에서 도움을 받는 것은 필수다.

2,000단어 이상, 읽기자료 3개 이상 활용하기가 조건이었던 저작권에 관한 첫 번째 에세이는 틈이 날 때마다 아이디어를 짜서 써야 했다. 공부하다가 힘들면 잠시 육체를 쉬게 하는 것은 가능했지만 머리는 쉴 수가 없었다. 에세이에 무엇을 추가하고 뺄지, 어느 부분을 고쳐야 할지, 내 주장은 타당한지 등에 대해 마감일까지 끊임없이 생각해

야 했기 때문이다. 수학, 통계 공부를 하다가도 갑자기 아이디어가 떠오르면 즉시 노트북을 열어 반영하고는 했다. 내가 제대로 따라가고 있는지를 수시로 점검하기 위해 끊임없이 면담을 요청하며 교수님을 괴롭히고, 작문 센터도 가능한 한 최대로 자주 방문하여 혹여 있을지도 모르는 문법 오류를 제거하려고 노력했다. 총 2,286단어로 이루어진 내 첫 번째 컬럼비아 에세이는 그렇게 제출이 되었고 평가를 기다리고 있었다.

주말에 미샤에게 전화가 왔다.

"우리 통계학 시험 점수 나왔어. 확인해 봤어?"

"나 코스웍스Courseworks[22]에 접속한 지 30분도 안 됐는데, 안 보이던데?"

"무슨 소리야 한 2시간 전에 올라왔는데."

점수가 하나 올라와 있기는 했었다. 그건가? 근데 그건 92점이었는데.

"점수가 하나 올라와 있기는 했는데, 나 그거 숙제 점수인 줄 알았는데."

"아니야 그거 중간고사 점수야. 다시 확인해봐."

전화를 끊고 다시 코스웍스에 접속을 했다. 점수를 확인하니 92점 옆에 '중간고사Midterm'라고 분명하게 적혀있었다. 숙제가 아니라 중간

---

[22] 컬럼비아 학생들의 수강 정보를 보여주는 사이트. 현재 수강하고 있는 수업에 대한 모든 자료와 정보가 업데이트 되는 곳이며, 기존에 수강했던 수업들의 자료를 보관하는 창고 역할을 하기도 한다.

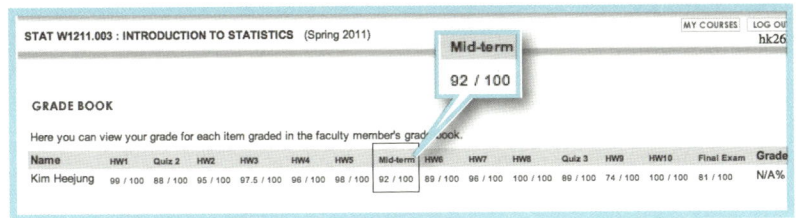

통계학 성적표

고사 점수다. 내 눈을 의심했다.

중간고사 이후 첫 통계 수업 시간, 교수님이 시험에 대한 언급을 시작하며 점수 분포를 그래프로 나타낸 표를 프로젝트에 띄웠다. 60명이 넘는 학생 중 90점 이상이 세 명밖에 없었다. 교수님 말씀으로는 95점 두 명이 공동 1등이라고 했다. 만약 코스웍스에 나와 있는 92점이 진짜 내 점수면 3등인데…… 이럴 수도 있나?

수업이 끝날 즈음 TA 한 명이 교실로 스윽 들어와 맨 앞줄 책상에 중간고사 시험지를 쌓아놓고 홀연히 사라졌다. 수업이 끝나자 학생들이 앞다투어 뒤적뒤적 자신의 시험지를 찾아 하나둘 사라졌다. 나는 내 책상에 가만히 앉아 있었다. 그리고 학생들이 교실을 빠져나가기를 기다렸다. 대여섯 개의 시험지만이 책상에 널브러져 있을 때 비로소 다가가 내 시험지를 집어 올렸다. 겉표지를 열어 점수를 확인하려는데, 수년간 짝사랑해온 여자와 데이트를 앞둔 것 마냥 심장이 쿵쾅거렸다.

블루북[23] 표지 안쪽에 선명하게 92라는 숫자가 쓰여 있다. 진짜 92점이다. 진짜 반에서 3등이다. 어떻게 92라는 점수가 나올 수가 있지?

문제들에 대한 확신이 전혀 없었는데…… 자세히 들여다보니 92라는 점수는 상대평가여서 가능했던 것 같았다. 시험이 워낙 어려워 부분 점수를 잘 주었던 것. 문제를 몰라도 이것저것 아는 것 다 끄적거려 놨는데 대부분 부분 점수를 받았다. 심지어 내가 가장 어려워했던 지렁이 같은 기호를 가지고 있던 문제에서는 3점밖에 감점되지 않았다. 아까 교수님께서 "시험이 어려워 전반적으로 점수가 낮으나 상대평가이므로 실제 등급은 더 높게 나오게 될 것"이라고 말씀하셨던 기억이 난다.

그런데 그럼에도 불구하고 그래프가 나타낸 반 평균은 63점으로 매우 낮았다. 교수님이 점수를 후하게 주신 편인데도 이렇다니. 컬럼비아 애들도 역시 그 시험을 어려워했다. 나만 어려운 게 아니었던 것이다. 아무리 전 세계에서 가장 똑똑한 학생들을 모아놓은 학교라고 해도 애네도 지구에 사는 사람 중 하나일 뿐이었다.

시험 점수와 더불어 그동안 느꼈던 괜한 열등감이나 다른 학생들과의 이질감이 어느 정도 해소되었다. 나같이 평범한 사람도 열심히 하면 세계 무대에서도 통할 수 있다는 것이 이번 사건을 통해 증명된 셈이다. '나도 할 수 있다!'라는 자신감이 붙었다.

통계학 점수는 기적이 아니었다. 수학 시험도 역시 92점을 받아 100명이 넘는 규모의 수업에서 9등을 차지했다. 저작권에 관한 첫 번

---

23  컬럼비아에서 치러지는 모든 시험의 답안은 블루북Blue Book이라고 불리는 답안지에 작성을 하게 되어있다. 표지가 옅은 파란색이다.

째 에세이는 최고 점수인 A를 받았다. 내가 못난 것 같아서, 제일 열등한 것 같아서 필사적으로 발버둥 쳤더니 노력한 만큼 보상을 받는 것 같아서 기뻤다.

공부라는 것은 재능보다는 노력인가보다. 물론 타고난 천재들은 있다. 컬럼비아에도 학사 3년 차에 벌써 박사 수업에 참여하는 등 천재성을 보이는 학생들이 있다. 그리고 소위 명문대라고 불리는 학교들에 그런 천재들의 비율이 상대적으로 많기는 하다. 하지만 그런 극소수의 몇몇을 제외한 나머지 컬럼비아 학생 대부분은 부단한 노력으로 이 명성 높은 학교에 입학한 것으로 보였다. 그리고 노력이란 것은 공평하다. 나같이 평범한 두뇌를 가진 사람도 노력하니 되지 않는가. 무엇이든 일단 부딪혀 보기 전에는 모를 일이다.

### 컬럼비아 전공 시험

몇몇 시험과 에세이에서 좋은 결과를 얻은 후 학교생활에 여유가 조금 생겼다. 긴장이 풀어지고 자신감이 붙은데다가, 이제는 학교의 모든 시스템에 적응이 되어서 같은 양을 공부하더라도 전보다 시간이 많이 절약된 덕이다.

여유 시간에는 최대한 친구들과 어울렸다. 친구들이라고 해봐야 제임스와 미샤밖에 없었지만. 그동안 제임스와 미샤가 수차례 자신들의 집에 나를 초대하기도 하고 함께 저녁을 먹자고도 했다.

이번 학기에 듣는 네 과목 중 가장 중요한 경제학 시험이 코앞으로 다가왔는데도 공부에 별걱정이 들지 않았다. 숙제나 간단한 복습 정도는 물론 빠짐없이 하고 있었으므로 공부하는 방법을 다 안 듯한 기분에 시험 준비에도 절실하지 않았다. 나름 수재로 불리는 반 친구 알렉산드로의 질문에 내가 줄줄 외웠던 경제 원리 내용을 설명해주고 나니 '이 정도 공부해 놓았으면 됐다!' 하는 자만심도 나태함에 제대로 한몫하고 있었다.

경제학 시험시간. 시험지를 받고 맨 앞 페이지의 1~4번 단답형 문제를 가뿐하게 풀어 넘긴 후 다음 페이지로 넘겼다. 그 순간…… 나는 눈앞이 캄캄해지고 아른아른 거렸다. 도대체 무슨 소리인지 하나도 알 수가 없었다. 그다음 페이지를 넘기고 또 다음 페이지를 넘겼는데 역시나 마찬가지다. 시험 범위의 내용을 모두 꿰뚫고 있는 것은 아무런 소용이 없었다. 앞의 네 문제를 제외하고 나머지는 모두 여태껏 배웠던 경제학 이론이나 모델들을 이용하여 창의성을 발휘하여 풀어야 하는 문제들이었는데, 무조건 외우고 책과 노트에 있는 문제들을 반복해서 풀어보기만 했던 나의 공부방식은 이 시험에 통하지 않았던 것이다.

시험 결과는 참혹했다. 80점 만점에 52점. 앞서 다른 3과목 중간고사에서 A학점을 받고 하늘 높은 줄 모르고 치솟아있던 내 자만심은 그렇게 바닥으로 고꾸라졌다. 이것이 세계 최고 대학 중 하나인 컬럼비아의 전공 시험이었다.

좋은 점수를 받는 데는 실패했지만 수확은 있었다. 기말고사에 어떻게 접근하고 준비해야 하는지에 대한 작은 깨달음을 얻은 것이다. 외우는 것은 문제가 아니다. 아니, 외우는 것이 중요하기는 했지만 경제학이라는 학문의 특성상 이해를 하지 못하고 단순히 외우기만 하는 것으로는 좋은 성적을 내기가 어려웠다.

이번 거시 경제학 시험은 수업에 대한 전반적인 이해도와 그를 활용하는 법을 테스트한 것이라 나같이 외우기만 한 사람은 좋은 성적을 낼 수가 없었다. 경제학 이론과 모델을 이해하고 이들을 실생활에 어떻게 적용시켜야 할지 평소에 창의적으로 생각을 해보았던 학생들이 좋은 성적을 냈다. 나와 함께 공부했던 수재 알레산드로는 70점이 조금 넘는 상위권이었다. 시험 이전에 여러 가지 물음에 대부분 내가 대답을 해주는 양상이었지만 문제를 읽고 이해를 바탕으로 창의적인 답을 제시한 알레산드로가 시험에서는 나보다 훨씬 나았던 것이다.

깨달음을 바탕으로 기말고사를 성실하게 준비했다. 기말고사는 총 3시간 동안 진행이 되며 중간고사 범위를 포함하기 때문에 처음부터 새롭게 차근차근 공부를 해 나갔다. 책과 노트를 구석구석 빠짐없이 확인하고 외우는 부분에 너무 많은 시간을 들였던 전과 달리 큰 그림으로 이해하며 작금의 미국 경제에는 어떤 식으로 적용하고 생각을 해 봐야 하는지에 초점을 맞추어 공부했다.

컬럼비아대학교의 모든 경제학 수업을 통틀어 최고의 TA라고 학생들 사이에서 입소문이 자자한 카를로스Carlos Montes-Galdon가 이 경제학 수업을 담당하고 있었던 것은 개인적으로 크나큰 행운이었다. 그는 박사학위 4년 차로 엄청나게 바쁠 텐데도 항상 학생들의 모든 질문에 세

밀하게 답변을 해 주었고, 우리가 수업을 잘 따라가고 최대한 많은 것을 배운 상태로 학기를 마칠 수 있도록 열과 성의를 다 하는 것이 진심으로 느껴지는 몇 안 되는 TA 중 하나였다.

비록 중간고사 성적은 좋지 않았지만 내가 학기 전반기에 끊임없이 카를로스를 괴롭히며 열심히 하려는 모습을 자주 보여준 덕분에 그도 내 이름 석 자를 잘 알고 있었다. 열심히 했지만 성적이 따라주지 않았다는 것을 잘 알고 있는 카를로스는 진심으로 내 고민을 들어주고 도움을 주려고 노력했다. 전반기에도 수많은 질문공세를 퍼부어댔지만 중간고사 이후에도 난 더 많이 찾아가고 심할 정도로 질문을 해댔다. 카를로스의 학생 상담 시간에는 무조건 찾아가 조금이라도 이해가 되지 않는 부분이 있으면 질문하고 그것으로도 모자라면 메일을 보냈다. 귀찮을 법도 했지만 카를로스는 싫은 내색 한번 한 적 없이 항상 친절하게 가르침을 주었다. 그의 도움과 더불어 경제학에 대한 내 이해력도 많이 향상되었다.

경제학 기말고사는 어려웠다. 특히 전체 시험 점수의 30%가량을 차지하는 최고 난도의 마지막 문제는 학생들로 하여금 시험을 감독하는 카를로스에게 끊임없는 질문 세례를 퍼붓게 만들었다. 시험시간에 네다섯 명씩 줄을 서서 질문을 하는 모습은 태어나서 처음 보는 것 같았다. 이 문제는 거시 경제학 이론 중 하나인 정부 예산 제한<sub>Government Budget Constraint</sub>에 관한 문제였는데 가장 기본이 되는 공식을 학생들이 대부분 기억하지 못하고 있었던 것이다. 중간고사가 끝나고 바로 다음 시간에 배운 내용이라 간과하고 지나가기 쉬운 부분이었으리라.

보다 못한 카를로스는 "만약 이 공식을 수업 시간에 안 배워서 아무도 모르고 있다면 칠판에 적어주겠다."면서 공식을 알고 있는 학생들에게 손을 들어볼 것을 권했는데 나를 포함해 네 명 정도가 손을 들었다.

시험이 끝나자 여기저기서 원망 섞인 학생들의 한탄이 흘러나왔다. 카를로스는 "이번 시험은 여태껏 내가 여태껏 보았던 시험 중에서도 어려운 난도에 속한다. 부디 이번 시험 때문에 경제학에 대한 여러분의 열정이 꺾이지 않기를 바란다."라고 말했지만 학생들의 표정은 여전히 어두웠다.

시험 결과에는 대박이 터졌다. 기말고사 자체도 반에서 7% 안에 들었을 만큼 잘 치른 데다가 보통 기말고사가 중간고사보다 중요도가 높아 결국 최종 학점으로 A를 받게 된 것이다. 나에게는 매우 의미가 깊은 사건이었다. 열등감과 자격지심을 가득 안고 시작한 컬럼비아 생활의 첫 번째 전공과목에서 당당하게 A 학점을 받았으니 그 뿌듯함은 언어로 표현하기가 힘들 정도였다. 작문 수업 University Writing 과 통계학 Intro. to Statistics 에서도 A 학점을 받았으며 수학 Calculus III에서 A-를 받아 첫 학기를 무려 3.91/4.00의 학점으로 마무리 지을 수 있었다.

## 쉽게 따라 하는 유학의 법칙

● **질문하기**

1. 유학생활에 가장 필수 요소: 한국 학생들의 경우 외국으로 유학을 떠나기 전에 이 '질문'이란 단어의 정의를 완전히 새롭게 해야 할 필요가 있다. 성공적인 유학생활을 함에 있어 가장 필수가 되는 요소는 좋은 머리도, 타고난 언어 감각도 아닌, 바로 질문이기 때문이다.

2. 진보하기 위한 필수 단계: 한국에서는 질문을 하면 내가 모른다고 인정을 하는 행위처럼 받아들여지는 문화가 있다. 그러나 외국에서는 질문이 한 단계 더 진보하기 위해 반드시 거치는 단계와 같이 여겨진다. 모르는데도 질문을 하지 않는 사람이 바보가 되는 문화인 것이다. 모르는 것이 있으면 물어보자. 대학교수나 직장 면접관들은 질문하는 사람들을 좋아한다.

● **문제해결능력 기르기**

1. 올바른 상황판단 능력: 미국이나 영국의 학교나 직장 어디서든 항상 가장 중요하다고 강조되는 능력 중 하나다. '문제'는 의사결정이 필요한 모든 상황을 총칭한다. 즉, 문제해결능력이란 올바른 상황판단을 하는 능력을 일컫는다.

2. 혼자 떠나는 배낭여행이 매우 가치가 있는 이유: 경험이 축적되면서 자연스럽게 몸에 배는 능력이다. 혼자 떠나는 배낭여행이 매우 가치가 있는 이유는 문제해결능력을 대폭 길러주기 때문이다. 평소에 공부뿐만이 아니라 경험도 많이 쌓아두자. 그리고 부모님의 손을 거치지 않고 스스로 하는 습관을 길러두자. 그것이 성공의 지름길이다.

● **활동 참여**

1. 나만의 인맥 넓히기: 모임이나 클럽, 각종 활동에 무조건 참여하자. 가족과 친구로부터 멀리 떨어진 유학생활에서는 새로운 사람을 만나 마음을 둘 곳을 재빨리 만들어야 한다. 또한 앞으로 할 일에 중요한 밑거름이 되는 인맥을 넓히는 기회도 제공한다.

2. 유창성을 기르는 지름길: 또한 즐거운 주제와 공통의 관심사 등으로 자연스럽게 영어로 말하게 되는 것은 유창성을 기르는 지름길이다. 모임이나 클럽의 특성상 취미나 흥미를 공유하는 것이 목적이므로 영어를 잘하고 못하고는 별 문제가 되지 않으니 부담을 크게 가질 필요는 없다.

3. 영어 실력보다 아이디어: 우리가 생각하는 것만큼 원어민들이 당신의 영어 실력을 중요하게 생각하지 않는다. 오히려 말하려는 의도와 아이디어에 더욱 귀를 기울인다. 필자도 유학 초기 시절 라과디아에서 재학생들을 대상으로 하는 API라는 프로그램에 참여하기 시작하면서 본격적으로 유학생활에 탄력이 붙기 시작했었다. 절대 손해 보는 일은 없다. 쓸데없이 겁먹거나 부끄러워 말고 일단 참여하자.

● **단기 목표 세우기**

성취감을 에너지 활용: 구체적인 목표로 가까운 미래로 설정해서 목표를 성취하고 그 에너지로 큰 목표로 나아가자. 물론 장기적인 연간 계획도 중요하다. 그러나 긴 시간 동안 하나만 바라보며 피드백 없이 꾸준히 하기란 힘들다. 도달하기도 전에 지치기 때문이다. 필자는 유학시절에 석 달을 주기로 목표를 하나씩 잡고 목표를 성취할 때마다 스스로 선물을 주면서 5년 반이라는 시간을 버틸 수 있었다.

● **필수 경력, '인턴십'**

미국에서는 학창시절 인턴십 경력이 취업 시 절대적으로 작용한다. 적어도 벌지 브래킷(대형 투자은행, Bulge Bracket)으로 대표되는 월스트리트의 금융권은 굵직굵직한 인턴십 경력이 없이는 입사가 거의 불가능한 정도다. 겨울방학이 2주 정도로 짧은 대신 여름방학이 거의 석 달 반 정도나 되는 미국의 교육 시스템은 이런 인턴십 문화와 절묘한 조화를 이룬다.

보통 월스트리트로 대표되는 뉴욕이나 홍콩, 런던과 같이 세계적으로 금융의 중심지인 도시의 투자은행, 컨설팅 취업을 목표로 하는 이들은 미국에서 다소 상위권에 랭크 되어있는 타겟 스쿨(회사들의 고용 목표가 되는 학교들, Target School)에 재학 중이며 특히 경영, 경제, 수학, 통계 등을 전공한 학생들이다. 물론 금융권의 특정 분야들에 한해 역사학과 같이 전혀 금융과 상관없는 전공을 공부하는 학생들도 취업에 성공하기는 하지만 그 수는 매우 적다.

이런 학생들은 취업이 확정되기 전까지 석 달 반의 여름방학을 이용해 매해 인턴 경력을 쌓는다.

- 1~2학년 여름방학: 굳이 금융권과 상관없더라도 기업의 구조나 실제 업무를 체험할 수 있는 인턴십 경력을 쌓는다.
- 3학년: 월스트리트의 금융권에 문을 두드린다. 성공적으로 금융권에 인턴을 잡고 나면 정직원 제안을 받기 위한 10~12주간의 치열한 경쟁이 시작된다.
- 4학년: 정직원 제안을 받은 승리자들은 회사와 정직원 계약을 마치고 여유로운 4학년을 보내게 된다. 오퍼를 받지 못하거나, 오퍼를 받았음에도 인턴십 동안 했던 일이 마음에 들지 않아 다른 일을 알아보려는

친구들은 또다시 학교의 커리어 홈페이지를 매일같이 뒤적거려야 하는 처지에 놓인다.

대부분의 벌지 브래킷들이 3학년 인턴에서 신입사원을 바로 채용하기 때문에 4학년이나 졸업생을 위한 수요는 굉장히 적다. 그러므로 아무리 좋은 학교에 재학 중이라고 해도 1, 2학년을 헛되이 보내면 월스트리트의 큰 금융 회사들에 취업하는 것은 힘들어진다.

## 쉽게 접근하는 컬럼비아대 GS 프로그램

컬럼비아대학교가 가진 다소 특이할 수 있는 학교 구성에 대해 먼저 설명을 해야 한다. 가끔 인터넷에서 외국 대학교를 졸업한 사람을 대상으로 사실 여부가 논란이 되고는 하는데, 이런 일이 발생하는 가장 큰 원인은 미국 대학 시스템이 우리와는 조금 다르기 때문이다. 우리가 사용하는 '대학교'라는 단어가 영어로는 두 가지 단어로 표현될 수 있다. 유니버시티University와 칼리지College. 가끔 이 두 단어가 큰 구분이 없이 쓰이기도 하지만 보통 유니버시티는 석·박사 프로그램을 모두 가지고 있는 종합대학, 칼리지는 유니버시티의 하위 개념인 단과대학으로 쓰이는 경우가 많다.

컬럼비아대학교Columbia University는 종합대학으로, 크게 3파트, 16개의 학교로 나누어져 있다. 여기에 컬럼비아와 연계되어 교육에 필요한 거의 모든 시스템을 공유하는 연계학교와 평생 교육원을 합하면 총 21개의 학교가 Columbia University의 이름 아래 운영이 되고 있다.

part 1. Undergraduate Schools (학사) 3개
part 2. Graduate & Professional Schools (대학원) 9개
part 3. Medical Center Graduate Schools (의과 대학원) 4개
Affiliated Schools (연계학교) 4개
Continuing Education (평생 교육원) 1개

총 21개

학사 학위를 주는 단과대학Undergraduate Schools은 세 곳이 있다.

Columbia School of Engineering and Applied Science(SEAS)
Columbia College(CC)
Columbia School of General Studies(GS)

SEAS는 공대이고 CC와 GS는 공학 계열을 제외한 나머지 전공들을 가지고 있는데, 차이점이라면 CC는 Traditional, 전통적인 학생들을 받는 학교이고 GS는 Non-traditional, 비전통적인 학생들이 공부하는 학교라고 컬럼비아 홈페이지에 명시되어 있었다. 비전통적인 학생이란 학업에 1년 이상 공백이 있었던 학생을 의미한다. 이유는 무엇이든 상관이 없었다. 컬럼비아에 학사 과정을 지원하기 이전에 학업 외적인 무언가로 1년 이상을 보냈으면 GS로 지원하는 것이 컬럼비아의 규칙이었다.

여기서 SEAS와 CC는 우리가 흔히 알고 있는 컬럼비아의 학사 과정이라고 보면 된다. 내가 속해있던 프로그램은 GS인데, 컬럼비아대학교의 홈페이지에 나와 있는 역사를 읽어보니 이랬다. 1800년대 초반, 사회의 비주류였던 여자들과 일반 대중들에게 좋은 교육을 제공하기 위하여 개설한 몇몇 수업들이 시초가 되어 1900년대 초반에 Extension Teaching(사회 교육원)이 생겨났다. 이 프로그램이 발전을 거듭하여 세계 2차 대전 직후인 1945년에는 학사 학위인 Bachelor of Arts를 제공하는 단과대학으로 변하면서 프로그램의 이름도 지금의 School of General Studies가 되었다. 그리고 현재는 학사 학위를 주는 Columbia University의 3개 Undergraduate School 중 하나이다. 컬럼비아대학교에서는 이 3개의 학교에 버나드Barnard라는 협력 학교가 더해져 총 4개 학교의 학생들이 뒤섞여 함께 수업을 듣고 과제를 하고 시험을 치러 학점을 받는다.

　나는 인터넷에 떠돌고 있는 불편한 글들을 보게 되었는데 그것은 바로 내가 속해있는 GS 프로그램에 대한 것들이었다. 주로 로그인도 필요 없이 누구나 글을 쓸 수 있는 유학 토론 게시판에 올라와 있는 글들로, 컬럼비아 GS 프로그램에 대한 원색적인 비난이 가득했다. 내용은 이러했다. '돈을 주고 들어가는 프로그램이다, 평생 교육원이다, 정규 학생들에게 무시를 당한다, 직장을 잡을 때 차별을 당한다, 사회에서 아무도 인정을 해주지 않는다' 등등. 게시판에는 컬럼비아 GS로 편입을 준비 중이거나 이미 편입학 합격을 했는데 이런 여론으로 인하여 고민을 토로하는 글이 몇몇 눈에 띄었다.

　그런데 관련 정보를 계속 수집하다 보니 이런 종류의 글들이 내세우고 있는 비난의 근거들이 사실이 아닌 경우가 많다는 것을 알 수가 있었다. 또한 댓글마다 닉네임과 인터넷 IP주소가 적혀있는데, 악성 댓글을 올리는 주체가 닉네임만 다르고 IP가 똑같은 경우가 대단히 많았다. 소수의 몇몇 사람들이 글쓴이 이름만 바꿔가며 계속 비난 댓글을 올리고 있는 셈이었다. 부정적인 여론을 조장하는 사람들은 극소수였다.

　이렇게 사실과 다르거나 왜곡된 점들을 하나하나 찾아가며 이성적으로 생각해보니 내가 이런 글들을 보며 걱정하는 것이 오히려 우스워졌다. 로그인도 필요 없이 익명으로 누구나 작성할 수 있고 사실과 전혀 다른 근거 없는 비난 및 유언비어도 서슴지 않게 공개되는 곳에서 글을 읽고 내 선택의 옳으냐 그르냐를 따지고 있는 것이 우습지 아니한가.

　컬럼비아 GS가 이런 종류의 인터넷 게시판에서 논란이 되는 주된 이유는 SEAS와 CC보다 상대적으로 쉽게 입학을 할 수 있기 때문이다. 게시판에서 활발히 활동하고 있는 몇몇 댓글자들에게는 쉬운 입학 전형을 통하여 컬럼비아에 들어간 GS 학생들이 고상한 컬럼비아의 간판을 단다는 것이 아니꼬

운 사실인 것 같았다.

하지만 내가 그런 것을 신경 쓸 이유는 없었다. 편입을 결정할 때 내가 가장 신중하게 고려했던 사항은 교육의 질, 그리고 함께 경쟁할 학생들의 수준이었다. SEAS, CC, GS는 행정상 특징이 다른 것일 뿐, 모든 학생들이 같은 교수 아래서 함께 수업을 듣고 경쟁하기 때문에 내가 우선시하는 가치를 충족시키기에는 부족함이 전혀 없다. 게다가 장학금까지 지급해주니 더할 나위가 없었다. 세계 최고 중 하나인 컬럼비아 교육을 받으며 수준 높은 컬럼비아의 학생들과 함께 공부한다면 내 수준도 함께 끌어올릴 수 있을 것이며, 내 한계가 어디까지 인지 객관적인 테스트도 가능할 것이다.

어차피 컬럼비아라는 좋은 이름을 등에 업고 있어도 컬럼비아에 걸맞은 실력과 학식을 쌓지 못한다면 간판은 빛 좋은 개살구일 뿐이었다. 내가 노력하여 이에 걸맞은 학식을 쌓는다면 과거에 나의 모습이 어쨌든 더 부끄러워할 필요 없이 당당해질 수 있을 것이다. GS는 이러한 나의 두 가지 목표를 충족시켜 줄 수 있는 최적의 프로그램이었다. 나는 스스로 사회 비주류 학생 중 하나라고 생각하고 있는데 GS는 말 그대로 '비전통적인Non-traditional' 학생을 위한 학사 프로그램이니 나에게 꼭 맞는 셔츠인 셈이었다.

CHAPTER **6**

# 고군분투
# 이력서 채우기

　**한국에서** 미국으로 다시 돌아오자마자 가장 먼저 해야 할 일은 방을 구하는 것이었다. 보통 유학생들이 단기간 동안 한국으로 돌아갈 때 미국으로 복귀 후 바로 방을 잡기가 어려워 월세를 손해 보더라도 자기 방을 그대로 놔두는 경우가 많다. 하지만 나는 세 달간 150만 원이 넘는 돈을 월세로 낭비할 수 없어 방을 빼고 난 후 한국으로 돌아갔다. 내 모든 짐은 양해를 구한 후 지인의 집으로 옮겨놓은 상태였다. 사실 굉장한 민폐이지만 어쩔 도리가 없었다. 없을 때는 얼굴에 철판 깔고 사는 수밖에.

## 전전긍긍 이사 시즌

다시 크사니를 통해 방을 구하는데 나도 모르게 한숨이 나왔다. 이제 정말 괜찮은 방을 하나 얻어 유학 생활이 끝날 때까지 정착할 수 있었으면 했다. 그동안 이사 때문에 얼마나 애를 많이 먹었던가.

사실 매형이 한국으로 돌아가던 날부터 이사는 나를 괴롭히기 시작했다. 매형과 함께 살던 집을 나와 처음으로 이사를 했던 곳이 앞서도 잠깐 언급을 했던 월세 $500짜리 맞벌이 부부의 집이었다.

석 달 뒤 인상되는 $50가 결국 부담되어 다른 집으로 이사를 나와야 했다. 이사를 나오는 것도 쉽지가 않았다. 애초에 내가 석 달 뒤에 $50가 인상된다는 것을 알고서도 그 집에 들어간 것이기 때문에 정확히 석 달 만에 이사를 한다는 말을 들은 주인아주머니가 불같이 화를 내었기 때문이다. 부부는 하루에 12시간이 넘게 일을 하기 때문에 룸메이트를 할 학생을 구하는 것이 여간 힘든 일이 아니라고 했다. 만약 제때 룸메이트 할 학생이 구해지지 않는다면 주인 부부가 입게 될 금전적인 손해도 상당했다.

약 일주일간 집에서 마주칠 때마다 서로 으르렁거리던 나와 주인아주머니의 관계는 결국 서로 큰소리로 고함을 치며 욕지거리를 주고받는 지경에 이르게 되었다. 결국, 계약금을 받고 나가는 대신 주인 부부에게 약 보름의 시간을 주고 이사를 하기로 합의를 보았다.

새로 이사 갈 곳은 아저씨와 그의 아들이 사는 방 하나짜리 집이었다. 아저씨는 그의 아내와 떨어져 지내는데 이 집도 상황이 좋지가 않아 그나마 하나 있는 방도 나에게 세를 준 것이었다. 부자는 거실에서 함께 생활했다. 경제적인 상황이 얼마나 좋지 않은지 대충 짐작할 수 있었다.

그 집으로 이사를 하던 날이 아직도 생생하게 기억에 남는다. 3월 말이었는데 뒤늦은 눈보라가 몰아쳤다. 이사를 위해 도움을 요청할 만한 친구는 없었다. 약 $40가량의 돈을 내고 차를 한 대 불렀다면 크게 어려운 일은 아니었겠지만 그 돈을 그렇게 쉽게 쓸 상황이 아니었고, 나름 걸을 수 있는 거리였기에 혼자 이사를 하기로 했다.

300미터 정도 되는 거리를 무거운 짐을 짊어지고 나르기 시작했다. 살던 집은 3층, 이사 갈 집은 2층. 계단을 통해 올라갔다 내려갔다 하는 것도 고역이었다. 횟수가 많아질수록 짧아 보였던 거리는 점점 멀게 느껴졌다. 설상가상으로 눈보라까지 몰아쳐 바람의 힘을 이기지 못해 짐을 옮기다 길바닥에 엉덩방아를 찧기도 했다. 그대로 주저앉아버렸다. 내가 생에 무슨 영화를 누리겠다고 지금 이 고생을 하는지 싶었다. 그러나 다시 돌아갈 수는 없었다. 훌훌 털고 일어나 20여 번을 왔다 갔다 하며 7시간에 걸쳐 이사를 마쳤다. 온몸의 힘이 다 빠져버렸다. 짐을 풀 겨를도 없이 방바닥에 쓰러져 버렸다.

새로 이사 간 집은 평화로웠다. 주인아저씨는 매우 친절했고 귀에 커다란 피어싱을 한 스무 살짜리 날라리 아들도 나를 잘 대해주었다. 그런데 1년이 채 되지 않아 아저씨의 전 부인이 집으로 다시 들어오고 싶어 한다는 것이었다. 갑자기 나가달라는 요구가 무척 황당했지만 어쩔 수 없었다. 최대한 빨리 이사를 나가주었다.

4일 만에 얻은 새 방은 플러싱에서 전철로 약 20분 정도 떨어진 곳이다. 그런데 약 두어 달 정도가 지났을 때 주인아저씨가 갑자기 방을 빼 달라는 것이다. 다른 주에서 학교에 다니던 아들이 방학이 되어 집으로 돌아온다는 것이었다. 아들이 나와 있는 3~4개월 동안 월세 좀 벌어 보겠다고 거짓말을 해 가며 학생들을 속였는데 운이 없게도 내가 걸린 것이었다. 화가 머리끝까지 치밀었지만 괜히 잘못되어 미국에서 추방이라도 당할까 두려워 주먹만 불끈 쥐고 말았다. '여기서 싸워 봐야 내게 득 될 것이 뭐가 있어. 그냥 나가자.'

다시 급하게 이사를 나간 곳은 플러싱 근방이었다. 이전에 살던 집들에 비해 훨씬 넓고 깨끗한 집이라 방세가 $600는 넘을 줄 알았는데 $500란다. 주인에게 간섭받을 일도 없고 가격 대비 집도 매우 좋은 데다가 내 전용 화장실에 부엌도 거의 나 혼자 쓸 수 있었다. 게다가 온종일 집이 조용할 것이기 때문에 유학생인 나에게 최적의 장소였다.

세를 놓게 된 배경은 이랬다. 여기 살고 계신 할머니가 치매에 걸리셨는데 가족들이 모시고 나가려고 해도 도통 집을 떠나려고 하지 않으셨단다. 큰아들은 대학교수, 작은아들은 변호사로 경제적으로는 문제가 없어 할머니가 그 집에 그냥 사시게 놔두고 집이 너무 적적하니 싼값에 룸메이트를 한 명 구해다 들여 놓으려고 하는 것이었다. 할머니를 2교대로 12시간씩 돌봐주시는 분들도 있었다.

바로 계약을 하고 이사를 왔는데, 역시 여기도 완벽하지는 않았다. 바퀴벌레의 수와 그 대담함이 상상 이상이었기 때문이다. 바퀴벌레가 다소 출몰했던 집은 있었지만 대부분 부엌에서만 볼 수 있었지 내 방에까지 출현한 적은 이번이 처음이었다. 바퀴벌레가 내 반찬 그릇 쪽으로 전속력을 다해 달려오거나, 물통 속에 떡 하니 들어가 있거나, 자고 있는데 얼굴 위로 슬금슬금 기어오르던 불쾌한 기억도 있다. 부엌불을 켜자 수십 마리의 바퀴벌레가 순식간에 도망가는 모습은 아직도 충격이다. 집주인과 상의를 해 조치 하기는 했지만 역부족이었다. 내가 그 집에서 이사를 나갈 때까지 계속 바퀴벌레에 시달려야 했다. 이곳은 내 유학 인생의 마지막 방이 되었다.

방을 구할 때 가장 중요한 것은 '사람'이었다. 이 집 저 집 이사를 하며 겪어보니 시설이나 방 넓이는 아무것도 아니었다. 그리고 개인적으로 바퀴벌레. 사람과 바퀴벌레, 딱 이 두 가지만 신경 쓰며 방을 골라 살았다.

### 처음 만난 인턴십

새 학기 첫 수업인 중급 미시 경제학 수업에서 저번 학기에 알고 지내던 중국인 친구 한 명과 만났다.

"방학 잘 보냈어?" 내가 먼저 인사를 건넸다.

"오랜만이다! 무척 바쁘긴 했지만 괜찮았어. 너는?"

바빴다고? 방학인데 왜 바빴지?

"나는 한국으로 돌아가서 방학 내내 가족, 친구들이랑 즐겁게 보냈어! 무척 신 났지. 근데 넌 방학인데 왜 바빴어?"

"인턴십 하느라 바빴지. 너는 인턴 안 했구나!"

인턴십이라니? 이건 무슨 소리지.

"아, 난 모건스탠리Morgan Stanley의 리스크 관리Risk Management팀에서 근무했어. 졸업 후에 대형 투자은행 IB(투자은행 업무)Investment Banking 부서에서 근무하는 게 목표인데, 다행스럽게도 이번에 2학년 인턴을 모건스탠리에서 하게 됐네."

이 친구가 지금 하는 말들이 당최 무슨 소린지 하나도 알아들을 수 없었지만 여기서 더 꼬치꼬치 캐물으면 내가 너무 무식해 보일 것 같아서 그만두었다. 아, 그러고 보니 저번 학기에 제임스가 시티은행Citi Bank에서 인턴을 하게 되었다고 좋아했었던 것 같은데. 인턴십, 투자은행, IB. 난생처음 듣는 말들이라 당시에는 크게 신경이 쓰이지는 않았다. 왠지 나와는 전혀 상관이 없는 말들인 것 같았다. 하지만 이것이 내 미래에 상당히 중요한 사건을 만드는 계기가 되었다.

이 중국인 친구가 했던 말들의 의미와 그 중요성을 깨닫는 데는 그리 오래 걸리지는 않았다. 왜냐하면 학교 어디를 가든지 인턴십을 소재로 한 대화들이 수시로 오고 갔기 때문이다. 그냥 들리는 것뿐만이 아니다. 친구들 대부분이 나에게 지난여름에 어디에서 인턴십을 했는지 꼭 물어보았다. 처음에 난 아무 생각 없이 '나 한국에 돌아가서 세 달간 푹 쉬고 왔어.'라고 대답했다. 그러나 차츰 뭔지 모르게 나 자신이 부끄러워지기 시작했다. 반드시 해야 할 무언가를 하지 않고 놀기만 한 게으른 사람처럼 비추어지는 것 같았다. 이 인턴십은 학생들 사이에 선택 사항이 아니라 필수 항목이었음을 그때야 깨달았다.

컬럼비아에서 두 번째 학기를 보내고 있는 나는 3학년. 그런데 이제야 이러한 사실을 알게 되었던 것이다. 사태의 심각성이 제대로 파악되었지만 뭐부터 손을 대야 할지 막막했다. 생각해보니 일단은 이력서를 한 장 갖추는 것이 순서인 것 같기는 한데 미국인들의 이력서를 한 번도 본 적이 없어 무슨 양식으로 써야 할지를 몰랐다. 집에 와서 일단 컴퓨터를 켜고 구글에 'investment bank resume(투자은행 이력서)'라고 치니 어마어마한 양의 이력서가 구글 이미지에 떴다.

하나하나 천천히 살펴보니 어느 정도 패턴이 보였다. 일단 가장 위에 이름과 주소, 전화번호, 이메일과 같은 개인 정보를 적고 나면 이력서는 크게 네 부분으로 나뉘는 것 같다.

- 학력 Education
- 경력 Experiences
- 활동 Activities
- 능력/흥미 Skills/Interests

양식에 맞춰 나에 대해 하나하나 적어 나가기 시작했다. 그리고 크나큰 좌절감을 맛보았다. 아무리 머리를 쥐어짜도 쓸 말이 없었다. 학력에는 라과디아와 컬럼비아를 적어 넣었고 GPA도 꽤 괜찮은 수준이라 볼만 했는데 바로 다음인 경력에는 넣을 것이 없었다. 금융권 취업이 목표인데 금융과 상관있는 경험이 아예 없으니 말이다.

어쩔 수 없이 써넣은 두 가지가 라과디아에서 했던 회계 튜터와 군대, 이 두 가지였다. 능력 부분에는 한국말과 마이크로소프트 오피스(워드, 엑셀, 파워포인트)를 적어 넣었다. 활동은 전혀 없어서 파트를 따로 만들기가 아예 불가능했다. 대신에 Additional Experiences(추가 경력)이라고 쓰고 여태껏 했던 여러 가지 아르바이트 이력을 적어 넣었다. 이력서에 전혀 도움이 될 것 같지 않았지만 뭐라도 채워 넣어야 했기 때문에 어쩔 수 없이 한 고육지책이었다. 그래도 부족했기에 이전에 홀로 했던 미국 배낭여행 경험까지 써넣고 나니 나의 첫 번째 이력서가 완성되었다. 쳐다보면 한숨만 나오는 이력서였다.

라이언 쉐어Lion Share라고 불리는 학교의 커리어 웹사이트(careereducation.columbia.edu)에 이력서와 함께 내 정보를 등록한 후 당장 내가 할 수 있는 인턴십이 있는지 검색을 해 보았다. 그리고 아주 조금이라도 금융이나 회계와 관련이 있는 모든 자리에 이력서를 넣기 시작했다. 제발 면접이라도 하나 들어오기를 바라면서.

학교를 돌아다니다가 진영이를 만났다. 진영이는 작년에 통계학 수업에서 만난 친구인데 나와 동갑이고 GS에 소속되어 있다는 공통점이 있어 종종 연락할 정도로 친해졌다.

대화 주제는 자연스럽게 지난 여름방학으로 이어졌다. 주 관심사는 역시나 인턴십. 진영이는 작은 헤지 펀드Hedge-Fund에서 근무했다고 했다. 역시 나 빼고 다들 무언가를 했구나……. 속으로 혼자 좌절감에 젖어있는데 진영이가 친구를 한 명 만날 예정인데 같이 가자고 제안을 했다. 한국에서 유비에스UBS, 맥쿼리Macquarie 같은 대형 금융기관들 인턴을 거치고 온 친구인데 우리와 동갑이고 서로 알아두면 좋을 것 같단다. 유비에스와 맥쿼리. 처음 들어보지만 뭔가 대단한 회사들이겠거니 생각했다. 금융권에 대한 취업이나 인턴십 정보를 얻을 수 있을 것 같기도 하고 인맥은 넓으면 넓을수록 좋기에 진영이와 발걸음을 함께했다.

만남의 장소는 진영이가 사는 아파트 건물 로비. 진영이가 나와 JW를 서로에게 소개해주었고, 우리 셋은 함께 점심을 먹기로 했다. 간단하게 먹자는 진영이의 제안에 우리는 학교 정문 앞에 있는 할라푸드 컨테이너로 이동했다 (할라푸드는 뉴욕의 대표적인 저렴한 길거리 음식이다). 이동하면서 시작한 금융 및 취업에 대한 우리의 대화는 진영이의 기숙사 로비로 돌아와 점심 식사를 마칠 때까지 계속되었다.

벌써 컬럼비아에서 세 학기가 넘는 시간을 보낸 JW는 금융권 취업의 험난함과 인턴십의 중요함을 진작에 깨달아 한국에 돌아가 6개월 정도 인턴을 하고 돌아왔다고 했다. 이를 위해 한 학기를 휴학했다고 말할 때의 눈빛에서 결단과 과감함이 느껴졌다. 한국에서 JW가 거쳐 간 맥쿼리와 유비에스라는 회사들이 꽤나 대단한 금융 회사들인가 보다. 그리고 JW가 나에게 물었다.

"넌 여름방학 어떻게 보냈어?"

자신의 영웅담을 잔뜩 늘어놓은 친구 앞에서 나는 놀았다고 말하기가 상당히 민망했지만, 어쩔 수 없었다.

"한국에 돌아가서 쉬다 왔어. 난 저번 학기가 처음이라서 금융권 취업, 인턴십 이런 것들 하나도 몰랐거든."

"아, 그래? 아이고, 왜 그랬어. 지금 3학년이라 새로 시작하기 힘들 텐데."

그의 말에서 한심하다는 말투가 묻어 나왔다.

"그러게. 뭐 이제 알았으니까 지금부터라도 열심히 해봐야지. 뭐 궁금한 것 있으면 물어봐도 될까?"

"그래. 그렇게 해."

약간 젠체하기를 좋아하는 것처럼 보여서 얄밉기는 했지만 첫인상이 나쁘지는 않았다. 뭐 그런 사람들은 많으니까.

나중에 알게 된 JW는 반년 동안 큰 금융 회사들에서 인턴을 거쳐 온 터라 한껏 눈이 높아진 상태였다. 인턴 한 번 해보지 못하고 3학년을 맞은 내가 무척이나 한심해 보였던 터. JW와는 이 한 번의 만남을 마지막으로 교류가 전혀 없게 되었다. 내가 불리한 상황에서는 내가 상대를 좋아하든 안 좋아하든 선택받을 기회가 함께 사라짐을 깨달았다.

### 클럽활동으로 이력서 채우기

끊임없이 여기저기 이력서를 넣고 있었지만 면접이 들어올 턱이 없었다. 이력서에 칵테일 바의 웨이터 경력, 커피숍 아르바이트 경력 같은 것을 적어 넣은 학생에게 어느 금융 회사가 관심을 가져 주겠는가. 그것도 세계 금융의 중심지인 뉴욕의 금융가에서 말이다.

일단 이력서를 금융과 관련된 무언가로 채워 넣어야 했다. 당장 어떻게 할 수 없는 '경력' 파트는 그렇다 치더라도 '활동' 파트 정도는 온

통 금융으로 뒤덮여있어야 쥐꼬리만큼의 경쟁력이라도 생길 터이다. 내가 뭘 할 수 있을까…….

구글에 'Columbia student club(컬럼비아 학생 클럽)'이라고 치니 뉴욕시의 컬럼비아대학교 동아리 링크가 떴다. 100여 개의 컬럼비아의 동아리 목록이 주르륵 떴다. 금융과 관련된 동호회가 있나 찾아보니 'Columbia Financial Investment Group, CFIG (컬럼비아 금융 투자 그룹)'이라는 동아리가 눈에 들어왔다.

CFIG 웹사이트는 클럽 스태프의 간략한 소개 및 금융에 관한 각종 정보로 이루어져 있었다. 이 클럽은 일주일에 한 번씩 화요일에 학교의 해밀턴Hamilton 빌딩에서 모임을 한다는 것을 알 수 있었다. 시간은 보통 9시 반에 시작해서 10시 반~11시 사이에 끝났다. 그런데 10시 반에 끝나면 귀가에 문제가 생겼다.

우선 집에 가는 급행 전철이 끊긴다. 그리고 룸메이트 생활을 하는 처지라 밤 12시 이후에는 간단한 세수나 양치 이외에는 욕실을 쓰지 않는 것이 무언의 규칙이었다. 나 역시 샤워를 하지 않으면 찝찝해서 잠을 잘 못 이루기 때문에 될 수 있으면 11시 이전에 집에 들어가야 했다. 또한 안전 문제도 있고 규칙적인 나의 생활에 큰 영향을 줄 것은 뻔했다. 잠시 고민이 되었지만 역시 모임에는 참석을 하는 게 옳다고 생각되었다. 이마저도 하지 않으면 금융권 취업이 물거품이 될 것은 불 보듯 뻔하기 때문이다.

모임이 있는 화요일 9시, 해밀턴 빌딩으로 갔다. 아직 시작 30분 전이라 강의실에는 아무도 없었다. 맨 앞 중간에 한 자리 차지하고 앉아

오전에 확보해놓은 뉴욕 타임즈와 전자사전을 꺼내 열심히 모르는 단어를 찾아가며 읽기 시작했다. 시간이 9시 반에 가까워지며 하나, 둘 채워지기 시작한 의자들이 어느덧 꽉 찼고, 그마저도 모자라 강의실 뒤쪽과 옆쪽에 학생들이 입석으로 빽빽하게 들어찼다. 그 뒤로 들어온 학생들은 다른 학생들의 시야를 가리지 않기 위해 교실 앞쪽에 옹기종기 쭈그려 앉았다. 그렇게 발 디딜 틈 없이 강의실이 꽉 차고 곧 CFIG의 스태프들이 들어왔다.

정확히 9시 반이 되자 벤 예(Ben Ye)라는 이름의 중국계 미국 학생이 CFIG의 대표라고 자신을 소개한 뒤 간략하게 다른 스태프들에 대한 소개가 이어졌다. 모임은 벤 예의 거시 경제 프레젠테이션으로 시작되었다. 지난 한 주간 어떤 경제 이슈가 화제가 되었으며 이에 대한 자기 생각 및 투자 아이디어는 무엇인지에 대한 내용이었다. 프레젠테이션이 무척 깔끔하고 전문적이어서 적잖이 놀랐다. 컬럼비아 학생들이 대단하다는 것은 이미 너무나도 잘 알고 있는 사실이지만 그래도 이 정도로 전문성을 가지고 프레젠테이션을 진행하다니.

약 20분가량 이어진 벤 예의 프레젠테이션에 이어 부 대표라는 3학년 학생 두 명이 다른 주제를 가지고 프레젠테이션을 했다. 역시나 매우 전문가적인 발표였다. 내가 취업할 때 이런 학생들과 경쟁을 해야 한다는 말인데……. 갑자기 자신감이 뚝 떨어졌다. 이건 레벨 차이가 나도 너무 난다. 문득 주위를 살펴보았다. 수십 명의 학생들이 역시나 발표하는 두 명의 부 대표들을 동경 어린 시선으로 쳐다보고 있음을 느꼈다. 다행이다. 내가 못난 것이 아니라 저들이 특히 대단한 것이다.

아직 포기하기는 이르다.

모임이 끝나기 10분 전, 스태프 중 한 명이 화면에 엑셀이 띄워져 있는 노트북 한 대를 돌리기 시작하며 말했다.

"여기에 이름과 이메일 주소를 적으면 우리 모임에 대한 정보와 학교에 중요한 금융 관련 이벤트가 있을 때마다 메일을 받아볼 수 있을 거야."

내 이 메일주소를 적으며 행여나 틀리지는 않았나 두세 번 더 살펴본 후 옆자리에 있는 학생에게 노트북을 넘기고 강의실을 나섰다. 마치 드넓은 들판 위에 홀로 남겨진 어린 양 마냥 아무것도 모르는 나이지만 시작이 반이라고 하지 않았는가. 프레젠테이션에서 주워들은 것들, 이해는 하나도 못 했지만 집에 가서 꼭 검색하고 파헤쳐보리라 다짐하며 귀갓길을 재촉했다.

CFIG의 다음 모임에 참석했을 때, 스태프들이 그룹 내 투자 대회에 대해서 언급을 했다.

"인베스토피디아(www.investopedia.com)라는 웹사이트에 접속해서 회원 가입을 한 뒤 'Columbia Financial Investment Group'이라고 검색하면 우리끼리 투자 대회를 진행하고 있는 플랫폼이 하나 나와. 최대한 많은 인원이 거기에 참여하고 서로 투자 아이디어를 나눴으면 좋겠어. 1등에게는 학기가 끝난 후 소정의 상품이 있을 거야. 알다시피 주식, 채권, 선물, 옵션 등 여러 가지 투자 방법이 있지만, 이 플랫폼에서는 주식이랑 주식 옵션만 트레이드 가능하다는 것을 알아두길 바라."

꽤 괜찮은 제안이었다. 이것을 통해 주식시장에 대한 이해도를 넓힐 수 있을 테고, 또한 만약 어느 정도의 성과를 올리는 것이 가능하다면 이력서의 '활동' 파트에 몇 줄 써넣기에도 유용할 것 같았다.

집에 12시가 넘어 도착했지만 잠 따위는 안중에도 없었다. 바로 컴퓨터를 켜고 인베스토피디아에 접속했다. 회원 가입을 하고 CFIG의 투자 플랫폼을 찾아 들어갔더니 약 50여 명의 학생들이 참여하는 모습을 볼 수 있었다. 가상 자금 40만 달러로 시작하게 되어있는데, 투자에 대한 수익률을 기준으로 학생들 간의 현재 순위도 도표로 깔끔하게 정리가 되어있어 흥미로웠다.

주식투자라는 단어가 주위에서 너무나도 흔하게 들을 수 있는 말이기 때문에 왠지 친근한 느낌이지만 막상 내가 하려니까 무엇을 어떻게 해야 할지 막막했다. 무언가 나만의 전략을 세워야 하는데 워낙 아는 것이 없었다. S&P 500[24]에 상장되어 있는 회사들 중 당장 떠오르는 회사라고 해봐야 애플과 마이크로소프트 같은 거대 전자회사나 은행권 회사뿐인데 규모만 크다고 해서 마구 사 넣는 것은 옳지 않아 보였다.

머릿속이 너무 복잡해 먼저 차분하게 정리를 해 보기로 했다. 내가 여태껏 배웠던 금융 관련 지식 중 여기에 적용할 수 있는 것이 뭐가 있을까. 지난 모임에서 스태프들이 발표할 때 적어놓았던 노트도 들여다보기도 하고 구글에 주식 투자에 관한 검색도 해보았다. 투자에는

---

24 시가총액을 기준으로 규모가 큰 500개 미국 회사들의 주가 지수를 종합적으로 나타내주는 지표. 다우존스Dow Jones, 나스닥 컴포짓NASDAQ Composite과 더불어 미국 경제의 건강 상태를 가늠할 수 있는 3대 지표 중 하나이다. 우리나라의 코스피나 코스닥과 비슷한 개념이다.

차트를 분석하는 법, 회사의 가치를 평가하는 법, 경제 전반적인 흐름을 따라가는 법 등 여러 가지가 있었는데, 현실적으로 경제의 흐름을 따라 투자하는 방식이 현재의 나에게 가장 알맞아 보였다.

방법은 간단했다. 이런저런 경제 뉴스를 종합하여 읽고 앞으로 큰 경제가 어떻게 움직일지 예측하여 투자를 하면 되었다. 개별 회사의 가능성을 보고 하는 투자가 아니라 경제의 큰 그림, 즉 대세를 판단하여 투자하는 방법이라서 무슨 종목을 사들이는지는 크게 중요하지 않았다. 그 대신 여러 가지 종목을 한꺼번에 사서 내 포트폴리오[25]가 대세를 반영할 수 있게 하는 것이 중요했다. 한두 개만 사 넣으면 내가 아무리 대세를 잘 읽어도 종목의 개별 성과에 의해 수익률이 좌지우지될 것이기 때문이다.

또한 장중에는 거래를 하지 않는 것이 좋다는 결론을 내렸다. 장 마감 1시간 전인 오후 3시까지 최대한 많은 경제 기사를 읽은 후 나름의 의사결정을 거쳐 매일 3~4시 사이에 거래를 결정하기로 전략을 짰다. 종목은 내가 관심 있는 금융 분야, 즉 대형 투자은행들로 정했다. 미국 경제에 대한 내 견해가 긍정적일 땐 약 7~8개 정도 은행들의 주식을 비슷한 비율로 한 번에 사고 부정적일 땐 다 팔아버리는 것으로 전략을 마무리 지었다. 무지하고 미성숙한 나의 막무가내식 투자 첫 경험은 이렇게 시작되었다.

여전히 이어지고 있는 문제이긴 하지만 2011년도 겨울학기가 한창

---

25 금융 포트폴리오. 내가 구성한 여러 가지 투자 자산 목록을 말한다.

이던 당시에 유럽 국가들의 부채 문제는 최고조에 달해 있었다. 유로존 위기The Eurozone Crisis, 혹은 유럽의 부채 위기European Debt Crisis 등으로 보통 불리던 이 문제는 그리스, 이탈리아, 포르투갈, 스페인 4개 국가의 부채가 감당할 수 없는 수준에 이르면서 뜨거운 감자가 되었다. 국가 부도 위기에 봉착하게 된 것이다. 만약 이런 나라들, 특히 스페인이나 이탈리아와 같은 큰 나라들이 부도를 맞게 된다면 세계 경제에 미치는 여파는 상상만 해도 끔찍한 것이었다.

이 문제를 해결하기 위해 독일의 메르켈Angela Merkel 총리, 미국의 오바마Barack Obama 대통령, 미국 연방준비제도이사회Federal Reserve Board의 버냉키Ben Bernanke 의장, 유럽 중앙은행ECB, European Central Bank의 드라기Mario Draghi 총재 등 세계 경제를 좌지우지하는 굵직굵직한 인물들이 수시로 한자리에 모여 해결책을 의논하고는 했는데, 이들이 내놓는 해결책과 제도의 합리성과 효율성에 따라 주식 시장이 큰 폭으로 움직이고는 했다. 또한 불안한 투자자들의 심리는 이 부채 위기가 어떻게 진행되고 있는지에 대한 각종 실시간 뉴스에도 마치 갓난아기 기분 바뀌듯 하루에도 몇 번씩 변했다.

여러 기사들을 통해 대충 이런 흐름을 파악한 후에는 계속 똑같은 투자방식을 반복했다. 아침 8시경 학교에 도착해 학생 회관에 쌓여있는 뉴욕 타임즈 신문을 한 부 집어 들고 수업 중간중간에 최대한 읽었다. 공강 시간이 한 시간 이상 비어 있을 때는 도서관의 컴퓨터실로 발걸음을 옮겨 야후 파이낸스(finance.yahoo.com)나 구글 파이낸스(finance.google.com) 같은 웹사이트를 통해 실시간 경제 기사를 읽었다. 이렇게

3시까지 반복한 후 기사들이 긍정적이면 은행 주식들을 매수하거나 포지션을 유지했고 부정적이면 매도하거나 투자를 중지했다.

초심자의 행운이라는 말이 괜히 있는 게 아니었을까, 경제의 방향을 10번 예측하면 7번이 맞아 들어갔다. 특히 두 번의 큰 사건을 통해 무려 25%가 넘는 수익률을 올렸다. 그중 하나의 사건은 이탈리아 국채의 이자율에서 비롯되었는데, 간단하게 설명하자면 이렇다. 투자자들이 채권에 투자하게 되면 미리 책정된 이자율에 따라 채권이 만기가 될 때까지 반년에 한 번씩 꾸준하게 이자를 받고 만기 시 원금을 돌려받게 되는데, 당시 이탈리아 10년짜리 채권의 이자율이 역대 최초로 7% 벽을 돌파할 위기에 처해있었다. 이자율이 높다는 것은 그만큼 해당 채권이 부도의 위험에 크게 노출되어 있다는 것을 의미한다. 이탈리아 채권 이자율이 7%를 넘기려 한다는 말에는 큰 의미가 있었다. 부채 상황이 너무 좋지 않아 국채 이자율이 계속해서 상승하던 이탈리아지만 7%는 너무 위험한 수준이라는 무언의 동의가 금융 시장에 있었기 때문에, 이는 심리적인 마지노선으로 작용하던 숫자였다. 투자자들이 이탈리아를 바라보는 시각이 그만큼 부정적이라는 의미였다.

이 기사를 처음 접했을 때 이런 생각을 했다. '이거 7% 이상 올라가면 주식 시장이 난리가 나겠구나. 반대로 7%를 넘지 않으면 시장이 별로 요동칠 일은 없겠고. 그러면 주가가 오르기보다 내릴 때 위험이 훨씬 크다는 말이 아닌가. 여기에 베팅을 해야겠군.'

주가가 내려가는 것에 배팅을 하는 것은 공매Short Selling[26]라는 방법을 통해 가능했다. 내가 평소에 사고팔던 은행 주식 7개를 일정한 비율로 모두 공매했다. 그리고 3일 뒤에 이탈리아 10년 국채의 이자율이 최초로 7%를 넘어섰다. 이는 이탈리아 부도 위기가 역대 최고로 높아졌다는 의미였고, 불안해진 투자자들의 심리는 미국 주식시장의 폭락으로 이어졌다. 특히 은행권의 낙폭이 컸던 덕분에 내 포트폴리오는 같은 날 10% 가까운 수익을 내었다.

투자 대회가 이어진 세 달여 간 은행권들이 전반적으로 약진을 거듭한 것도 나에겐 크나큰 행운이었다. 경제 예측도 잘 맞아 떨어지고 은행권이 주식시장에서 분발해주면서 투자 게임에 참가한 지 한 달 반여 만에 내 포트폴리오의 수익률이 무려 40%를 넘어섰다. 학생들의 실시간 순위를 보여주는 랭킹 차트에는 다른 50여 명의 CFIG 학생들을 제치고 내 아이디가 1위에 올랐다. 참으로 고무적인 성과가 아닐 수 없다. 이력서에 이 사실을 날름 적어 내려갔다.

하루는 CFIG 모임에 게스트가 한 명 찾아왔다. 2미터에 가까운 큰 키에 날렵하면서도 단단해 보이는 몸매의 소유자인 이 러시아 사람은 자신을 알렉시 Alexey Loganchuk라고 소개한 후 약 10분가량 러시아 억양이 들어간 다소 알아듣기 힘든 스피치를 했다. 벤 예는 알렉시의 스피치를 정리해 주었다. 알렉시는 제이피 모건 J. P. Morgan이라는 미국 최대의 투자은행에서 뉴욕, 홍콩, 런던 등 여러 도시를 돌아다니며 주식 파생상품

---

26  나에게 없는 주식을 누군가에게 빌리는 방식으로 파는 방법. 예를 들어 내가 A에게 주식 $2짜리 주식을 10개 빌려서 $20어치($2×10 = $20)를 B에게 팔았다고 가정하자. 만약 이 주식의 가격이 $1로 떨어지게 되면, 나는 A에게 10개의 주식만 돌려주면 되므로 $10어치($1×10 = $10)만 갚으면 되므로 이 과정에서 나머지 $10의 수익을 얻을 수 있다.

Equity Derivatives 트레이더로 수년간 일하다가 최근에 그만두었단다. 자신이 이전부터 구상하고 있던 일을 실행으로 옮기기 위함이다.

알렉시가 구상하고 있는 일이란 유망한 학생 트레이더들을 모아 각종 투자 회사들과 연결해주는 다리 역할을 하는 것이다. 방법은 미국 최상위권 대학교의 금융 투자 동호회에서 활동하고 있는 학생들을 자신의 투자 플랫폼인 업그레이드 캐피탈Upgrade Capital에 초대하여 객관적이고 공신력 있는 투자 대회를 연다. 이를 통하여 학생들의 투자 데이터를 쌓은 후, 좋은 학생 트레이더들을 찾고 있는 투자 회사들의 구미를 당겨 연결을 시켜주는 것이다. 학생들에게도 나쁠 것은 하나도 없었다. 업그레이드 캐피탈을 통하여 투자와 금융, 경제에 대한 각종 지식도 얻고 공신력 있는 플랫폼을 통하여 제대로 된 투자 경험도 쌓을 수 있으니 말이다.

알렉시의 스피치가 모두 정리된 후, 벤 예가 프로젝터에 인베스토피디아에 있는 CFIG 투자 대회의 랭킹 차트를 띄웠다. 알렉시에게 현재 우리가 어떻게 하고 있는지를 보여주기 위함이다. 그리고 그 교실에 있던 모든 사람들의 이목은 45% 가까운 수익률로 1위 자리에 랭크 되어 있는 내 아이디로 몰렸다. 벤 예가 물었다.

"지금 이 중에 저 1위가 있으면 손 들어볼래?"

순간 고민이 되었다. 내가 완벽한 실력으로 저 성적을 낸 것이 아니라 운이 많이 작용했지 않은가. 그 짧은 순간에 오만 가지 생각이 들었지만, 결국 손을 들었다. 운이든 뭐든 내가 열심히 하고 낸 성과니까 부끄러워할 필요는 없다는 결론이었다. 순식간에 이목이 나에게 집중

되었고 주변에서 웅성웅성하는 소리가 들렸다. 옆에서 CFIG의 주요 스태프 중 하나가 은행 주식들에 투자했냐며 예리한 질문을 던졌다. 그렇다고 대답하니 살짝 경시하는 눈치다. 이 친구는 2위에 있었는데 살짝 자존심이 상한 듯한 분위기였다. 그도 그럴 것이, 벤 예와 더불어 CFIG의 공동 대표나 마찬가지인 이 친구는 세계 최고의 투자은행 중 하나인 골드만삭스Goldman Sachs의 증권 부서에서 이미 인턴을 거쳤을 정도로 금융 투자에 대해 빠삭하고 경험도 많았다. 비공식적인 투자 대회지만 자신의 위에 누군가가 있다는 것이 별로 달갑지는 않았을 것이다.

벤 예가 내 트레이드 목록을 봐도 되겠느냐고 물었고, 나는 그러라고 했다. 은행권 주식들만 가지고 매도와 매수를 계속 반복했기에 별로 놀라울 것은 없을 거라고 생각했는데 오히려 그것에 더 놀란 눈치였다. 그는 나에게 어떤 기준으로 투자를 했느냐고 물었는데 나는 떨려서 어물어물했고 상황은 종료되었다. 벤 예가 이번 모임을 마무리 지었다.

"이 친구처럼 다들 열심히 참여해주길 바라."

주섬주섬 짐을 싸고 집에 가려는데 알렉시는 나에게 성큼성큼 걸어왔다. 그리고 나에게 말을 걸었다.

"반갑습니다. 아까도 소개했지만 알렉시라고 합니다. 당신은 투자 경력이 어떻게 되나요? 어떤 식으로 훈련 받았습니까?"

"아, 전 사실 처음 해보는 거예요."

"그런데 저런 고수익을 낼 수 있는 전략이 무엇이었습니까?"

"그냥 경제 기사를 많이 읽고 큰 그림을 보려고 노력했어요. 은행권 주식들이 베타[27]가 높으니 흐름만 잘 타면 고수익을 낼 수 있겠다고 생각을 했지요. 운이 많이 따랐어요. 잘못했으면 크게 잃을 수도 있는 전략이었죠."

사실 처음에 아무것도 몰라서 그저 그 당시 최선을 다해 은행권 주식에 무작정 모두 넣었던 것이었다. 나름 깊은 생각과 치밀한 전략을 통해 은행권 주식을 선택한 것으로 포장하며 베타라는 용어까지 섞어 유식해 보이려 노력했다. 그래도 대답이 나름 그럴싸해 보였다.

"투자가 처음이라는 걸 고려해봤을 때 전략도 괜찮고 결과도 놀라운데요. 제가 지금 찾고 있는 사람이 당신같이 가능성을 가지고 있는 학생들이거든요. 언제 시간 되면 밥 한번 같이 먹을 수 있을까요? 제가 사겠습니다."

오호. 공짜 밥인가! 불쌍한 나의 청춘은 '밥' 이야기에 더 꽂혔다. 4년 가까이 되는 시간 동안 1년 365일 중 300일이 넘게 매끼 똑같은 밥을 먹는 나에게 맨해튼 한복판에 있는 레스토랑에서 공짜 밥을 먹을 기회가 생겼을 때의 기쁨은 이등병이 100일 휴가를 나와서 오랜만에 여자친구와 만남의 장소로 걸어갈 때의 기쁨에 견줘도 모자라지 않았다.

"주말엔 수업이 없어서 아무 때나 괜찮기는 한데요, 알렉시 님은 시

---

[27] 금융에서 '베타(β)'란 특정 주식과 종합주가지수가 얼마만큼 밀접한 관계를 지녔냐를 설명하는 숫자이다. 예를 들어, 일정 기간 동안 종합주가지수가 1%가 올라갔는데 A 주식이 2%가 올랐다면 A 주식의 베타는 2가 된다. 반대로 -2%가 되었으면 베타는 -2가 되는 것이다. 베타가 큰 주식에 투자를 할수록 기대 수익은 높지만 반대로 위험성이 커지게 된다.

간이 어떠세요?"

"저도 이번 주 토요일에 시간이 괜찮을 것 같네요. 연락 주세요."

알렉시가 자신의 전화번호와 이메일이 적인 명함을 한 장 내밀었다.

토요일 오후, 맨해튼의 한 레스토랑에서 알렉시를 만났다. 인사를 하고 자리에 앉아 메뉴판을 열었다. 적당히 $10 내외의 음식들을 훑어보고 있는데 수프에서부터 애피타이저, 식사, 차까지 코스로 나오는 메뉴가 좋다며 추천을 한다.

주문을 마치고 본격적인 대화가 시작되었다. 초반에는 서로에 대한 개인적인 이야기들이 대화의 주를 이뤘다. 알렉시는 뉴욕대학교를 졸업한 이야기와 제이피 모건에서 트레이더로 활동하던 당시의 경험, 그리고 업그레이드 캐피탈을 하게 된 이유에 대한 얘기를 많이 들려주었다. 당시 금융을 막 시작하던 나에게 제이피 모건 트레이더라고 하면 거의 신적인 존재였고, 회사에 관계된 알렉시의 이야기들은 마치 다른 세상의 이야기를 듣는 것 같이 흥미로우면서도 나에게 큰 동기와 자극이 되었다.

내 이야기를 듣고 있던 알렉시도 지금껏 만난 수많은 사람들 중에서도 내가 매우 특이한 이력을 가지고 있는 것 같다며 놀랍고 흥미로워했다. 특히 서로 동갑이라는 것을 알고부터는 조금 더 편하게 대화가 진행되었다.

수프와 애피타이저를 거쳐 주요리가 나올 때쯤 우리의 본격적인 대화도 시작되었다. 알렉시가 말했다.

"내년 3월 즈음 업그레이드 캐피탈의 첫 번째 투자 대회가 시작될 거야. 일단 하버드, 컬럼비아, 뉴욕대, 다트머스 등 10여 개의 학교에 80~90여 명의 규모로 시작해서 학교와 참여하는 학생의 수를 계속 늘려갈 계획이야. 내가 너를 오늘 저녁 식사에 초대한 이유는 이 과정에서 너에게 작은 도움을 요청하기 위해서야. 뉴욕에 있는 학생들 중 약 몇 명을 추려서 작은 위원회를 구성할 예정인데, 주로 하는 일은 가끔 모여서, 혹은 전화 회의Conference Call을 통해 투자 대회 활성화, 시스템 및 투자 플랫폼의 향상 등 업그레이드 캐피탈을 발전시킬 수 있는 방향을 모색하고 토론하는 거야. 네가 여기에 도움을 줬으면 싶은데. 어때?"

괜찮은 제안이다. 전직 제이피 모건 트레이더인 알렉시와 친밀한 관계를 유지하면 금융이나 취업에 관해 도움도 많이 받을 수 있을 것이고, 이력서의 'Activities(활동)' 란에 써넣기도 더할 나위 없이 좋아 보였다. 다른 위원회 학생들과 일하다 보면 친구도 만들고 영어 연습도 자연스럽게 할 수 있게 될 것이다. 나에겐 일석오조 그 이상의 값진 제안이었다.

"정말 괜찮은 아이디어인데! 나한테 이런 제안을 해줘서 정말 고마워. 하고 싶은 의향은 있는데, 네가 보다시피 내가 아직 영어로 의사소통이 100% 원활한 게 아닌데다가, 저번에도 말했지만 내가 투자 경험이 거의 없어. 금융권 취업 준비도 이제 막 시작한 단계고. 내가 이렇게 완전히 초짜인데 내가 너를 돕는 일을 할 수 있을지 모르겠네."

욕심 부려서 괜히 역할 하나 맡았다가 실망만 시키게 되는 결과가 될까 봐 걱정이 되었다.

알렉시와 멤버들이 화상회의 중

"하하! 부담 가질 필요는 없어. 내가 너희를 고용하는 것이 아니라 부탁하는 입장인걸. 난 단지 업그레이드 캐피탈에 대한 학생들의 솔직한 의견을 듣고 싶을 뿐이야. 급여를 받는 일은 아니지만 모임이 있을 때마다 내가 식사 대접은 반드시 할게."

"좋아. 그러면 나도 책임감을 가지고 최대한 노력할게."

추후 미국 취업에 커다란 역할을 했던 알렉시와 업그레이드 캐피탈과의 인연은 이렇게 시작되었다.

### 닥치고 참여한 채용 설명회

유명한 명문대학교에 다니는 가장 큰 이점을 하나 꼽으라면 역시 '기회'가 아닐까 싶다. 명문대학교의 입학 사정관들이 학생들을 선별해내는 능력과 학교가 오랜 기간 체계적으로 쌓아온 양질의 교육 시스템을 통해 4년에 걸쳐 이들을 '학식 있는' 인물로 훈련하는 능력을 굳게 믿는 수많은 세계 유수의 회사들이 제 발로 학교를 찾아와 눈에 불을 켜고 인재발굴을 위해 힘쓴다. 이 과정에서 명문대 학생들에게 자동으로 주어지는 수많은 기회는 평범한 학교의 학생들과 이들의 출발선을 다르게 만들어 준다. 100m 달리기를 하는데 50m 앞에서 시작하게 만들어주는 것이다. 양질의 교육, 뛰어난 교수진, 인맥 등 명문대를 다님으로써 생기는 이점이 여러 가지가 있지만 1년에도 수천만 원이 넘는 학비를 괜찮은 투자로 만들어주는 진정한 이점은 바로 이 '기회'이다.

뒤늦게 편입한 나에게도 이런 기회들은 똑같이 주어졌다. 그리고 이 기회들을 최대한 놓치지 않고 다른 학생들에 비해 두 배, 세 배 활용하는 것만이 늦깎이 편입생으로서 내가 살 수 있는 방법이었다.

학교의 커리어 센터인 CCE<sub>Center for Career Education</sub>에서는 'This week at CCE'라는 메일을 일주일에 한 번씩 학생들에게 보내는데, 여기엔 어느 회사가 학교에 방문하고 어떤 이벤트가 예정되어 있는지를 한눈에 보여주는 2주간의 스케줄표가 있었다. 여기에서 금융과 관련된 모든 이벤트에 무슨 수를 써서라도 빠짐없이 참석하려 노력했다.

가장 처음 참석했던 이벤트는 영국계 투자은행인 바클레이즈<sub>Barclays Investment Bank</sub> 건이었다. CCE 메일로 알게된 바클레이즈 채용 설명회는 그날 저녁 7시에 잡혀있었다. 바클레이즈가 정확히 어떤 회사인지는 잘 몰랐지만 금융 회사인 것은 얼핏 들은 적이 있었기에 여기에 참석해 봐야겠다는 생각이 들었다. 작은 정보라도 하나 얻어보자는 심산이었다.

약 20분가량 일찍 설명회가 열리는 교수 회관<sub>Faculty House</sub>에 도착했는데 차마 안으로 들어갈 수가 없었다. 내부에 사람이 바글바글했는데 모든 사람이 정장 차림으로 있었기 때문이다. 나는 청바지에 운동화, 그리고 카키색 야상 점퍼에 책가방 차림이었다. 잠시 밖에서 서성이며 고민하다가 '에이 모르겠다' 하는 심정으로 안으로 들어갔다. 다행스럽게도 정장 차림이 설명회에 참석하기 위한 절대 조건이 아닌 듯했다. 회사 관계자 한 명이 활짝 웃는 모습으로 인사를 건넨 후 예약했는지를 물었다. 아니라고 대답하자 종이 한 장과 비어있는 이름표를 가리키며 "종이에 이름과 학교 이메일을 적으면 앞으로 회사에서 제공하는 각종 정보를 받아볼 수 있어요. 이름표에 이름을 적고 가슴에 달아 놓으면 우리 직원들이 당신을 알아보기 수월할 겁니다."라고 설명해주었다. 얼떨결에 시키는 대로 하고 주위를 둘러보았다.

인상 깊은 광경이 내 눈앞에 펼쳐지고 있었다. 미국 영화나 드라마에서 많이 보던 파티가 벌어지는 것과 같은 분위기였다. 모든 사람들이 손에 음료나 간단한 다과 접시를 들고 삼삼오오 그룹을 지어 서서 담소를 나누고 있었다. 음식과 음료는 널찍한 설명회장의 한쪽에 뷔페식으로 가지런히 차려져 있었다. 그룹들이 어떻게 나누어져 있는지 찬찬히 살펴보았다. 회사의 각 부서에서 대표로 나온 직원들이 한두 명씩 각각의 구간을 차지하고 서 있고 학생들이 관심이 있는 부서의 관계자들에게 가서 이런저런 질문도 하고 회사와 금융계에 대한 조언 및 비결도 전수받으며 즐겁게 대화하고 있었다. 멀뚱멀뚱 서 있을 수만은 없었기에 나도 한 그룹에 참여하기로 했다. 시선을 끌지 않기 위해 가장 사람이 많은 한 그룹의 가에 자리를 잡고 학생들과 회사 직원들의 이야기에 귀를 기울이기 시작했다.

가만히 듣고 있다 보니 겉으로 보이는 웃고 떠드는 분위기가 다가 아니었다. 학생들이 표정은 웃고 있지만 사실 속으로는 어떻게든 직원들의 눈에 자신의 얼굴과 이름을 각인시키기 위해서 서로 치열한 경쟁을 하는 듯했다. 이런 자리에서 먼저 눈도장을 찍어 놓으면 아무래도 정식으로 채용이 진행될 때 도움이 많이 되겠지. 학생들은 세계에서 손꼽히는 투자은행 중 하나인 바클레이즈 직원들에게 한마디라도 더 걸기 위해, 유식하게 들리는 질문을 하나 더 하기 위해, 자신의 금융 지식을 조금이라도 더 드러내어 보이기 위해 총성 없는 전쟁을 계속 하고 있었다.

이 생소한 분위기에 어느 정도 익숙해질 무렵, 본격적인 회사의 소개가 곧 시작될 것이라는 안내 음성이 마이크를 통해 장내에 울려 퍼졌다. 곧 회사 관계자들이 한자리에 모였고 그 앞쪽으로 학생들이 집결했다.

자신을 경영책임자Managing Director라고 밝힌 한 세련된 중년 여성이 마이크를 붙잡고 회사에 대해 간단한 소개를 하며 본격적인 설명회가 시작되었다. 그리고 IBInvestment Banking, 세일즈 앤 트레이딩Sales & Trading 등 회사의 세부 부서들에 대한 설명이 있은 후, 지난 여름방학 때 인턴을 거쳐 회사로부터 정직원 제안을 받은 학생들에 대한 소개가 이어졌다. 그 학생들 중에는 현재 4학년인 벤 예도 포함이 되어 있었다. 저번에 CFIG 미팅에서 프레젠테이션 할 때 무척 전문적이어서 뭔가 달라 보였는데, 벌써 이런 거대한 투자은행의 정직원이구나.

학생들에게 마이크가 넘겨졌고, 이들은 돌아가면서 한마디씩 왜 자신들이 다른 투자은행들을 제치고 바클레이즈를 선택했는지, 지난여름 10주간 이 회사에서 보낸 시간이 얼마나 즐거웠는지에 대한 소감을 쏟아내었다. 상투적이고 뻔한 자기 회사 홍보였지만 나는 그것마저도 부러웠다.

설명회가 끝나고 집에 돌아오는데 벤 예를 포함해 여름 인턴을 끝내고 정직원 제안을 받았다는 그 학생들의 모습이 눈에 아른거렸다. 부러우면 지는 거라고 했는데, 그러면 난 그야말로 완패였다. 넘을 수 없는 벽이 그들과 나 사이에 있었다. 살리에리가 모차르트를 바라볼 때 이런 심정이었을까. 주유가 제갈량을 대할 때 이런 느낌이었을까. 나는 어떻게 하면 저들처럼 될 수 있을까. 회사의 일원으로서 그 학생들 틈에 당당히 서서 마이크를 들고 회사 홍보 멘트를 날리는 내 모습을 끊임없이 상상했다.

며칠 뒤에는 모건스탠리Morgan Stanley 홍콩의 채용 설명회가 있었다. 모건스탠리는 자타가 공인하는 명실상부 세계 최고의 투자은행 중 하나다. 일전에 바클레이즈 채용 설명회에는 복장 불량에 내내 입 한번 뻥끗해보지 못하고 돌아왔지만 이번엔 좀 달라야 했다. 단 한마디라도 모건스탠리의 직원들에게 말을 걸어 보리라 하는 굳은 다짐과 함께 그동안 뉴욕타임스의 딜북Dealbook에서 모건스탠리 관련 기사를 몇 개 읽은 후 나름대로 질문도 준비했다.

비록 후줄근한 정장과 구두, 넥타이지만 최대한 잘 차려입고 아침에 집을 나섰다. 군에 복무 당시 발바닥에 난 거대한 티눈 때문에 발바닥이 너무 아팠다. 수년간 계속된 만성 과로에 목과 어깨 통증으로 그날은 온종일 심한 뻐근함에 시달려야 했다. 버텨줄 수 있을지 걱정되었다. 하지만 이런 것들로 설명회에서 더는 손해를 보고 싶지 않았다. 점점 설명회에 더 신경이 쓰였다.

발 아프게 쫓아간 모건스탠리 건물

이번에 설명회를 하는 팀은 모건스탠리의 홍콩 IB팀이었다. 매년 9~11월에 비행기를 타고 미국으로 건너와 자신들의 타겟 스쿨 투어를 감행한다. 모건스탠리뿐만 아니라 다른 거대 투자은행의 홍콩팀들도 역시 마찬가지. 6월에 시작할 인턴들을 고용하기 위한 미국 월스트리트의 채용이 보통 그 해 1~3월 사이, 즉 봄학기에 이루어지는 반면 홍콩 쪽은 전년도 9~12월 사이인 가을학기에 미리 채용이 이루어지기 때문에 회사 관계자들이 일찌감치 타겟 스쿨 투어를 진행하고 마음에 드는 학생들을 한 발 먼저 채용하기 위해 노력한다. 좋은 인재를 발굴하는데 이렇게 아낌없이 투자한다는 사실이 놀라웠다. 물질적인 투자야 뭐 워낙 돈이 많은 회사들이니 그러려니 하겠는데, 일주일에 100시간은 거의 기본이라고 할 정도로 전 세계에서 가장 바쁘고 가장 많은 시간을 일하는 것으로 유명한 아이뱅커Investment Banker들이 몇 주나 되는 시간을 인재 채용에만 투자한다는 것은 그만큼 사람을 뽑는데 회사들이 얼마나 열심인지 보여주는 확실한 증거이다.

이건 홍콩팀의 설명회였기 때문에 미국 학생들보다는 아시아 학생들의 참석 비율이 매우 높았다. 본격적인 설명회가 시작하기 직전에 한 동양인 학생이 문을 열고 들어와 모건스탠리의 관계자 개개인과 인사를 나누기 시작했다. 그런데 이 사람, 어쩐지 낯이 많이 익다.

어디서 봤을까 곰곰이 생각해보니 지난 학기에 거시 경제학 수업을 같이 들었던 사람이다. 이야기는 나누어 본 적이 없지만 한국말 하는 것을 들었던 기억이 있다. 지난 여름방학 동안 모건스탠리에서 인턴을 하고 정직원이 되었구나! 수업시간에 봤을 때는 그냥 여러 명의 학생들 중 한 명일 뿐 별로 눈에 띄지 않았는데, 말끔하게 정장을 차려입고 모건스탠리 IB의 일원으로 서 있으니 나와 다른 세계에 사는 사람 같은 느낌이다. 역시 위치가 사람의 이미지를 만드나 보다.

아시아계 미국인으로 보이는, 모델같이 훤칠한 외모를 지닌 한 VP<sub>Vice President</sub>가 나긋나긋한 톤으로 프레젠테이션을 시작했다. 그의 입을 통해 회사와 본인들의 부서인 IB에 대한 간단한 소개가 흘러나왔다. 그리고 곧이어 이어진 자유 대화 시간. 이전 바클레이즈 설명회에서처럼 모건스탠리의 직원들이 각각 구역을 나눠 한 명씩 서고 학생들이 우르르 그들에게 달려들었다. 나는 프레젠테이션을 했던 VP에게로 가서 섰다. 자신의 주변을 둘러싼 학생들과 일일이 악수를 하며 통성명을 하던 그 VP는 내가 다가가자 나에게도 손을 내밀었다. 인사가 끝나고 자기소개가 시작되었다. VP는 본인의 직책과 회사에서 맡은 업무를 간단하게 설명해주었고, 학생들은 학년, 전공, 관심 있는 분야를 간단하게 소개했다.

"여러분들은 지난여름에 무엇을 했나요?"

VP가 이어서 물었고 학생들은 기다렸다는 듯이 자신의 인턴십 무용담을 VP에게 늘어놓기 시작했다. 저번에 봤던 것처럼 회사 관계자에게 조금이라도 눈도장이 찍히기 위한 충성 없는 전쟁이 은근하게 시작된 것이다. 어쨌든 다들 자신의 여름방학에 대해 할 말이 많은 눈치였다. 단, 나만 빼고 말이다.

VP가 나에게 여름방학 동안 무엇을 했느냐 물었다.

"아, 저는 이번 방학에 인턴을 하지 않았어요. 그대신 혼자 IB, LBO, DCF 등을 공부했어요."

그동안 들은 금융 용어들은 죄다 끌어들여 들먹여가며 자습을 했다고 대답했다. 일단 인턴을 하지 않았다는 사실만으로도 나는 낙오자나 다름 없었지만, 마냥 놀았다고는 할 수 없었기에 최대한 짜낸 대답이었다. 하지만 내 대답을 듣는 순간 다른 학생들의 눈빛이 한 명 정도는 제쳤다고 안도하는 듯했다. VP는 형식적인 웃음을 만면에 지으며 "오, 잘했군요!"라는 영혼 없는 리액션을 취해 주었다. 이후 학생들과 VP 간의 질의응답이 이어졌는데 나는 감히 낄 수가 없었다. 대화의 주제를 하나도 알아들을 수가 없었기 때문이다. 그래도 괜찮다. 내가 오늘 목표한 '한마디라도 걸어보기'는 성공을 했기 때문이다.

똑같은 패턴으로 세 명을 더 거치며 여기저기 둘러보고 있는데 거시 경제학을 같이 들었던 한국 학생이 혼자 있는 것이 눈에 들어왔다. 바로 접근했다.

"안녕하세요! 저번 학기에 거시 경제학 수업 같이 들었었는데 혹시 기억하시나요?"

"아, 안녕하세요. 누군지 알겠네요. 반갑습니다. 저는 홍정환이에요."

"모건스탠리 홍콩에서 아이뱅커시라니, 대단하시네요. 저는 저번 학기에 컬럼비아에 처음 편입해서 지금이 고작 두 번째 학기거든요. 금융계에 취업 전쟁이 이렇게 살벌한지도 처음 알았어요. 졸업 후에는 저도 꼭 금융권에서 근무하고 싶은데, 아직 아무것도 몰라서 막막하네요. 혹시 실례가 안 된다면 어떻게 금융권 취업 준비를 하셨는지 이야기해 주실 수 있나요?"

"일단 인턴 경험이 매우 중요해요. 모건스탠리에 입사하기 전에 저는 두 회사에서 인턴을 했어요. 첫 번째는 비영리 단체였고 작년에는 삼성이었는데, 둘 다 금융과 밀접한 관련이 있는 인턴은 아니었어요. 하지만 기업에서 실무를 경험한다는 면에서는 도움이 많이 되었죠."

굳이 금융권이 아니더라도 인턴 경험은 무조건 도움이 되는구나!

"그러면 취업에 필요한 공부는 어떻게 하신 거예요?"

"기본 회계는 학교에서 수업을 들으면서 공부했고요, 나머지 IB에 대한 기본 지식은 벌트 가이드 Vault Guide와 같은 자료를 통해서 따로 공부했어요. 기업 금융이 저희가 하는 일과 직접 연관이 되는 수업이라 들으면 좋은데, 저는 그 수업을 모건스탠리 인턴이 끝나고 들었네요."

"혼자 따로 공부하는 것만으로도 면접에 필요한 지식을 충분히 쌓을 수 있나요?"

"회사에서는 인턴 면접 시 학생들이 일에 필요한 전문적인 지식을 다 알고 있을 거라고 기대하지 않아요. 그 대신 학생들이 우리 회사, 우리가 하는 일과 잘 맞을지에 대한 질문을 더 중요하게 여기죠. 열심히 배우고 능동적으로 최선을 다해 일할 자세만 잘 잡혀 있으면 돼요. 일은 가르치면 되거든요."

그럼 나같이 뒤늦게 시작한 사람도 열심히 하기만 하면 가능성이 있다는 얘기구나.

이력서에 대한 조언과 면접에 대해서 조금 더 물어보려는데 갑자기 서너 명의 학생이 동시에 그에게 몰렸다. 나중에 시간 되면 커피 한 잔 같이 할 수 있겠냐고 물으니 흔쾌히 언제든지 연락을 달라며 이메일 주소를 나에게 적어주었다. 나보다 나이는 분명 4~5살 적을 텐데 벌써 저렇게 누군가를 도와줄 수 있는 위치에 있다는 게 부러웠다.

며칠 뒤에는 크레딧 스위스Credit Suisse라는 스위스계 대형 투자은행 뉴욕 지사의 채용 설명회가 있었다. 이곳에서는 정보를 얻고 회사의 실무자들과 대화를 하는 것 이외에 두 가지 큰 소득이 있었다.

첫 번째 소득은 가비 유 씨를 만난 것이다. 아이뱅커 중 한 명으로 시종일관 웃는 얼굴로 학생들의 질문에 답변을 해주고 있었는데, 왠지 모르게 다소 친근한 느낌이었다. 뱅커의 주변을 둘러싸고 있는 학생이 적당히 줄어들 때 즈음 다가가 악수를 청하며 말을 걸었다. 아르헨티나에서 왔는데 어머니가 한국 분이란다. 역시, 친근한 느낌이 괜히 드는 게 아니었다. 내가 한국인이라고 말하자 역시나 반기는 눈치다.

본명은 가브리엘. 가비는 아르헨티나에서 최고의 대학을 졸업했지만 취업 운이 좋지 않아 처음엔 작은 리서치 회사에서 근무했었다고 한다. 그러다가 우연한 기회에 크레딧 스위스의 아르헨티나 지사로 이직을 했고 약 3년간 근무하다가 뉴욕 지사로 옮긴 지는 1년이 되어 간다고 했다. 근무는 뉴욕에서 하지만 스페인어가 모국어인지라 주로 남미의 회사들을 대상으로 일한다고 했다.

고작 10분가량의 대화를 나눴을 뿐이지만 참 괜찮은 사람이라는 생각이 들었다. 세계적으로 손꼽히는 투자은행에서 연 수억 원에 이르는 연봉과 보너스를 받는 사람이 겸손하기까지 하니 말이다.

대화가 한창이던 중 채용 설명회가 곧 끝난다는 안내 방송이 장내에 울려 퍼졌다. 개인적인 대화가 많아서 금융과 취업에 관련된 질문을 거의 못 한데다가 대화 자체도 재미있었던 터라 무언가 아쉬움이 남았다. 아직 월스트리트 취업과 투자은행들에 대해 궁금한 것도 많고 해서 나중에 한번 만날 수 있겠냐고 물어보니 명함을 한 장 건네며 메일을 보내주면 시간을 내 보겠다고 했다. 투자금융 뱅커들이 워낙 바빠 평일 주말 할 것 없이 일하는 사람들이기에 명함을 건네받고 메일을 보내도 답장이 없는 경우가 허다하다. 그러나 가비의 말은 빈말이 아니었다. 나중에 약 세 번 정도 만나 취업에 유익한 꿀 같은 정보와 조언을 들을 수 있었다.

### 맨땅에 헤딩한 투자금융대회

크레딧 스위스의 두 번째 이득은 회사에서 주최하는 투자금융대회 Investment Banking Case Competition에 대한 정보를 얻은 것이다

대부분의 대형 투자은행들이 매해, 혹은 학기마다 업무에 관련된 각종 대회들을 주최하여 학생들이 간접적으로 실무를 경험하고 또한 은행들도 뛰어난 학생들을 미리 선별할 기회로 삼는데, 크레딧 스위스가 올해 처음으로 이런 대회를 주최한다는 것이다. 이건 죽이 되든 밥이 되든 반드시 참여해야겠다는 생각이 들었다.

여전히 면접은 하나도 들어오고 있지 않지만 금융 시장을 알기 위한 노력은 끊임없이 이어갔다. 이번 학기가 시작한 이후로 약 두 달여간 수많은 금융 관련 채용 설명회에 빠짐없이 참석했고, CFIG의 주식투자대회에 참여하며 많은 양은 아니지만 매일같이 뉴욕 타임즈나 월스트리트 저널을 읽고 좋은 회사를 찾는 작업을 나름 틈틈이 했으며, 따로 IB에 관한 공부를 차근차근 하다 보니 금융 시장이 어떻게 돌아가는지에 대한 감이 조금씩 오는 것이 느껴졌다. 이런 상황에 크레딧 스위스의 투자 금융 대회는 여태껏 수집한 지식을 실무에 조금이나마 적용해 볼 수 있는 아주 좋은 기회였다.

하지만 문제가 하나 있었다. 현재 3학년에 재학 중인 학생 세 명이 팀을 이뤄 대회에 참여하는 것이 원칙이었던 것. 이전에도 언급했듯이 월스트리트 투자은행들은 대부분 신입사원을 3학년 인턴을 통해 뽑기 때문에 4학년들은 이미 어느 정도 월스트리트 취업 문에서 멀어졌

다고 판단을 하는 경향이 있다. 앞으로 회사의 인재가 될 수 있는 학생들을 미리 선별하는 것도 투자 금융 대회의 목적 중 하나기 때문에 3학년 학생들에게만 참가 자격을 주는 것이다.

그런데 나는 학교에 아는 사람도 많이 없을뿐더러 3학년 중 투자 금융 업무에 관심이 있는 친구는 단 한 명도 없었다. 어쩔 수 없이 대회 등록일 일주일 전까지 채용 설명회나 수업에서 만난 모르는 사람들을 상대로 함께 팀을 이뤄 해보자는 제안을 스무 번도 넘게 했지만 '이미 팀이 있다'거나 '바쁘다'거나 '투자 금융에 흥미가 없다'와 같은 이유로 번번이 거절당했다. 이러다가 팀을 못 짜서 대회에 참가를 못 할 지경에 이르렀다.

그냥 포기를 할 수는 없었다. 머릿속으로 이런저런 방법을 구상하다 결국 생각이 다다른 곳은 제임스와 미샤였다. 어차피 내 목적은 대회에 나가서 이기는 것이 아니라 이를 통해 실무 경험을 조금이라도 쌓고 금융 시장에 대한 이해도를 높이는 것이었기 때문에 출전 등록 후 회사로부터 케이스만 받아볼 수 있어도 만족이었다. 바로 제임스와 미샤에게 전화를 걸어 상황을 설명했다.

본인들에게 해가 될 것이 전혀 없는 제안이기에 둘 다 흔쾌히 받아들였다. 등록을 위해선 크레딧 스위스의 인사 담당관에게 팀 이름과 멤버들의 이력서를 보내야 했다. 팀 이름은 희중, 제임스, 미샤의 앞글자를 따서 HJM 이라고 대충 짓고 이력서를 모아 인사과에 메일을 보냈다.

크레딧 스위스의 이벤트에 관심을 가져줘서 고맙다는 문구와 함께

PDF 파일로 된 케이스가 메일에 첨부되어 있었다. 흥분되는 마음으로 파일을 열었다. 열두 쪽의 케이스 파일에는 가상의 인수합병 상황에 대한 내용을 담고 있었다. 패션계의 거인인 코치Coach, 피피알PPR, 루이비통Louis Vuitton 세 회사가 서로 다른 조건을 내걸며 폴로Polo Ralph Lauren를 인수하려 한다는 내용인데, 학생들은 인수를 당하는 측의 입장이 되어 세 회사 중 어느 회사에 폴로를 팔아야 좋을지에 대한 안을 제시하는 것이 케이스의 목표였다. 시간은 3주가 주어졌다. 3주 안에 A4 용지 한 장 분량으로 안을 요약해 인사팀으로 보내면 실제 크레딧 스위스의 뱅커들이 결승전에 진출할 팀들을 뽑는다. 선발된 팀들은 크레딧 스위스의 뉴욕 지사에서 실제 뱅커들을 앞에 두고 프레젠테이션을 할 기회가 주어진다. 우승한 팀에 한해 소정의 상금과 함께 다음 학기 초에 진행될 채용 과정에서 1차 면접이 자동으로 주어지게 된다.

일단 가장 먼저 해야 하는 일은 엑셀을 이용하여 기업들의 가치를 평가하는 일이었다. 가치평가 방법도 세 가지로 정해주었다. 다행히도 가장 보편적인 DCF(현금흐름 할인법)Discounted Cash Flow와 CCA(비교 분석법)Comparable Company Analysis, 그리고 PTA(이전거래 분석법)Precedent Transactions Analysis였다. DCF는 회사의 재무제표를 통해 직접 회사의 가치를 계산, CCA는 비슷한 성격의 회사들과 비교하여 가치를 평가하는 방법이며, PTA는 유사한 과거의 인수합병 거래들을 통해 판단하는 법이다.

물론 어떻게 해야 맞는 건지는 알 수 없었다. 제임스와 미샤는 유령 멤버들이기 때문에 도와줄 사람도 하나 없었다. 맨땅에 헤딩하듯이 그냥 시작하는 수밖에. 세 가지의 자료를 참고하여 준비에 착수했다. 금융 취업의 바이블처럼 여겨지는 벌트 가이드Vault Guide의 투자금융 편, 두 명의 하버드 출신 아이뱅커들이 쓴 투자금융책 한 권, 그리고 원하는 정보는 뭐든지 찾아주는 구글이다. 투자금융책은 기업의 가치 평가 과정을 매우 자세하게 묘사하고 있었지만 분량이 너무 방대해 참고하기는 무리가 있었다. 이 책에서는 엑셀표의 디자인 정도만 참고하는 것으로 하고 간략하고 쉽게 설명된 벌트 가이드를 주로 이용하기로 했다. 모르는 용어는 구글로 해결했다.

쉽지 않은 작업이었다. 가뜩이나 아는 것도 하나도 없는데 세 명이 팀을 이뤄 해야 하는 분량을 혼자서 하려니 머리가 터져버릴 지경이었다. 집에 있는 노트북의 모니터로는 작아서 학교 도서관 컴퓨터에 앉아 27인치는 되어 보이는 모니터에 엑셀 창과 벌트 가이드, 구글을 분리해 띄워놓고 3주 내내 매일 5~6시간씩을 케이스에 매달렸다. 학교 수업도 5개를 듣고 있었기 때문에 잠 잘 시간은 자연스럽게 줄어들었다. 도서관 문이 닫힐 때까지 컴퓨터실에 죽치고 앉아있다가 밤늦게 집에 도착해 밀린 숙제를 마치고 나면 눈을 붙일 시간이 한두 시간밖에 남지 않는 날이 며칠 동안 반복되었다.

지정석처럼 자주 들락거린 컴퓨터실 내 자리!

그래도 죽을 둥 살 둥 열심히 노력하면 불가능은

없나 보다. 하나하나 풀어나가다 보니 맞는지 틀리는지는 모르겠지만 4장 분량의 가치 평가서가 완성되었다. 몸은 녹초가 되어 있었지만 성취감과 뿌듯함이 모든 피로를 날려주는 듯했다. 투자금융책에서 디자인을 많이 참고했기 때문에 보기에도 깔끔하고 좋았다. 숫자를 이용한 정량분석Quantitative Analysis을 마쳤으니 이제 질적인 부분에 대한 정성분석Qualitative Analysis만이 남았다. 그동안 CFIG의 투자 대회에 참여하면서 꾸준히 읽은 경제 기사를 바탕으로 국제 정세, 기업들의 국제적인 위치, 인수합병 후의 시너지 효과, 국제 법규, 각 회사들의 경영 관리 동향 등에 대한 나름의 생각을 정리해 정량 분석을 통한 가치 평가서와 함께 저장했다. 마지막으로 두 가지 분석에 대한 간략한 설명과 그에 따른 나의 의견을 A4 용지 한 장에 정리하고 나니 케이스가 모두 마무리되었다.

놀라운 일이 벌어졌다. 컬럼비아대학교에서 약 25팀이 참가한 가운데 결승 7팀에 HJM이 뽑힌 것이다. 전혀 기대를 안 했는데 이럴 수가!

뇌에서 엔도르핀이 마구 솟구쳐 나옴을 느끼던 찰나, 이 상황이 그렇게 좋지만은 않다는 것을 문득 깨달았다. 세 명이 한 팀인 것이 원칙이다. 내가 케이스를 혼자 한 것은 그렇다 치더라도 발표는 꼭 세 명이 함께 해야 했다. 제임스와 미샤에게 부탁해 같이 갈 수는 있겠지만 20분가량 이어질 발표와 질의응답 시간에 그들은 꿀먹은 벙어리가 될 것이 뻔했다. 11월 말이라 조금 있으면 기말고사 기간인데 이 친구들한테 시험공부는 뒷전으로 하고 케이스를 공부하라고 할 수도 없는 노릇이었다. 일단은 제임스와 미샤에게 바로 전화를 걸어 의견을 물었다. 예상은 했지만 둘 다 정중하게 거절 의사를 표명했다. 본인들이 직접 하지 않은 일을 가지고 공을 나누어 가질 수는 없다는 것이 이유였다.

담당관에게 솔직하게 이야기하기도 망설여졌다. 애초부터 유령 멤버들을 넣어 팀을 짰다는 이유로 담당관이 나를 거짓말쟁이로 생각할 수도 있기 때문이다. 그리고 그렇게 되면 프레젠테이션은 커녕 나는 평생 크레딧 스위스에 취직할 기회를 놓칠 수도 있는 노릇이었다. 그렇다고 프레젠테이션을 포기하자니 너무 아쉬웠다. 월스트리트에 위치한 세계적인 투자은행의 뱅커들을 상대로 인수합병에 대해 발표할 기회가 또 언제 주어지겠는가.

학교에서 제임스와 미샤를 만났을 때 고민을 털어놓고 그들의 조언을 구했다. 잠시 생각을 하던 미샤가 제임스를 한번 쳐다보더니 말했다.

"우리랑 팀을 짰는데 우리가 일을 안 했다고 하면 되잖아?"

"그건 안 되지. 내가 너희 도움이 없었으면 이 대회에 참여조차 못 했을 텐데 이제 와서 너희를 팔라고? 내가 그렇게 얘기하면 너네 크레딧 스위스에 게으르고 나쁜 이미지로 찍힐 거야. 취업 기회가 평생 박탈당할 수도 있어."

"나는 금융계로 진출할 생각이 전혀 없으니 상관없는데, 제임스 너도 그렇지 않아?"

제임스는 지난 여름 시티은행에서 리스크 관리 인턴을 경험한 후에 자신은 금융과 맞지 않는 것 같다며 진로를 완전히 선회한 바 있다.

"나도 상관없어. 그렇게 해, 희중. 너 그거 끝내려고 얼마나 고생한

지 우리가 다 아는데, 결승까지 올라가서 그냥 포기하면 좀 그렇잖아."

집에 돌아와 인사 담당관에게 메일을 보내려는데 도저히 제임스와 미샤를 나쁘게 말할 수가 없었다. 수차례 메일을 썼다가 지웠다가 하다가 결국 있는 그대로의 사실이 담긴 메일을 보냈다.

크리스티나 씨께,

저희 팀 멤버들은 프레젠테이션에 참가하지 못할 것 같습니다. 멤버들을 설득하려 해 보았으나 여전히 부정적입니다. 이유는 전에 채용 설명회에서 말씀 드렸듯이 제가 혼자서 이 케이스를 했기 때문입니다. 제가 처음 이 투자금융대회에 대해 알게 되었을 때, 신청 마감일이 코 앞으로 다가와 있었지만 저는 팀이 없었습니다. 그래서 채용 설명회를 다니며 무작위로 다른 학생들에게 함께 팀을 꾸려보자고 제안했지만 모두가 이미 팀이 있거나 투자금융에 흥미가 없는 학생들이었습니다. 그래서 저는 일단 저의 친구 두 명에게 부탁하여 팀을 꾸렸지만, 그들은 투자금융에 관심이 없는 친구들입니다. 그래서 제가 혼자 케이스를 하게 되었습니다. 친구들에게 프레젠테이션에 함께 가자고 설득해 보았지만, 그들은 본인들이 하지 않은 일로 이득을 볼 수 없다고 합니다. 여전히 설득을 해 보고 있지만, 만약 제가 그들을 설득하는데 실패한다면 프레젠테이션을 포기해야 합니까? 저는 이 케이스에 정말 많은 노력을 쏟았습니다…….

다음날 인사 담당관에게서 답장이 아닌 전화가 걸려왔다. 메일 내용에 대해 조금 더 자세히 알고 싶다는 질문과 함께. 나는 메일에 적힌

> Christina,
>
> My team members are negative to attend the presentation.
> I have convinced them to come with me and asked once again a second ago, but they are still negative.
>
> The background is what i told you in an info. session before that i was working on the case alone.
>
> When i knew about the case competition, the registration due date was close, but i didn't have any team.
> So I asked some random people in info. sessions and classes to form a team with me, but they either had a team already or weren't interested in it.
> So i asked two friends of mine to join my team and registered, but they are not very interested in IBD.
> So i did the case alone.
>
> I have convinced them to come with me to the presentation, but they have said that they don't want to receive credits from what they didn't do.
>
> I am still trying to convince them. This is why i said i was not quite sure about their attendance.
>
> Do i have to give up if i eventually fail to convince them?
>
> I have put a lot of effort into this case...

PT참여를 위해 간절하게 보낸 사정 메일

그대로라고 답변을 해 주었다. 그리고 만약 내 행동이 규칙을 위반한 것이라면 진심으로 사과한다고 덧붙인 후, 케이스에 진심으로 많은 열정과 노력을 쏟았으니 프레젠테이션까지 마무리를 짓고 싶다는 간절한 바램을 표현했다. 몇초 간 침묵이 흐른 뒤 인사 담당관이 말했다.

"희중 군, 팀을 구성하는 데 필요한 조건은 단지 '3학년'이라는 것 뿐이었으니 희중 군이 규정을 어긴 것은 아닙니다. 물론 프레젠테이션에 팀이 아닌 개인으로 참가하는 것은 우리가 정한 규정은 아니죠. 흠, 하지만 당신이 결승에 선정될 만큼 케이스에 많은 정성을 쏟았고 저희도 이번이 처음 하는 투자금융대회라 아직 룰이 완전하게 정해진 것은 아니니 프레젠테이션에 개인으로 참가하는 것을 허락하겠습니다."

좋은 경험이 될 것 같다는 생각에 무작정 프레젠테이션 참가를 밀어붙여서 우여곡절로 진행되었다. 그러나 막상 허락이 떨어지고 나니 부담감도 엄청났다. 미국인들, 그것도 투자금융업계의 최고 전문가들 앞에서 15분가량 진행할 영어 프레젠테이션도 문제지만, 특히나 그 뒤에 이어질 질의응답 시간은 상상만 해도 심장이 전방위로 압박당하는 느낌이었다.

이번 학기 전반적으로 금융 관련 활동에 많은 시간을 투자하다 보니 학과 공부에 다소 소홀해져 있었다. 높은 학점보다 금융에 관련된 경험을 더 쌓는 것이 추후 취업에 더 큰 도움을 줄 것이라는 판단을 했기 때문인데, 프레젠테이션으로 인해 기말고사까지 영향을 받게 되었다. 갑자기 학점 걱정이 해일같이 밀려왔다. 저번 학기에 3.91 나왔다고 좋아했는데 이번에 못 받으면 어떡하지……. 나중에 학점 관리 부실로 취업에 불이익을 당하면 안 되는데…….

그렇지만 어쩌랴. 학점 걱정 때문에 이런 좋은 실전 프레젠테이션 기회를 놓칠 수는 없는 노릇이고. 마음을 다잡고 프레젠테이션에 우선 전력을 기울이기로 했다.

내게 주어진 준비 시간은 5일. 먼저 기업들의 가치평가에 대한 정량 분석이 담겨있는 엑셀 파일과 정성분석한 자료들을 모아 파워포인트로 발표 자료를 만들어야 했다. 그동안 파워포인트라는 프로그램을 쉽다고 얕잡아 봤었는데 디자인까지 고려해야 하는 제대로 된 발표자료를 만들려니 엄청난 시간이 소모되었다. 자료가 다 완성이 된 후에는 내가 약 15분간 발표할 내용을 워드에 정리하는 작업에 착수했다.

유학생활이 4년이 다 되어가고 있기 때문에 이제 영문으로 된 서적을 읽고 학교생활에 필요한 의사소통을 하는데 아무런 문제가 없는 영어 실력을 갖추고 있지만, 머릿속으로 이해한 내용을 15분이나 되는 시간 동안 남들 앞에서 더듬거리지 않고 말할 수 있는 재주는 없었다. 15분간 완벽한 프레젠테이션을 하려면 글로 깔끔하게 정리를 한 후에 다 외워버리는 수밖에는 도리가 없었다.

퇴고를 열 번도 넘게 거듭한 끝에 어느 정도 스스로 만족할 수 있는 수준의 원고가 완성되었다. 여기까지 하고 나니 이제 이틀밖에 남지 않았다. 남은 이틀간은 무한 반복 연습이다. 방에 거울이 없는 터라 컴퓨터 모니터에 희미하게 비치는 내 모습을 거울삼아 원고를 보지 않고 프레젠테이션을 읊어보다가 막히면 처음부터 다시 하기를 몇 번이나 반복했는지 모른다. 토요일 온종일을 틈날 때마다 그렇게 연습하니 15분 정도 길이의 프레젠테이션이 거의 완벽하게 머릿속에 들어왔다. 다음날은 외운 내용을 바탕으로 조금 더 자연스럽게, 외운 티 나지 않게 발표하는 법을 연습했다. 역시나 컴퓨터 모니터를 거울삼아 표정, 팔 동작 등을 연습하고, 혹여 실제 발표 시간에 내용을 잊어버리지 않도록 읊고 또 읊었다. 영어가 부족하니 발표 도중 한번 막히면 그 길로 끝이나 다름없다는 생각에 더욱 필사적으로 연습에 몰두했다.

발표날, 설렘과 두려움을 동시에 안고 맨해튼 미드타운에 위치한 크레딧 스위스 빌딩으로 향했다. 매디슨 스퀘어 파크Madison Square Park의 바로 옆에 있는 크레딧 스위스 건물. 겉보기엔 단지 누런 회색빛을 띠는 여느 낡은 맨해튼의 건물들과 다름없었지만, 내부로 들어가자 거대하고 고급스러운 성당의 예배당과 같은 엄숙한 분위기를 풍기는 로비가 나를 압도했다. 족히 20미터는 되어 보이는 높은 천장은 음각으로 새긴 각종 문양들로 휘황찬란하게 디자인이 되어 있고, 거기에 큼지막한 샹들리에 등이 매달려 은은한 노란빛을 발산해 로비 전체를 금빛으로 물들이는 시각 효과를 내고 있었다.

잠시 로비의 웅장함에 취해있다가 정신을 차리고 접수대로 가서 학생증을 제시하니 안내원은 컴퓨터 키보드를 몇 번 탁탁 두드린 후에 통과증을 건네주었다. 점점 더 마음이 설레어 왔다.

엘리베이터를 타고 안내된 층으로 올라가자 이미 10여 명의 학생들이 모여있었는데 한 명이 낯이 좀 익었다. 국제 금융 수업시간에 잠깐 대화를 나눈 적이 있는 한 중국인 여학생이었다. 이 학생은 이미 제이피 모건의 투자 금융 대회에서 우승을 차지한 경력이 있다. 역시나 크레딧 스위스의 대회에서도 결승에 오른 것이다. 그녀는 나를 보더니 반가운 표정으로 말을 걸었다.

"너도 여기 참가했었구나. 반가워. 너는 누구와 팀이야?"

"어, 난…… 어쩌다 보니 혼자 하게 되었어. 오늘 프레젠테이션도 혼자 할 거야."

"이걸 혼자 해서 최종 후보로 선정되었다고? 말도 안 돼. 양이 엄청나게 많았을 텐데? 우리 세 명이 했는데도 일주일에 4일 이상 모여서 작업하고 회의했어."

"그냥 되는대로 최대한 열심히 했어. 아마 너희 프레젠테이션 자료에 비하면 내건 많이 부족할 거야. 그냥 경험 쌓는데 의미를 두려고 해. 그나저나 혼자 들어가려니 너무 긴장된다."

"너무 긴장하지 말고 편하게 해. 난 그럼 팀이랑 마지막 회의하러 이만 가볼게. 만나서 반가웠어. 잘해!"

자리에 앉아 주섬주섬 내 짐을 정리하고 있자니 또 한 명이 나에게 말을 걸었다. 누군가 해서 봤더니 나와 선형대수학 수업을 같이 듣는 반 학생이었다. 일전에 크레딧 스위스 채용 설명회에서 내가 '나와 함께 팀을 짜서 투자금융대회에 참가하지 않을래?'라고 제안했을 때, '미안, 난 별로 관심이 없어'라며 퇴짜를 놓은 친구다.

"안녕. 너도 여기까지 왔구나. 저번에 네가 팀 제안했을 당시엔 미안했어. 그때는 별로 관심이 없었는데 어쩌다 보니 팀을 짜서 나오게 되었네."

내가 영어도 더듬거리고 별로 탐탁지 않으니까 거절했겠지. 뻔한 변명이 이해가 가면서도 기분이 그렇게 좋지는 않았다. 그러나 어쩌겠는가. 부족한 나를 탓해야 하겠지.

시간이 지나자 어느새 자리가 꽉 차고 곧이어 인사 담당관이 들어왔다. 간단한 인사말 이후 발표 순서를 정해주었다. 가장 첫 번째로 우리 팀 이름이 호명되었다. 갑자기 미친 듯이 심장이 뛰기 시작했다. 발표순서 호명이 끝나자마자 인사 담당관이 나에게 따라오라는 눈빛을 보냈다. 긴장감을 추스를 겨를도 없이 허겁지겁 자료를 들고 담당관의 뒤를 쫓으니 서른 걸음도 채 되지 않아 프레젠테이션이 열릴 큼지막한 회의실 문이 나왔다. 들어가라는 인사 담당관의 신호.

숨을 한번 크게 들이마신 후 문을 열고 들어가니 거대한 테이블에 네 명의 투자 뱅커들이 앉아있었다. 어색한 웃음을 지으며 경직된 동작으로 가져온 발표 자료를 각각의 투자 뱅커들에게 나누어주고 큰 프로젝터 화면에 미리 준비된 화면을 띄우고 나니 별말 없이 바로 발표가 시작되었다. 준비한 대로 현재 기업들이 제시한 조건과 인수합병 상황을 간략하게 브리핑한 뒤에 정량분석과 정성분석을 통한 최종 제안까지 약 15분가량의 발표가 순식간에 끝났다. 사실 긴장을 워낙 많이 한 탓에 무슨 말을 했는지 기억이 잘 나지 않을 정도로 정신없이 외운 것을 읊었다. 만약 그렇게 로봇처럼 읊을 수 있을 정도로 연습하지 않았다면 중간에 내용을 잊어먹고 심하게 더듬었거나 최악에는 발표를 중도 포기하는 아찔한 상황이 벌어졌을 것이 뻔하다.

발표가 마무리되니 어느 정도 정신이 수습되었다. 네 명의 투자 뱅커들이 발표 내용을 가지고 두런두런 토의를 하는 상황. 언제 질문이 날아올지 몰라서 매우 떨렸다. 통통한 몸매에 안경을 쓴 한 뱅커가 질문을 했다.

"최종적으로 제안한 회사가 유럽계 회사인데, 현재 국제적으로 문제가 되고 있는 유럽의 부채 문제가 나중에 문제가 되지 않겠나? 거기에 대해서는 어떻게 생각하는지 의견을 듣고 싶은데."

혹여 질문을 알아듣지 못할까 봐 오감에 육감까지 있는 대로 끌어올려 귀를 기울인 덕에 다행히 질문이 머릿속에 정리되었다. 답도 대충 생각하고 있던 질문이기 때문에 조금 더듬거리기는 했지만 대답할 수 있었다. 첫 번째 질문이 마무리되자 바로 두 번째 질문이 날아왔다.

"&#$%@ the deal @#% $%#^ your valuation method @#$%@ #$% you used #$%#$% !#$ !$^^@$ %$#^ @#$%%, right?"

아뿔싸! 질문을 전혀 알아들을 수가 없었다. 찰나의 시간에 수많은 생각이 머릿속을 스쳐 갔는데 순간 질문의 끝이 'right?'이라고 끝난 것이 떠올랐다. '맞지?'라고 질문이 끝났으니 '그렇다'나 '아니다'라고 대답하면 되는데 후자는 부가 설명이 요구될 것이 뻔하니 전자로 대답하면 될 것 같았다. 꼼수지만 어쩔 수 없다. 고개를 끄덕이며 "그렇다."라고 대답하니 "그 부분이 참 인상 깊었다. 아직 실무 경험이 없는 학생이라는 점을 참작하면 괜찮은 작업이다."라며 칭찬을 받았다. 다행스럽게도 추가 질문은 없었고 그대로 발표가 끝났다. 아리송한 기분으로 다시 대기실로 돌아왔다. 여전히 무엇 때문에 칭찬을 받은 건지는 아직까지도 알지 못한다.

이미 발표가 끝난 사람은 다른 조의 발표를 참관해도 된다는 인사 담당관의 말에 내 뒤에 이어진 3개 조의 발표를 지켜보았는데 내가 준비한 것은 이들에 비하면 정말 아무것도 아니라는 것을 깨달았다. 다들 팀 구성이기 때문에 각 멤버가 특정 분야를 전문적으로 맡아 발표를 진행하는 모습이 일단 눈에 띄었다. 그들은 긴장도 안 되는지 목소리에 떨림이 전혀 없는 데다 시종일관 침착한 것이 느껴졌다. 발표 자료도 나의 창조물과 비교도 할 수 없을 정도로 디자인이 깔끔했다. 내용도 그렇겠지.

모든 순서가 끝나고 내게 첫 질문을 했던 통통한 몸매의 아이뱅커가 대기실로 와 우승팀과 준우승팀을 호명했다.

내 이름은 호명되지 않았다. 당연했다. 여기까지 올라온 것만 해도 어딘가. 입상했다는 타이틀은 없었지만 한 달간 많이 배우고 경험했다. 집에 가서 바로 이력서에 이 경험을 적어 넣어야겠다. 조금 더 튼실해질 내 이력서를 생각하니 한 달간 고생하며 누적된 피로가 싹 가시는 듯했다. 잠깐, 다음 주에 기말고사지. 이런…….

Dear. Ralph Lauren Corporation Board of Directors,

It is our understanding that Ralph Lauren Corporation is about to choose among three different acquisition offers. We have prepared a presentation designed to support Ralph Lauren in making a reasonable decision among those offers. Our presentation will cover the overview of current proposals, our valuation of Ralph Lauren, and our recommendation based on the valuation and the market condition.

The first offer is from Coach, Inc., which has proposed a $15bn deal, an 11% premium, which will be paid with 100% stock. This deal is expected to bring $1.6bn revenue synergies, which is about 14.94% of total LTM revenue for both companies. Ralph Lauren will remain as the CEO of the company. Secondly, PPR SA, a French based company, has suggested a $16.1bn acquisition, a 16% premium, with 30% cash and 70% stock. PPR will make $3.8bn of debt for this deal and has stated that it will give managerial roles to Ralph Lauren. LVMH Moet Hennessy Louis Vuitton has proposed a $16.4bn deal, a 19% premium, with 70% cash and 30% stock. LVMH will make $7.5bn of debt to finance this acquisition. Retention of management of RL has not been guaranteed. In order to make the best possible decision among the proposals, we have considered various factors: shareholders' preferences, regulators, market conditions, geography, synergies, management, and recent performances of each acquirer.

We have used three different valuation methods to calculate the true value of RL. For comparable companies analysis, we have chosen four apparel companies that are mostly pointed as RL's competitors by the media and have similar business characteristics, consumer base, global presence, and demographics. To calculate RL's relative value, we have used EV/EBITDA multiples; Enterprise value shows a company's market capital with its debt, and EBITDA is its operating cash flow briefly. We believe that this multiple is the most efficient method to calculate the relative value of RL. For comparable acquisitions analysis, we have focused first on target companies' business characteristics so as to find as similar acquisitions to our current situation as possible. We have chosen six precedent transactions within six years and used EV/EBITDA multiple in order to evaluate RL's relative value to other apparel companies in similar M&A situations. Lastly, we have used DCF method in order to find out RL's intrinsic value. 9% - 11% of discount rate and 1.5% - 2.5% perpetuity growth rate were used to calculate range of 3-year discounted cash flow with projected data. The medium value of all three valuation method indicates that RL's value is roughly around $117 - $136 per share.

Based on analysis of the valuation and various factors mentioned above, we have concluded that PPR SA's proposal is the most reasonable acquisition offer for Ralph Lauren Corporation. We will greatly appreciate the opportunity to provide a detailed presentation on the issue and further discuss the proposals on December 2, 2011.

Sincerely,

Team HJM

투자금융대회 전략서

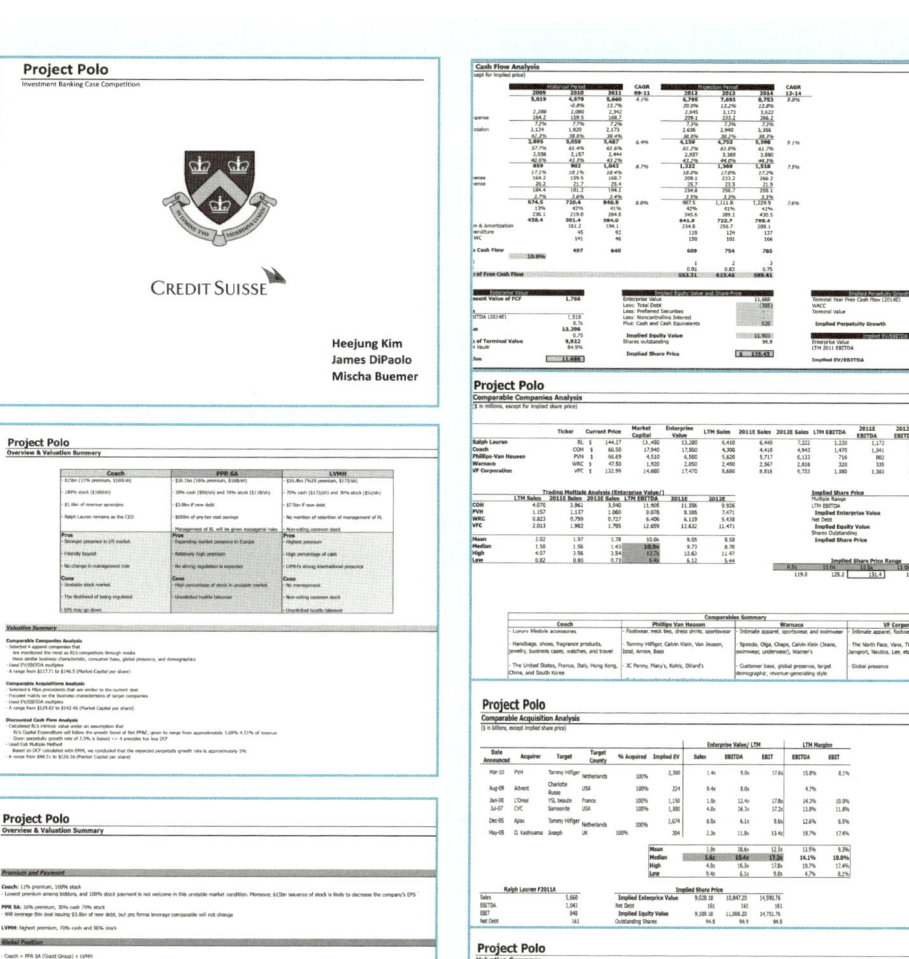

발표를 위해 준비한 나의 자료들

## 보고 싶었던 가족 이야기

● 나의 이야기

미국으로 유학을 온 지도 꽤 많은 시간이 지났다. 그동안 정말 쉴 새 없이 달려왔기에 몸도, 마음도 많이 지쳐있었다. 가족들이 너무 보고 싶어 향수병에 걸릴 지경이었고 엄마가 차려주신 따뜻한 밥

한 끼도 몹시 그리웠다. 유학하는 동안 생긴 두 조카들도 보고 싶었다. 그동안은 아직 미국에 와서 이룬 것도 없고 시간과 돈도 많이 부족해 한국에 갈 엄두가 나지 않았지만 이제는 한 번 가도 괜찮지 않을까 싶었다.

미국에서 처음 유학을 시작한 지 3년 반 만에 한국행 비행기에 몸을 실었다. 다음 학기가 시작하기 전까지 약 석 달간 한국에 머물며 그동안 시간 없고 돈 없어서 못 했던 것들을 죄다 했다. 먹고 싶은 것 먹고 좋아하는 당구도 실컷 치며 그동안 받았던 스트레스를 전부 다 날려버릴 심산이었다.

노는 시간은 금방 간다. 어느덧 다시 뉴욕으로 돌아가야 하는 날이 다가왔다. 아침에 인천 국제공항으로 출발하기 위해 집을 나서는데 서러운 감정에 눈물이 왈칵 쏟아졌다. 그 자리에 앉아 15분은 족히 울었나 보다. 가족, 친구들과 함께 보낸 지난 석 달의 시간이 너무 꿈같아서일까. 아니면 또 다시 반복될 힘든 생활을 겪고 싶지 않아서일까. 발걸음이 떨어지지를 않았다. 하지만 어쩌랴. 가야지.

● 누나 김수연의 이야기

　나도 모르게 눈물이 핑 돌았다. 항상 어린아이로만 보았던 우리 집 막내가 어느덧 부쩍 성장한 어른이 되어서 돌아왔다. 이제 부모에게 의지하지 않고 스스로 살아가는 진짜 어른이 되어 돌아온 것이다.

　동생의 귀국은 이미 우리에게 금의환향이었다. 대학에서 꿈 없이 방황하며 지내던 날들을 과감히 접고 당당히 학교 장학생이 되더니, 어학연수를 가고 세상으로 나가고 싶다고 출국한 지 3년 반 만에 내 동생은 콜롬비아 장학생이 돼서 다시 한국을 방문했다.

　희중이가 돌아오던 날, 우리들의 이야기는 끊이질 않았다. 밤마다 맥주를 마시며 이야기를 안주 삼아 어린 시절 이야기부터 비행기를 타기 직전 설레어 하던 그 시간들, 미국에서 지내겠다는 결심에 불안했던 그 시절까지…… 특별히 똑똑하지도 별나지도 않았던 내 동생. 그러나 성인이 되면서 자신의 길을 스스로 찾아 노력하고 전진하는 모습이 마냥 신기하고도 대견했다.

　우리도 처음 본 희중이의 새로운 모습이었다. 그가 알아보지 않고 찾아보지 않고, 삶을 바꿀 의지가 없었다면, 그리고 되는대로 살았다면 오늘의 이 날은 없었을 것이다. 나도 내 위치에서 열심히 살고 있지만 그는 좀 더 도전적인 삶을 살고 있었다.

　그는 말했다. 아직 갈 길이 멀었다고. 그리고 앞으로 희중이가 어떠한 길을 가게 될지 예측할 수 있는 사람은 아무도 없었다. 가장 가까운 가족들은 물론, 본인도 미래는 모를 일이다. 그러나 늘 그래 왔던 것처럼 앞으로도 길을 찾아 전진한다면 점점 그는 자신의 꿈에 가까워질 것이라는 확신이 들었다. 친구 같은 동생으로 커 줘서 고맙고, 잠시나마 자상한 삼촌이 되어줘서 고마웠다. 그리고 앞으로 본인의 인생을 정말 멋있게 설계할 수 있는 사람이 되길 바라는 마음뿐이다.

CHAPTER **7**

# 인턴십 챌린지

2012년 1월, 컬럼비아에서의 세 번째 학기가 시작되었다. 저번 학기에 참여했던 CFIG의 주식투자대회와 크레딧 스위스의 인수합병 투자금융대회 덕분에 이력서의 '활동' 파트가 튼실하게 채워졌고, 학교의 커리어 센터인 CCE를 몇십 번 들락날락 거리면서 고치고 고친 끝에 이력서와 자기소개서도 대폭 개선되었다.

## 자기소개서

학기 첫 주의 어느 날, 캠퍼스를 걸어가다가 아담과 마주쳤다.

아담은 지난 학기에 정치 경제학 수업에서 안면을 튼 친구다. 무작위로 묶인 프레젠테이션 조에서 같은 조가 되었는데, 알고 봤더니 이 친구가 모건스탠리에서 여름에 인턴을 거쳐 이미 정직원 계약을 한 상태였다. 피겨로 치면 아담은 김연아고 나는 이제 갓 스케이트를 신은 초등학생 꼬맹이 수준인 셈. 나름 금융 공부를 한다고는 했지만 아직 금융권 취업에 대해 무지한 나에게 아담은 틈날 때마다 금융에 대한 기초 지식을 전수해주고 금융권 채용이 어떻게 이루어지는지에 대한 설명과 함께 자신의 노하우를 아낌없이 이야기를 해주고는 했다. 항상 내가 부족한 부분에 도움을 주는 고마운 친구였다.

항상 아담에게 도움만 받던 나였지만 운 좋게도 아담에게 도움을 줄 수 있었던 일이 한 가지 있었다. 정치 경제학 수업에 관해서 였는데, 전반적으로 깔끔하게 정리된 괜찮은 수업이었지만 수업시간에 쓰이는 자료를 학교 웹사이트에 올려주지 않아 학기 초에 학생들로부터 볼멘소리가 꽤 터져 나왔다. 따로 교과서가 없는 대신 매 수업을 수십 페이지의 파워포인트 슬라이드로 진도를 빠르게 빼는 수업이었는데, 이 자료를 인터넷에 올려주지를 않으니 예습이나 복습을 할 방법이 없었던 것. 어쩔 수 없이 거의 모든 학생들이 노트북을 가지고 수업에 들어와 실시간으로 슬라이드에 적혀있는 내용을 옮겨 적어야 했다. 다들 컴퓨터 타자를 하느라 바빠 교수님의 설명이 제대로 귀에 들어올 리가 만무했다.

　게다가 나는 학교에 가져올 수 있을만한 노트북도 없었다. 집에 있는 건 휴대용으로는 버거운 공룡 노트북이었고 새 노트북을 장만할 돈은 더욱 없었다. 그래도 수업을 포기할 수는 없어서 이리저리 방법을 궁리한 끝에 모든 슬라이드를 사진으로 찍기로 했다. 항상 수업시작 15분 전에 강의실에 도착해 맨 앞자리에 앉아 휴대전화 화면에 슬라이드가 가득 찰 수 있도록 렌즈의 각도를 맞추고 수업시간에 연신 촬영 버튼을 눌러댔다. 학기 초반에 내가 뭘 하는지 알아챈 교수님께서 한마디 하셨다. "내 교수 생활 동안 너처럼 슬라이드를 사진으로 찍는 학생은 처음 봤다." 하지만 막지는 않으셨다.

　요즘은 한국에서도 많이 쓰는 방법이었지만, 그때만 해도 뒤에서 몇몇 학생들이 "저게 대체 뭐 하는 거야."라며 킥킥대는 분위기였다. 그렇지만 상관없었다. 이렇게라도 해야 수업을 따라갈 수 있었다. 나에게는 최후의 수단이었고 아무리 바보 같아 보여도, 비웃어도 포기할 수 없었다.

　그런데 기말고사가 가까워지면서 많은 학생들이 내가 찍어놓은 슬라이드 자료를 공유하고 싶어 했다. 본인들이 아무리 타자가 빨라도 짧은 시간에 모든 슬라이드를 베낄 수는 없었기에 말 그대로 '모든 내용'을 담고 있는 내 사진 자료가 필요했던 것. 처음엔 비웃음을 사는 바보 같은 행동의 산물이었을지도 모르는 내 사진 자료가 결과적으로는 수업 전체 중 절반 가까이 되는 학생들의 기말고사 준비를 돕게 된 것이다. 이때 나에게 도움을 받은 몇몇 학생들과 교류가 지속되면서 나는 금융권 취업에 대한 크고 작은 정보와 도움을 얻게 되었다. 같은 프레젠테이션 조에 속해있으면서 항상 나를 도와주던 아담에게는 사진 자료뿐만 아니라 내가 학기 내내 걸쳐 깔끔하게 정리해놓은 요약 자료까지 건네주었는데, 기말고사 준비에 도움이 많이 되었다며 매우 고마워했다.

지난 학기 내내 금융권 취업으로 고민하던 내 사정을 잘 알고 있는 아담이 물었다.

"취업 준비는 어떻게 되어가고 있어? 지난 학기에 인턴십에 많이 지원한다고 했던 것 같은데, 면접은 많이 들어왔어?"

"아니. 50개도 넘는 회사에 지원한 것 같은데 면접은 하나도 안 들어왔어……."

"그래? 흠, 이력서랑 자기소개서는 잘 가다듬었어?"

"CCE에 시간 날 때마다 찾아가서 수십 번도 넘게 고쳐서 괜찮은 수준인 것 같기는 해. 아무래도 내가 제대로 된 인턴 경력이 하나도 없어서 서류 통과를 못 하는 것인지……. 혹시 나중에 시간 되면 네가 한번 봐줄 수 있을까?"

"물론이지. 어려운 일도 아니고. 이따가 내 메일로 이력서랑 자기소개서 보내줘."

그날 저녁, 메일을 보낸 지 두 시간도 채 되지 않아 아담에게 전화가 왔다.

"내 생각에 네 경력이랑 활동 사항 둘 다 나쁘지 않은데. 이력서랑 자기소개서를 쓰는 방식이 문제인 것 같아. 내일 언제 시간 돼? 잠깐

한 시간 정도 만나자. 고쳐줄게."

다음날 학교의 학생회관에서 아담을 만났다. 아담이 가방에서 자신의 노트북을 꺼내 내 이력서와 자기소개서 파일을 열었다. 그리고 자신이 생각하는 장단점을 설명하며 내 이력서를 한 줄 한 줄 고쳐나갔다. 20~30분에 걸쳐 영어 문법을 포함한 이력서의 전반적인 부분이 아담의 손에 의해 개선이 되었다. 자기소개서에 대해서는 최대한 내용을 존중해주는 선에서 처음부터 끝까지 모든 문장을 고쳐주었다.

"네 이력은 아주 좋아 보이는걸. 그동안 면접이 들어오지 않은 건 아마 이력서와 자기소개서가 제대로 정리가 되어있지 않아서 그런 것 같아."

## 면접이 들어오다

놀라운 일이 벌어졌다. 50번이 넘는 서류 지원에도 불구하고 단 한 차례도 들어오지 않았던 면접이 하나, 둘씩 들어오기 시작한 것. 변화라고는 이력서와 자기소개서가 약 한 시간가량 아담의 손을 거친 것이 전부다. 똑같은 '나'인데도 어떻게 표현하는가에 따라서 이렇게 차이가 있었다!

나에게 유학 인생 최초로 면접이라는 것을 경험하게 해준 곳은 내셔널 증권National Securities Corp.이라는 회사였다. 이력서와 자기소개서를 보낸 지 일주일이 채 되지 않아 전화 면접을 하고 싶다는 메일이 왔다.

적당한 날짜와 시간을 골라 면접 약속을 잡았다. 무보수로 학기 중에 하게 되는 이른바 시간제 인턴십이었지만 금융 쪽 실전 경험이 전혀 없는 나에게는 반드시 잡아야 할 소중한 기회다. 호기심에 홈페이지를 둘러보니, 소규모 증권 브로커Brokerage 회사인 내셔널 증권은 IBInvestment Banking, 투자 자문 서비스를 비롯한 증권에 관련된 모든 서비스를 제공하는 듯했다. 뉴욕 월스트리트에 위치한 미국 증권사에서 고급 영어를 구사해가며 열심히 일하는 내 모습을 상상하니 왠지 우쭐해지는 기분이 들었다.

어쩌다 보니 학교 내 버틀러 도서관 복도에서 전화 면접을 받게 되었다. 나름 준비를 한다고 했지만 첫 면접인 데다 미국인과 영어로 진행되는 면접이니 떨리지 않을 수가 없었다. 간단한 인사말 후에 면접관이 첫 질문을 던졌다. "금융에 여러 분야가 있는데 본인이 가장 관심 있는 분야가 무엇입니까?" 간단한 질문이었다. 관심 있는 분야를 한두 가지 정도 언급하고 짧게 한두 문장 정도 이유를 덧붙여 1분 안에 대답을 끝내야 했던 질문이었다. 하지만 이미 긴장감에 이성을 잃은 내 대답은 "저는 기업 금융에 관심이 있습니다."로 시작해서 3분이 넘게 내 이력서 전반에 대해 주저리주저리 떠들고 말았다. 그마저도 더듬고, 얼버무리고, 혼잣말하고, 자꾸 실수를 거듭하며 동시에 연신 쏘리sorry를 외치고 말이다. 첫 번째 질문에 대한 답변이 끝난 뒤 심사위원이 더는 볼 것도 없다고 생각을 했던지 "검토해보고 나중에 다시 연락을 드리겠습니다."라는 말을 남긴 채 전화를 끊어버렸다. 질문 하나로 면접이 끝났다.

첫 면접이지만 결과는 너무 처참했다. 하지만 얻은 것도 많았다. 백문이 불여일견이라고 했던가. 역시 실전을 한 번 경험하는 것과 머릿속으로 그려만 보는 것에는 어마어마한 차이가 있었다. 이전에 면접을 준비할 당시에는 뭔가 뜬구름 잡는 것 같이 '이러면 괜찮은 대답이 되겠지.'라는 추상적이고 막연한 생각에 기대어 예상 질문에 대한 답변을 준비했다면, 지금은 어디에 초점을 맞춰야 할지 조금은 감을 잡은 느낌이었다. 일단 '간단명료'다.

두 번째 면접은 한 부동산 투자 회사로부터 왔다. 맨해튼 한복판인 한인 타운과 엠파이어 스테이트 빌딩 지척에 있는 이곳은 웹사이트도 무척이나 깔끔하게 디자인이 되어 있어 기대를 잔뜩 하고 있었다. 인턴들은 주로 엑셀을 이용한 부동산 가치 평가와 거래, 부동산 자산의 손익 계산서 분석, 부동산 시장의 경향 분석 등 단순한 서류작업뿐만 아니라 중요한 실무에 관여하게 될 것이라고 적혀있어 업무 경험을 쌓는데도 도움이 많이 되리라 여겨졌다. 게다가 이번엔 전화 면접이 아닌 방문 면접이었다.

종일 정장을 입고 돌아다녀야 하는 짜증도 첫 번째 방문 면접에 대한 흥분에 묻혀버렸다. 부동산 투자 회사 면접이 있던 날, 아침에 정장을 차려입고 집을 나서는데 기분이 그렇게 상쾌할 수가 없었다. 수업시간에 목과 어깨가 뻐근해 수십 번씩 목을 이리저리 돌리게 되는 번거로움도 이날 따라 나를 정신적으로는 괴롭히지 못했다. 나름의 예상 질문과 답변에 대한 준비를 많이 했기에 '이번에는 인턴 구하기에 성공하지 않을까' 하는 자신감으로 시종일관 몸이 가볍게 느껴졌다. 면접 시간 10분 전, 건물 안으로 들어갔다.

생각했던 것보다 많이 낡은 건물이었다. 홈페이지의 화려한 분위기는 온데간데없었다. 허름한 사무실 문을 두들기자 한 동양인 학생이 문을 열어주었다. 안으로 들어가니 10평도 되지 않을 것 같은 공간에 컴퓨터가 네 대 있고 문을 열어준 학생을 포함한 중국인 학생 두 명이 모니터에 엑셀을 띄워놓고 있었다. 인턴들인 모양이었다. 내가 면접 보러 왔다고 하자 둘 중 안경을 낀 학생이 손가락으로 한쪽 벽을 가리켰다. 옆쪽으로 문이 하나 있었다. 똑똑 노크를 하니 안에 있는 누군가가 "컴인!Come in!"이라고 외쳤다. 발음이 예사롭지 않았다. 강하게 배어 나오는 남미 영어의 향기.

방으로 들어가니 불이 뿜어나오는 듯한 머리 모양의 히스패닉 사장 한 명이 컴퓨터 앞에 앉아 있었다. 나에게 눈길 한번 주지 않는 채. 면접 보러 왔다고 하니 자리에 앉으라고 했다. 여전히 시선은 모니터에 고정한 채 물었다.

"왜 지원했나?"

"저는 금융에 관심이 많이 있습니다. 특히 가치 평가에 관심이 많아 주식투자대회와 투자금융대회 등에 참여하며 나름 좋은 성적을 거두기도 했습니다. 이제 인턴십을 통해 실무 경력을 쌓고 싶었던 차에, 저희 학교 라이언 쉐어에서 귀사의 인턴십 모집 포스트를 보게 되었습니다. 손익 계산서 분석, 부동산 자산의 가치 평가, 트렌드 분석 등 묘사되어 있는 일들이 제 흥미와 맞아 지원하게 되었습니다."

히스패닉 사장의 시선이 드디어 나에게 꽂혔다. 그리고 나온 뜬금없는 질문.

"미국에 온 지는 얼마나 되었나?"

"이제 4년째입니다."

"그런데 영어가 왜 그 모양인가?"

"아직 4년 차 유학생이라 많이 부족합니다. 하지만 학교 공부와 더불어 영어도 열심히 하고 있으니 계속 나아질 거라고 생각합니다."

"영어 실력이 부족하면 여기서 일을 하기가 힘들어. 이력서도 안 가져왔지? 정신상태도 별로군."

"기회만 주신다면 열심히 하겠습니다."

"연락 줄 테니 이만 가보게."

귀한 첫 방문 면접임에도 불구하고 나는 더 이상 그 자리에 있고 싶지 않았다. 사장만이 유일한 정직원인 듯한 이 회사는 나중에 알고 보니 인턴이 하는 일이라고는 고작 각종 문서들이나 거래 내용을 엑셀에 정리하는 것뿐이었다. 내가 손익 계산서 분석, 부동산 자산의 가치 평가 등을 들먹이니 할 말이 없어 영어로 시비를 걸었던 것 같다. 귀중한 시간을 빼앗긴 것 같아 짜증도 났지만 이것도 경험이라는 생각이 들며 이내 마음이 안정되었다. 나중에 인턴 합격소식이 이메일로 왔지만 단호하게 그냥 무시했다. 이력서에 인턴 경력 하나 추가하는 것이 중요하긴 했지만 이런 곳에서 일할 바에는 시간이 아까우니 차라리 다른 곳을 찾겠다고 마음먹었다.

## 마지막 인턴십 기회

하나둘 면접이 들어온다는 사실은 큰 기쁨이었지만, 한편으로는 내 한계를 더욱 피부로 느끼는 계기가 되기도 했다. 1월에서 3월 초 사이에 스무 번이 넘는 면접을 보았지만 가고 싶은 회사의 면접, 그러니까 보수를 받는 정식적인 여름 인턴에 대한 면접은 고작 한 번뿐이었다. 투자금융대회에서 나름 활약한 덕에 크레딧 스위스로부터 받은 면접 기회였는데 그마저도 1차에서 무참하게 낙방하고 말았다. 아무리 이런저런 금융 관련 활동을 통해 이력서를 보강했다고는 하지만 인턴 경력이 없는 3학년 학생에게 급여를 주면서까지 인턴으로 고용하고 싶어하는 회사는 없었다.

2월 초부터 강의실에서, 도서관 복도에서, 캠퍼스 야외 벤치에서 얼핏 들려오는 여름 인턴에 대한 대화는 나를 더욱 주눅이 들게 만들었다.

"나 제이피 모건과 사인했어!"

"그래? 나는 모건스탠리에 가."

"나는 크레딧 스위스."

나도 본격적으로 금융권 취업에 도전하는 입장에서 대부분의 학생들이 대형 투자은행, 또는 컨설팅 회사들에 속속들이 합격하는 모습을 보며 컬럼비아대학교의 대단함이 다시금 새삼스럽게 피부로 와 닿았다. 나도 이 학교에서 공부를 하고 있지만 '나도 컬럼비아 학생이다!'라고 어디 가서 말하기 민망할 정도로 나와 그들 사이는 멀게만 느껴졌다. 기업금융 시간에 우연히 알게 된 스물두 살의 한 한국인 학생이 그 어렵다는 골드만삭스의 사모펀드와 사인을 했다는 얘기를 들었을 때 온몸으로 느낀 부러움, 질투심, 좌절감은 아직도 생생하다.

3월 중순이 되면서 인턴 전쟁은 거의 끝나가고 있었다. 컬럼비아 3학년 학생들은 대부분 이미 큰 회사들과 계약을 맺고 다시금 학업에 전념을 시작했지만, 나는 붕괴된 멘탈을 추스르느라 정신이 없었다. 모든 면접에 실패한 것이다. 컬럼비아 라이언 쉐어에 올라오는 인턴 고용 포스팅은 점점 눈에 띄게 그 개수가 줄어갔다. 어쩌다 최종 면접까지 가게 된 아멧 캐피탈Armet Capital이라는 한 소규모 부동산 및 사모펀드 회사가 내 마지막 희망이었는데, 이마저 3월 말에 이메일로 불합격 통보를 받았다.

'그래도 컬럼비아에서 잘 공부하고 있는데 뉴욕에서 한 자리쯤은 차지할 수 있지 않겠나' 하는 안이한 생각이 화근이었다. 그제서야 한국 증권가도 문을 두들겨 볼걸 하는 생각이 들어 방향도 바꿔보았다. 한국 회사에 지원한 것은 라이언 쉐어에 올라온 한국씨티은행 인턴이 전부였는데, 이 건은 면접조차 들어오지 않았다.

진퇴양난의 상황이었다. 만약 이번 여름에도 인턴을 못하게 되면 컬럼비아고 뭐고 간에 난 졸업 후에 아예 취직을 못하게 될 수도 있다고 생각했다. 왜냐하면 미국 회사들은 외국인인 나를 고용하려면 비자 지원 및 추가 세금부과와 같은 복잡한 절차를 감수해야 하므로 어지간히 큰 회사, 또는 외국인이 반드시 필요한 특별한 경우가 아니고서는 굳이 유학생을 뽑지 않는다. 뉴욕은 한국인이 귀한 도시가 아니기에 후자의 경우로 미국 취업에 성공하는 것은 불가능이나 다름없다. 전자는 가능하다. 내가 목표로 하는 회사들은 모두 규모가 큰 회사들이기에 유학생을 뽑는 데 전혀 문제가 없었다. 하지만 이런 회사들의 서류전형과 면접을 통과하기 위해서는 학창시절 인턴 경력이 필수인데, 이번 3학년 여름방학이 학생 신분으로 인턴을 할 수 있는 마지막 기회이니 이걸 놓치면 사실상 미국 취업도 끝이나 다름없는 거다. 졸업 후 한국으로 돌아가면? 나이에 민감한 한국 사회에서 서른 넘은 나를 신입 사원으로 받아줄 회사는 많지 않을 것 같았다.

지푸라기라도 잡는 심정으로 인터넷을 통해 한국에 있는 은행 및 증권회사들의 인사부 목록을 뽑아 무작정 이메일을 보내고, 전화 영업자나 할 법한 콜드 콜링Cold-calling까지 날려보았다. 하지만 인턴 기회를 잡는 것은 하늘의 별 따기였다.

끝까지 놓지 않고 있던 지푸라기마저 끊어지려고 할 즈음, 라이언 쉐어에 인턴 모집 공고가 하나 올라왔다. 미즈호Mizuho Securities USA Inc.라는 증권 회사인데 일본에서는 두 번째로 큰 규모인 미즈호 금융 그룹에서 증권 관련 비즈니스를 담당하고 있는 자회사이다. 보수가 있는 10주 정식 여름 인턴 자리. 여름 인턴을 할 수 있는 마지막 기회였다. 포스팅의 내용을 읽어보니 회사의 세일즈 앤 트레이딩Sales & Trading 부서에서 주식Equity, 채권Fixed Income, 리서치Research, 리스크 관리Risk Management 인턴을 뽑는다고 한다. 주식은 왠지 학생들이 가장 많이 몰리는 부서가 될 것 같아 고민하던 끝에 채권 부서에 지원했다.

미즈호로부터 서류를 통과했다는 내용과 함께 1차 면접에 대한 상세 정보가 메일로 날아왔다. 마지막 기회라는 절실함에 이전과는 차원이 다른 강도로 면접을 준비했다. 면접을 시작하면서 직접 작성해놓은 예상질문 및 답변지 한 장이 스무 번이 넘는 면접을 경험하면서 노하우가 조금씩 쌓여 A4 용지 12장 분량으로 늘어났는데, 미즈호 1차 면접에 들어가기 전날에는 어떤 페이지 몇 줄에 무슨 내용이 있는지를 달달 읊을 수 있을 정도로 외우고 연습했다.

면접 당일, 맨해튼 파크 애버뉴 Park Avenue의 51가와 52가 중간에 위치한 미즈호 증권의 사무실로 가기 위해 뉴욕에서 가장 유명한 관광 장소 중 하나인 그랜드센트럴 역으로 발걸음을 옮겼다. 320 파크 애버뉴 건물의 12층에 위치한 미즈호 사무실에 발을 내딛는 순간 '아, 그래! 이게 내가 생각한 금융회사 사무실이지.'라는 생각이 절로 들었다. 엘리베이터에서 내린 후 옆으로 꺾자 시원스럽게 빛을 발하는 대리석 및 고동색 우드로 고급스럽게 디자인된 실내 디자인. 역시나 내가 제대로 된 회사의 면접에 와 있다는 것을 증명해 주는 듯했다. 첫 부동산 면접의 악몽을 깨끗하게 씻을 수 있을 것 같은 기분이었다.

소파에 앉아 잠시만 기다려 달라는 안내를 받고 시선을 돌리니 두 명의 학생이 더 대기하고 있는 모습이 보였다. 그들과 함께 잠시 앉아 있자니 면접에 대한 긴장감도 풀 겸 말을 걸었다. 한 명은 백인 남학생으로 컬럼비아에서 왔다는데 알고 보니 나와 같은 기업 금융 수업을 들었다고 했다. 또 한 명은 중국인 유학생이고 뉴욕대학교에서 금융을 전공하고 있다고 했다. 어리고 똑똑한 학생들과 대화를 할 때마다 으레 가슴속 저 깊은 곳에서 꿈틀꿈틀 스며 나오는 괜한 열등감과 함께 '내가 이런 애들을 상대로 합격할 수 있을까?'라는 열등감이 날 움츠

러들게 하려던 찰나, 한 관계자가 나오더니 내 이름을 불렀다.

　인사 담당관으로 보이는 그는 나를 한 회의실로 안내하고는 면접에 대해 간략하게 설명해주었다. 약 두 시간에 걸쳐 만나게 될 다섯 명의 회사 관계자들은 모두가 내가 지원한 채권 관련 부서에서 근무하는 사람들이라고 했다. 잠시 기다리라는 말을 남기고 인사 담당관은 방을 빠져나갔다. 다시금 연습한 면접 대사를 입으로 읊어보기 시작한 지 5분쯤 지나 한 면접관이 방 안으로 들어왔다.

　통성명과 함께 형식적인 인사말이 오간 후, 간단한 이력서 설명을 시작으로 본격적인 면접이 진행되었다. 만약 이 면접에 실패하면 더 이상 인턴 기회가 없을지도 모르는 상황이라 이전에 보았던 면접들과는 비교할 수 없을 정도로 심장이 터질 것 같고 긴장감에 면접관과 눈도 마주치지 못하는 나의 상태를 예상했다. 그런데 오늘은 조금 이상하게 마음이 매우 차분했다. 마음이 차분하니 면접관과 끊임없이 눈을 마주치며 준비한 대답을 느리지만 또박또박하게 말할 수 있었다. 채권에 대한 지식이 다소 부족한 것이 조금 걱정되었지만 다행히도 전문적인 지식을 요구하는 질문 보다는 내가 회사에 맞는 사람인지를 판단하려는 핏fit 관련 질문들이 많았다. 이번 학기에 스무 번이 넘게 몸으로 부딪히며 경험한 면접 노하우 덕분인지 준비를 철저히 해서인지는 모르겠지만 이전과 다르게 잔잔하게 뛰어주는 심장 덕분에 크게 더듬는 실수 없이 면접을 무사히 끝낼 수 있었다.

　두 번째로 들어온 면접관은 폴이었다. 폴은 이번 인턴채용을 실질적으로 총괄하고 있었는데, 면접이라기 보다는 그냥 편안하게 대화를 하는 분위기로 별 무리 없이 30분이 빠르게 지나갔다.

다음 일본계 미국인 면접관도 첫 면접관과 마찬가지로 대부분 핏에 관련된 질문을 던졌다. 나에 대해 솔직하게만 답변하면 되었으므로 이번 면접 역시 크게 어려운 점은 없었다.

마지막으로 들어온 두 명의 면접관은 채권 시장에 대한 전문적인 질문을 많이 던졌다. 한 명은 리스크 관리팀에 있었고 다른 한 명은 모기지 증권 부서에 소속되어있어 그에 관련한 질문이 많이 나왔는데, 열 문제 중 7~8문제가 생전 처음 들어보는 종류의 것들이었다.

면접에서 모르는 질문이 나왔을 때의 대처법은 이미 아담에게 들어 잘 알고 있었다.

"어려운 질문을 하는 면접관의 의도는 두 가지야. 첫 번째는 당연하지만 네가 얼마나 지식이 많은지 테스트를 하는 거고, 두 번째는 네가 어려운 상황에서 어떻게 대처하는지를 보는 것. 당락이 결정될 수도 있는 중요한 면접상황에서 자신이 모르는 질문이 나왔을 때 솔직하게 모른다고 할 수 있는 사람이 많지 않거든. 모른다는 대답을 하기가 두려워 아무 말이나 지껄이는 경우가 많아. 면접관들이 사람을 뽑을 때 가장 중요시하는 것 중 하나가 정직이기 때문에 모르면 모른다고 솔직하게 말하는 게 좋아."

하지만 이게 다가 아니었다.

"그 대신 그냥 '잘 모르겠습니다.'라고 하면 안 되고 '아직 그 질문에 대해 생각해볼 기회가 없었습니다. 만약 괜찮으시다면 면접이 끝난 후 답을 알아내어 메일로 보내드리겠습니다.'라거나 '제가 아직은 지식이 많이 부족해 질문에 대한 마땅한 답이 생각이 나지 않습니다. 하지만 앞으로 더욱 열심히 공부하도록 하겠습니다.'와 같이 아직은 모르지만 노력하겠다는 열정을 보여주면 좋아. 아니면 '제가 틀릴 수도 있지만 제 생각을 말씀드릴 기회를 주신다면……'이라고 대답한 뒤, 네 생각의 과정을 설명하는 것도 괜찮은 대답이야. 항상 내가 틀릴 수도 있다는 조건을 달아주는 게 중요해."

아담의 조언대로 '지금은 잘 모르지만 열심히 공부하겠다'는 식으로 대답하니 큰 문제는 없이 넘어갔다. 면접이 끝나고 회사를 나설 때 왠지 붙을 것 같은 기분이 들었다. 그리고 며칠 뒤, 인사 담당관으로부터 1차 면접을 통과했다는 합격 전화가 걸려왔다.

일주일 뒤에 있었던 2차 면접은 한 시간 반 동안 세 명을 만나는 것으로 진행되었다. 1차와 다르게 이번에 만나는 세 명은 모두가 디렉터(한국의 부장급 직책) 이상의 높은 직급을 가진 면접관으로 구성되어 있다고 했다. 1차 면접 당시와는 다르게 긴장이 많이 되었다.

자산유동화증권Asset Backed Securities 트레이더라고 자신을 밝힌 첫 번째 면접관은 첫 번째 질문으로 거시 경제에 대한 내 견해를 물어보았다. 예상 질문이었다. 그동안 준비한 대답을 차분히 말했다. 이후엔 내 이력서에 적혀있는 내용에 대한 상세 질문 몇 가지가 이어지고 면접이 마무리되었다.

두 번째 면접관은 상무이사 급의 매우 높은 직책의 팀 머피라는 매니징 디렉터Managing Director였다. 기업채권 세일즈 부서를 총괄하고 있다고 했다. 어려운 면접이 될 것이라 예상했다.

"자, 간단하게 본인 소개해주시겠습니까?"

"아르바이트를 하면서 공부하기가 쉽지가 않았겠군요. 우리 회사에는 어떻게 지원하게 되었나요?"

"여기 이력서에 주식투자대회 '최고 투자자'라고 적혀있는데, 무슨 전략으로 트레이드를 했지요?"

"매일 장이 마감될 무렵에만 트레이드를 한 이유는 뭐지요?"

"군 복무 당시 만 명이 넘는 사람들 앞에서 군가와 애국가를 불렀었다고요?"

"상당히 특이한 경력이군. 태권도 사범을 한 경험도 있네요? 회사에 내가 마음에 안 들어 하는 사람들이 몇 있는데, 그놈들을 좀 발로 좀 걷어차 줄 수 있나요?"

이때는 그는 느긋한 유머로 분위기를 바꿨다. 그는 큰 소리로 호탕하게 웃은 뒤 다음 질문을 이어갔다.

"그럼 마지막으로 트레이더와 세일즈맨 중 본인이 어디에 더 적합하다고 생각하나요?"

이 질문을 마지막으로 팀 머피와의 면접이 종료되었다. 30분이 채 안 되는 짧은 만남이었지만 참 괜찮은 사람이라는 생각을 했다. 저렇게 친절하고 유머 있는 분이 내 보스라면 직장 생활이 얼마나 행복할까. 팀도 나를 마음에 들어 하는 듯한 느낌이었다.

마지막 면접을 끝으로 모든 절차가 끝났다. 그러고는 약 한 주 뒤, 합격 전화가 걸려왔다.

세계 금융의 중심지인 뉴욕에서 인턴을 한다는 것은 내 상상을 초월할 정도로 환상적인 일이었다. 회사로부터 금융과 관련된 각종 교육을 받고, 월스트리트에서 수년, 혹은 수십 년간 채권 트레이드와 세일즈 비즈니스를 해온 베테랑들 사이에서 그들의 노하우를 배우고 조언을 구할 수 있으며, 영어가 부족한 나 같은 유학생들은 10주간 매일 미국인들에게 둘러싸여 실전 영어를 갈고 닦을 기회가 생긴다. 돈을 주고도 할 수 없는 경험임에도 불구하고, 오히려 세금을 다 떼고도 90~100만 원 가까이 되는 주급까지 받게 된다.

4월 초에 계약서에 사인을 하고 약 일주일간을 아주 오랜만에 근심과 걱정 없는 하루하루를 보내던 중, 일전에 통계 수업에서 알게 된 한국 유학생 친구 진영이와 대화를 하다가 놀랄만한 사실을 하나 알게 되었다.

"미즈호에 인턴 붙었다며? 야, 진심으로 축하한다! 이번에 인턴 못 잡아서 여름에 한국으로 가는 애들 많던데, 넌 뉴욕에 남네."

"그러게 어쩌다 보니 운이 좋아서 좀 잘 풀렸어. 축하해줘서 고맙다."

"그러면 너 OPT[28] 해야겠네."

"OPT를 하다니 그게 무슨 소리야?"

"너 미즈호에서 급여 받으면서 인턴 하는 거 아냐? OPT 없이는 급여 못 받아."

---

[28] OPT 는 Optional Practical Training의 약자로 유학생들이 미국에서 1년간 합법적으로 급여를 받으면서 일할 수 있게 해주는 권리를 말한다.

"그럼 어떻게 해야 돼?"

"관련 서류를 모아서 이민국USCIS에 보내야 하는데, 일단 유학생 사무실ISSO에 가서 구체적인 절차 물어봐. 너 6월 초에 일 시작하는 거 아냐? 보통 이민국에 서류 보내면 OPT 나오는데만 석 달 정도 걸린다는데 너 일 시작할 때까지 두 달도 안 남았잖아. 서둘러야 돼. 인턴 합격해놓고 OPT 못 받아서 잘린 사람들도 있다더라."

이게 무슨 날벼락 같은 소린가. 고생고생해서 간신히 뉴욕에 금융 인턴 뚫어놨는데 신분 때문에 잘릴 수도 있다니. 수업이고 뭐고 안중에도 없이 바로 유학생 사무실로 달려갔다. 이미 대기자가 많아 약 한 시간을 기다린 후에야 상담을 받을 수 있었다.

진영이의 말이 맞았다. 이민국에서 서류를 받은 후 보통 3개월 정도가 되어야 OPT가 나온다는 말도 그렇고, 인턴을 구하고도 OPT가 나오지 않거나, 혹은 너무 늦게 나와 일을 하지 못하는 경우가 있다는 것도 사실이었다. 상담해준 사무직원이 최대한 빨리 서류를 준비해서 이곳으로 가져오라며 필요한 서류 목록이 적힌 리스트를 건네주었다.

OPT 신청서인 I-765, 유학생으로서 내 소속을 증명해주는 I-20 복사본, 수수료 $380, 여권 복사본, 여권 규격 사진 두 장 등 내가 당장 준비할 수 있는 모든 서류의 구비를 하루 만에 마쳤다. 하지만 유학생 사무실에서도 내 OPT를 위한 새로운 I-20를 준비해야 했기 때문에 시간이 지체되었다. 기다리는 시간이 하루가 1년 같았다. 이틀이 지나고 나니 유학생 사무실에서도 준비가 끝났다고 연락이 왔다. 바람같이 달려가 새로운 I-20를 받고 복사본을 준비하니 이제 진정 서류준비

완료. 또다시 바람같이 택배 회사로 달려가 가장 빠른 우편으로 구비된 서류를 부쳤다. 이거 신청하는 것만도 수수료 포함 40만 원이 넘는 돈이 들었다.

4월 23일, 이민국으로부터 내 서류가 접수되었다는 메일이 왔다. 인턴 시작일인 6월 4일까지 약 43일 정도밖에 남지 않았기 때문에 속이 바짝 타들어 갔다. 넋 놓고 가만히 있다가 정말 90일 후에 OPT가 나오면 낭패다. 무언가 해야 했다.

구글에 OPT를 검색해보니 나와 같은, 혹은 나보다 훨씬 급한 상황에 처한 사람들이 올려놓은 글이 수도 없이 나왔다. 하나하나 꼼꼼하게 읽어보니 90일은커녕 120일도 넘게 걸렸다는 사람들도 있는 반면, 한 달 만에 집에 도착했다는 경우도 있었다. 그럼 43일 남은 나에게도 희망이 있다는 얘기다.

하루라도 빨리 받으려면 어떻게 해야 하는지 방법을 검색해 봤더니 내가 할 수 있는 것이 두 가지 정도로 추려졌다. 첫 번째는 회사와 함께 OPT가 급하다는 공문을 이민국에 보내는 것. 두 번째는 이민국에 직접 독촉 전화나 메일을 보내는 것이었다.

당장 실행에 옮겼다.

먼저 미즈호의 인사 담당관과 연락하여 관련 문서를 이민국에 보내도록 조치를 한 후, 이민국 전화번호를 알아내어 무조건 전화를 걸었다. 최소한 일주일에 두 번씩은 전화를 걸어 상담원들에게 내가 처한 상황을 설명한 후 6월 4일까지 꼭 OPT를 받아야 한다는 간절한 메시지를 전달하였다.

내 평생 군 제대를 앞두었을 당시보다 훨씬 더 혹독한 기다림을 경험하게 될 줄은 꿈에도 몰랐다. 인턴을 시작하기 2주 정도 전부터는 회사 인사 담당관도 나에게 전화를 걸어 OPT의 진행 여부에 대해 묻기 시작했다. OPT가 없으면 일을 시작할 수 없다고 걱정 섞인 으름장을 놓는 담당관에게 최대한 머리를 굴려 'OPT는 아무리 늦어도 6월 중순경에는 나올 거예요. 일단 일은 시작을 하되 급여는 받지 않고 모아뒀다가 OPT가 나왔을 때 한 번에 받는 것은 어떨까요?'라고 전략을 미리 짜 이야기해둔 것이 다행스럽게도 받아들여져 일을 정상적으로 시작할 수는 있게 되었다. 하지만 '이러다가 만약 아예 안 나오면 어떡하나' 하는 걱정에 불면증에 시달리기도 했다.

회사에서 보낸 공문의 결과였을까, 아니면 적어도 일주일에 한 번씩 끈질기게 실행에 옮긴 독촉 전화의 영향이었을까. 거짓말같이 6월 1일 금요일에 집으로 OPT 카드가 날아왔다. 종교를 믿지 않는 내가 절로 "하느님 감사합니다"라고 외치게 될 정도로 기쁘고 감사한 일이었다.

인턴 첫날은 회사와 회사 간부들, 인턴 프로그램을 소개해주는 시간 및 인턴들끼리 서로 얼굴을 익히고 친해질 수 있는 시간을 가졌다. 방을 한번 쑥 둘러보았다. 미국 문화의 한복판에 들어와 있는 것 같은 기분이었다.

　채권 부서의 인턴들은 10주간 각각 2주씩 총 다섯 가지 로테이션을 경험하게 되었다. 나는 리스크 관리, 기업채권 세일즈, 모기지 증권, 금리 스왑, 그리고 기업채권 트레이드 부서를 차례대로 도는 일정이었다. 구체적인 일정표를 받고 다른 인턴들과 이런저런 대화를 이어가며 '내가 정말 뉴욕에 위치한 금융 회사에서 인턴을 하는구나'라는 생각이 조금씩 현실로 다가오는 것을 느꼈다. 그때의 설렘, 환희, 두려움, 자부심, 걱정 등 오만 가지가 뒤섞인 감정은 아직도 뇌리에 생생하게 남아있다.

　다음날, 본격적으로 증권거래소Trading Floor에 발을 디딘 나는 신기함에 입을 다물지 못했다. 레오나르도 디카프리오 주연인 영화 '더 울프 오브 월 스트리트'에서나 봤던 사무실 장면들이 눈앞에 펼쳐지고 있었기 때문이다. 비록 일본 회사지만 뉴욕 지사의 직원 95% 이상이 백인이었는데 서로 간에 소리를 질러대거나 전화 통화하는 목소리에 시끌벅적 정신이 없었다. 사무실의 구조는 개개인의 자리가 칸막이가 없이 서쪽 끝에서 동쪽 끝까지 쭉 이어지는 기다란 책상들이 수십 줄이 이어져 있고, 책상 위의 모니터들은 빈틈없이 물결을 이루며 늘어서 있었다. 한 사람당 2~4개 정도의 모니터를 사용하는 듯했다. 거의 모든 직원들이 옆 사람과 손을 뻗으면 닿을 정도로 가까운 거리에 앉아 있음에도 불구하고 주위는 안중에도 없다는 듯이 큰 소리로 떠들어대는 모습이 신기하기만 했다.

　인사 담당관의 안내를 따라 리스크 관리팀 자리로 갔다. 총 다섯 명으로 이루어져 있는 팀이었다. 인턴이 본격적으로 시작하기 전에는 여러 가지 일거리를 맡아 열심히 처리해 나가는 전문가다운 냄새가 물씬 풍기는 나의 모습을 머릿속에 그리며 혼자 즐거웠다. 그러나 기대했던 것과는 달리 내가 할 수 있는 일이 별로 없었다. 특히나 첫 주 내내 한 직원이 휴가로 자리를 비우고 있었기 때문에 남은 네 명이 너무 바빠 나를 신경 쓸 겨를이 없어 보였다. 하릴없이 첫 일주일 동안은 리스크 관리에 대한 책을 한 권 읽으며 시간을 때울 수밖에 없었다. 둘째 주에는 상황이 조금 나아져 엑셀에 관련한 이런저런 일거리를 받았다. 엑셀 연습은 많이 할 수 있었지만 정작 금융에 대해서는 별로 배우지도 못하고 2주가 후딱 가버렸다. 이렇게 할 일 없이 빈둥대면서도 주급을 받아갈 수 있다는 것도 놀라웠다.

두 번째 로테이션인 기업채권 세일즈는 내 면접관이었던 팀 머피가 담당하는 부서였다. 인사 담당관과 함께 인사를 하러 가자 그는 바로 나를 알아보았다.

"아, 너 태권도 하는 그 학생이구나."

그리고 기업채권 세일즈 사람들 한 명 한 명에게 나를 소개해주었다.

"이 친구가 우리 부서에서 2주간 머무를 인턴인데, 태권도 유단자라 잘못 보이면 엉덩이를 걷어차일 수도 있으니 조심해. 군대도 다녀왔는데, 군 복무 당시에는 만 명이 넘는 사람들 앞에서 애국가와 군가를 부르는 가수였다더군."

듣고 있자니 좀 오글거리기는 했지만 뭔가 화젯거리를 만들어주니 사람들 기억에는 잘 남을 것 같았다.

팀의 옆자리에는 토니라는 분이 앉아있었고 토니의 옆이 나에게 배정된 자리였다. 한국인과 함께 일해 본 적도 없고 아는 한국인이라고는 골프선수 최경주밖에 없다는 토니는 좀 독특한 캐릭터였다. 이틀째 되는 날, 내가 밥을 먹고 있으니 토니가 물었다.

"너 어제도 밥을 먹더니 오늘도 밥을 먹네? 밥을 좋아하나 봐?"

"아, 한국인들은 하루 세끼 모두 밥을 먹어요."

"끼니마다 밥을 먹는다고?"

"네, 뭐 피자나 햄버거와 같은 음식을 먹을 때처럼 가끔 예외는 있지만 대부분 밥을 먹어요."

이해할 수 없다는 표정을 지으며 토니가 말했다.

"아무 맛도 안 나는 밥을 왜 매일 먹는 거지? 그거 이상하네."

"물론 밥만 먹는 건 아니고요, 밥을 기본으로 하되 여러 가지 반찬이나 국을 매번 다르게 먹죠."

"특이한 문화군. 오늘 저녁에도 그럼 밥을 먹겠네?"

"아마도요."

"좋아. 오늘부터 네 별명은 밥 소년 Rice Boy 이야."

동양에서 온 영어 더듬거리는 학생을 놀리는 것이 꽤나 재미있었던 듯 토니는 밥 소년이라는 별명을 붙인 이후에도 틈만 나면 나를 가지고 장난치기를 좋아했다. 하지만 내가 정색하는 일 없이 항상 웃으며 받아치니 하루는 토니가 물었다.

"너 우리가 네 영어나 인종 가지고 장난치는 거 기분 나쁘지는 않아?"

내가 대답했다.

"뭐, 만약 아저씨랑 다른 사람들이 나를 싫어했다면 나를 가지고 장난도 치지 않았겠죠? 나는 여태껏 나에 대한 호감으로 받아들였었는데, 아닌가요?"

미즈호 증권 인턴시절, 토니 아저씨와

내 대답을 들은 토니가 밝게 웃으며 "정답이다."라고 말해주었다.

토니와 본격적으로 친해지게 된 것은 아이러니하게도 내 어설픈 영어 때문이었다. 세일즈 부서 로테이션이 3일째 되던 날, 아침 일찍부터 토니와 팀 사이에 앉아 그들이 하는 일에 대하여 배우고 있었다. 점심시간이 가까워져 올 무렵, 토니가 거래처로부터 전화를 한 통화 받고 나더니 거래가 잘 성립이 되지 않았는지 책상을 주먹으로 탁 치며 한마디 내뱉었는데, 거기에서 '쉿쇼 Shit-show'라는 단어를 듣게 되었다. 토니에게 쉿쇼가 무슨 뜻인지 물었다. 팀과 토니가 서로를 번갈아 한 번씩 쳐다보며 살짝 웃음을 짓고 난 후 토니가 "네가 무언가 안 좋은 것을 보거나 그런 상황이 있을 때 '쉿쇼'라고 표현하는 거야."라고 설명을 해 주었다. 옆에서 보고 있던 팀이 흥미로운 표정을 지으며 나에게 "너 비치 슬래핑 Bitch-slapping은 무슨 뜻인지 알아?"라고 나에게 물었다. 모른다고 대답하자 손으로 누군가의 뺨을 후리는 동작을 취하며 나쁜 사람을 벌준다는 뜻이라고 설명했다.

새로 배운 두 개 단어의 뜻을 내가 완전히 이해했는지 알아보기 위하여 두 단어를 조합한 하나의 문장을 만들어 봤다. 그리고 팀과 토니에게 "그러면, 만약 내가 누군가가 쉿쇼를 하는 걸 보면 비치 슬래핑을 날려주면 되는 거예요?"라고 말했더니 둘이 박장대소를 하기 시작했다. 웃기려는 의도가 전혀 없었기에 왜 그들이 웃고 있는지 이해를 할 수 없었지만 나도 따라 웃었다. 토니가 그거 좋다면서 엄지손가락을 치켜들었다. 어디가 웃겼던 것일까 곰곰이 생각해보니 한국말 서투른 일본인 사유리가 방송에 나와서 어설픈 한국말로 욕을 하면 웃기듯이 서투른 영어를 구사하는 내가 어설픈 영어 욕을 구사하는 것이 그들에게 큰 웃음을 선사한 듯했다. 사소한 일이었지만 이 사건을 계기로 나는 그들과 급속도로 친해지기 시작했다.

친해지면 친해질수록 토니의 장난기는 더욱 심해져만 갔다.

"키샨, 너 여자친구 있어?"

토니가 나에게 붙여준 최후의 별명은 키샨이었다. 키샨은 미국에서 이름 있는 흑인 미식축구 선수인데 희중이라는 이름이 발음하기가 너무 어렵다며 발음이 비슷한 키샨으로 부르기로 했다는 것이다. 희중과 키샨이 도대체 어디가 발음이 비슷한 것인지 알 도리가 없었지만, 뭐, 좋을 대로.

"아니요, 없어요."

"언제부터 없었어?"

"유학 공부하면서부터였으니 꽤 됐죠."

"말도 안 돼! 그래도 사람이 어떻게 공부만 하고 살아. 놀 때는 놀아야지."

"내가 얼마나 가난하게 유학 생활하고 있는지 저번에 얘기했잖아요. 쓸 돈도 시간도 없어요."

"지금 인턴 하면서 돈 벌고 있잖아?"

"유학하느라 진 빚이 얼만데 당장 돈 번다고 팍팍 써요? 모아 놓았다가 다음 학기 학비랑 생활비에 보태야죠."

"너 학교 졸업하고 월스트리트에 취업하면 그 빚 아무것도 아냐. 지금 좀 써도 괜찮아."

"내가 월스트리트에 취업할 수 있을지 없을지 장담 못 하겠어요."

"키샨! 아이고, 답답해. 안 되겠다. 그러면 이렇게 해. 오늘 뉴욕 메츠 구장에서 뉴욕 메츠와 시카고 컵스의 야구 경기가 있어. 내가 표를 사줄 테니까 일 끝나고 야구장에 가서 마음에 드는 여자에게 말을 걸어. 그리고 그 여자를 바에 데려가서 같이 사진 찍어오면 그 날 데이트 비용 내가 다 내주지. 어때?"

"얼마가 나와도 상관없어요?"

"물론이지. 술값은 물론이고 최고급 호텔에 데려가도 상관없어. 어때?"

생판 모르는 여자에게 야구장에서 헌팅을 하라는 말인가? 뭔가 이상했지만 미국인들은 그렇게 하나보다 했다. 어쨌든 내가 손해 볼 것이 없는 거래였다. 여자에게 말을 걸든 말든 최소한 뉴욕 메츠와 시카고 컵스의 야구 경기를 공짜로 관람할 수 있지 않은가!

"알았어요. 그렇게 할게요."

"좋아! 그러면 지금 당장 표를 예매해 주도록 하지."

일이 끝나고 야구장으로 향했다. 그런데 가는 길에 우연히 팀을 만났다. 팀이 어디 가느냐고 물어보기에 토니와의 거래에 대해 상세히 설명해 주었더니 너털웃음을 웃으며 "토니가 장난이 심하지. 나도 지금 가족들과 함께 메츠 경기를 보러 가는 길인데 같이 갈래?"라고 제안했다. 당연히 오케이였다.

기차로 이동하며 팀과 사적인 대화를 많이 나눌 수 있었다. 팀은 유학생으로서 내가 가지고 있는 여러 가지 고민들을 주의 깊게 들어주고 또한 자신의 경험에서 우러나오는 조언들을 아낌없이 해 주었다. 일개 인턴인 나에게 베풀어주는 이런 호의들이 그저 감사했다. 벼는 익을수록 고개를 숙인다는 말은 이럴 때 쓰라고 만들어진 것이리라.

메츠 경기장이 있는 윌렛츠 포인트Willets Point Shea Stadium 역에 내리니 팀의 가족들이 그를 기다리고 있었다. 팀은 슬하에 딸 하나와 아들 둘을 두고 있었는데 그중 둘째와 막내가 동양인과 처음 대화를 해 보는지 나를 약간은 경계하는 듯한 태도를 보였다. 한국 억양이 다소 섞여 있는 내 영어 말투도 그들에게는

팀 가족들과 함께 간 뉴욕 메츠 경기장

매우 낯설었을 것이다. 셋 중 가장 나이가 많은 팀의 딸도 내가 낯설기는 마찬가지였겠지만 경계심보다는 호기심이 더 컸던지 이런저런 질문을 퍼부으며 내 주위를 맴돌았다. 팀의 아내인 애슐리는 나를 매우 반갑게 맞아주었다. 함께 간단한 대화를 나누며 경기장의 입구 쪽으로 발걸음을 옮겼다.

한 가지 문제는 내 티켓 자리가 팀 가족의 티켓 자리와 너무 멀다는 것이었다. 팀의 티켓이 200달러 가까이 되는 로열석이었던 반면 내 티켓은 필드에서 가장 멀리 떨어져 있는 제일 값싼 좌석이었던 것. 경기를 함께 볼 수 없겠다는 생각에 안타깝다는 생각이 들 때 즈음, 팀이 나에게 따라오라는 신호를 보냈다. 팀을 따라 로열석 입구로 가니 티켓을 확인하는 직원이 팀의 이름을 부르며 인사를 건넸다. 팀이 야구장에 하도 많이 오니까 직원이 그의 이름까지 외우고 있었나 보다. 팀이 내 티켓을 직원에게 보여주며 상황을 설명하자 그가 아무 일도 아니라는 듯 환하게 웃으며 팀의 가족과 함께 나를 들여보내 주었다. 메츠 구장의 최우수 단골 고객이기에 가능한 일이었다.

안으로 들어가니 고급 티켓의 소유자들만이 사용할 수 있는 라운지가 나왔다. 아이들은 음료, 나와 팀은 맥주를 한 잔씩 손에 들고 애슐리와 이런저런 대화를 하다가 토니 이야기가 나왔다. 애슐리도 토니와 매우 친한 듯했다. 팀이 나와 토니의 거래에 대해 설명하자 애슐리가 깔깔 웃으며 말했다.

"토니가 장난이 심해서 힘들죠?"

"아니에요. 회사에서 저를 가장 챙겨주는 게 토니라서 항상 고마워

하고 있어요."

"토니가 장난을 좋아해서 겉보기에는 조금 이상한 사람처럼 보일 수도 있지만 알고 보면 속이 매우 깊고 우정을 중시하는 성격이에요. 친하게 지내면 좋을 거예요. 그나저나 여자랑 사진 찍어서 토니에게 보여줘야 한다고 그랬죠?"

"네, 바에 데려가서 함께 있는 모습을 찍어 가는 게 조건이었는데요. 생면부지의 동양 남자가 갑자기 바에 가자고 그러면 얼마나 이상한 사람으로 생각하겠어요, 하하."

애슐리가 다시금 깔깔 웃으며 말했다.

"왜요, 재미있을 것 같은데. 내가 말해 줄 테니까 여기에서라도 사진 한 장씩 찍어서 토니에게 보여줘요. 토니가 재미있어하겠네."

말이 끝나기가 무섭게 애슐리가 날카로운 눈빛으로 주위를 둘러보았다.

"저기 두 명이 괜찮겠네. 잠깐만 있어봐요."

"네? 아니, 저기요……."

애슐리가 근처에 있는 백인 여자 두 명에게 성큼성큼 걸어가서 뭐라 말을 하자 그 두 명이 고개를 끄덕이며 내 쪽으로 다가왔다. 승낙을 받은 분위기다. 태어나서 처음 백인 여성들과 사진을 찍는 거라 어색하고 긴장이 많이 되었다. 표정 관리가 잘 안 되더라니…… 결과물도 내 예상을 빗나가지 못했다. 아무튼 사진을 토니에게 문자로 전송해주고 나서 팀의 가족들과 함께 야구를 관람하고 집으로 돌아왔다. 과연 괴짜다운 제안이었기는 했지만 토니 덕분에 오랜만에 정말 즐거운 하루를 보냈다. 팀과 애슐리의 친절에도 무척 감사했다. 월스트리트 취업에 반드시 성공해 미국에 남아서 이들과 계속 친분을 유지했으면 좋겠다는 생각과 함께 의지를 불태웠다.

월요일에 토니가 출근하자마자 나에게 다가와 흥미진진하다는 듯 사진에 대한 이야기를 꺼냈다. 다음에 한 번 더 해보라고 제안하는 토니에게 이제 절대 다시는 안 할 거라고 으름장을 놓았다. 그리고 주섬주섬 내 자리를 치웠다.

이제 그 책상은 내 자리가 아니었다. 기업채권 세일즈 부서에서 2주의 시간이 지나 모기지 증권 부서로 자리를 옮겨야 하기 때문이다. 토니와 팀을 비롯하여 세일즈 부서에 있는 사람들과 워낙 친해진 데다가 토니의 옆자리가 내게는 완벽한 명당인지라 자리를 떠나고 싶지 않았지만 어쩔 수 없었다.

모기지 증권팀은 기업채권팀과 달리 다소 진중하고 무거운 분위기여서 왠지 모르게 나도 움츠러드는 기분이었다. 특히 타일러라는 나이 어린 한 트레이더가 유난히 고자세였다. 사실 몇십 억, 몇백 억, 회사 규모에 따라서는 심지어 몇조 원에 이르는 돈을 순식간에 벌 수도, 잃을 수도 있는 직업의 특성상 트레이더들은 보통, 특히 시장이 열려 있는 동안에는 항상 신경이 날카롭게 곤두서 있다. 남의 말에 귀를 잘 기울이지 않기 때문에 매우 까다로워 보인다. 인턴이 일을 배우기 위해서는 트레이더나 세일즈맨들 개개인에게 말을 걸어 옆에 앉아 일을 배워도 될지 직접 물어봐야 하는데 트레이더들에게 말을 걸 기회조차 잡기가 매우 어려웠다.

타일러는 듀크대학을 졸업하자마자 제이피 모건의 모기지 증권 트레이드팀에 합류했을 정도로 뛰어난 두뇌를 가지고 있었다. 수많은 정보를 빠른 시간 안에 분석하고 의사 결정을 해야 하는 트레이더가 되는 훈련을 위해 학창시절 6~7개의 포커 게임을 동시에 하곤 했다니 나 같은 범인(凡人)과는 비교도 되지 않을 정도로 머리가 빨리 돌아가나 보다. 타일러가 제이피 모건에 합류했을 당시에는 모기지 증권팀이 모든 금융 분야를 통틀어서 가장 돈을 많이 벌 수 있는 부서였지만 이 모기지가 2008~2009년도에 불어 닥친 금융위기의 원인을 제공하면서 이후 제이피 모건을 포함한 많은 금융 회사들이 모기지 증권팀을 없애버렸다. 이런 사건들로 인하여 당시 갈 곳을 잃은 모기지 트레이더들을 미즈호가 흡수하면서 현재 미즈호의 모기지 팀은 대부분이 제이피 모건이나 골드만삭스와 같은 대형 투자은행 출신들로 이루어져 있었다.

하루는 타일러의 옆에 앉아 일을 배우는데, 이 사람이 워낙 말이 빠른 데다가 나도 모기지 증권에 대한 지식이 별로 없어 무슨 소리를 하는 건지 전혀 알 수가 없었다. 말하는 중간에 타일러가 내게 질문을 몇 개 던졌는데 대답을 잘하지 못했다. 보통 인턴들이 잘 모르면 웃으면서 천천히 친절하게 가르쳐주기 마련인데 타일러는 그런 타입의 사람은 아니었다. 내가 잘 못 알아듣는 것 같으니 가르치는 것을 그냥 멈춰버렸고, 나는 꿔다 놓은 보릿자루 마냥 약 30분을 멀뚱멀뚱 앉아 있다가 다시 내 자리로 돌아왔다.

자격지심인지는 잘 모르겠지만 그 뒤로부터 왠지 타일러가 나를 약간 깔보는 듯한 느낌을 받아 모기지 부서에서의 남은 시간 동안 타일러와 두 번 다시 말을 섞지 못했다.

별다른 수확이 없었던 모기지 증권팀에서의 2주가 지나고 다음 로테이션인 금리 스왑팀으로 옮겼다. 다섯 명 정도로 이루어진 팀인데 헤드가 한국계 미국인이어서 친해지기 수월하지 않을까 하는 기대가 있었다. 그런데 이게 웬걸. 이 사람은 인턴들과는 말도 잘 섞으려 하지 않았다. 조심조심 말을 걸어도 그냥 무시하기 일쑤였다. 이 팀에서는 정말 할 수 있는 것이 없었다. 그나마 엑셀 작업 몇 개를 프로젝트라고 받기는 했지만 그냥 혼자서 책 보고 독학으로 공부하는 것과 별반 다른 점이 없었다. 할 일이 없었던 가장 큰 이유는 주로 인턴을 책임지는 세일즈맨 한 명이 내가 스왑팀으로 옮긴 후 이틀 뒤에 휴가가 잡혀있었기 때문이다. 휴가 전에 바빠지는데 이 때문에 나를 신경 쓸 겨를이 없었고 그가 휴가를 떠난 후에는 나를 신경 써 줄 만한 사람이 아예 없었다. 내가 모기지 증권팀에 있었을 때와 비슷한 상황이 벌어지고 있었다.

하릴없이 2주가 지나고 미즈호 인턴 마지막 로테이션인 기업채권 트레이딩 부서로 옮겼다. 기업채권 트레이딩팀은 세일즈팀이 함께 근무해서 사실상 같은 부서라고 봐도 무방했다. 이전에 세일즈 부서에서 팀과 토니를 비롯한 팀 멤버들과 2주간 아주 재미있는 시간을 보냈기 때문에 마치 고향에 돌아온 듯한 기분이었다. 새로운 내 자리도 팀의 자리에서 고작 왼쪽으로 두 칸 떨어져 있었다. 자신들과 같은 줄에 앉아있는 내 존재를 확인한 팀과 토니도 웃으며 나를 반겼다.

마지막 두 주는 꽤 즐거웠다. 기업들을 조사하는 일거리도 어느 정도 주어졌고 할 일이 없을 때는 바로 근처에 앉아 있는 세일즈맨들과 어울리니 지루할 틈이 없었다. 같은 기간에 인턴 프레젠테이션 스케줄이 잡혀 있었던 것도 마지막 두 주를 바쁘게 만들었다. 인턴들을 두 팀으로 나누어 팀 별로 한 권의 책을 읽고 관련 내용에 대하여 발표를 하게 했는데 준비 과정에서 다른 인턴들과도 훨씬 친해질 수 있었고 발표 능력 또한 기를 수 있는 좋은 경험이 되었다.

발표에 대한 심사위원들의 평가는 정확히 반으로 갈려 우승팀이 결정되지 않아 인사부에서 우승 상품으로 준비한 야구 티켓을 추첨을 통해 나눠야 했는데 그중 세 장이 무려 뉴욕 양키스 구장에서 최고의 고급 좌석 티켓으로 고급 뷔페까지 포함된 티켓이었다. 세 명의 여성 인턴들은 이 티켓에 별로 관심을 보이지 않아 남자 인턴들을 대신해서 그들이 추첨하기로 했고, 운 좋게도 내가 뽑혀 티켓 하나를 거머쥘 수 있게 되었다. 덕분에 최고급 좌석에서 뉴욕 양키스의 야구 경기를 관람하며 유명한 데릭 지터와 이치로의 모습을 고작 5미터도 되지 않는 거리에서 볼 수 있는 값진 경험을 할 수 있었다.

내게 많은 것을 남긴 미즈호 인턴십이었지만 마지막은 다소 아쉬웠다. 많은 회사들이 인턴십이 끝나면 3학년 인턴 중 일정수를 정식 직원으로 고용을 하는데 미즈호는 영국 정치경제대학교 경영학 석사 출신 한 명만을 최종적으로 회사에 고용하였다. 나머지는 학교로 돌아가 다시 취업 전쟁에 뛰어들어야 하는 상황을 맞게 되었다.

## 다시 학교로

비록 미즈호 증권의 정식 직원이 되지는 못했지만 월스트리트에 위치한 패나 규모 있는 증권 회사에서 인턴을 했다는 것은 나에겐 상당한 성공이었다. 오랜 기간 목표로 하고 있던 일을 성취한 것이었기 때문에 긴장이 많이 풀렸고 학교에 다시 복학했을 시점의 나는 이전보다 나태해져 있었다. 인턴 전에는 졸업 후 취업에 실패할까 봐 매일 같이 전전긍긍했던 반면 이제는 '인턴도 잘 끝냈고, 설마 취업 못 하겠어?'라는 오만한 생각이 머릿속에 크게 자리 잡았다. 이 역시 나중에 알게 되었지만 이 시기도 내가 간과해서 더 애먹게 된 계기가 되었다.

미즈호 인턴이 끝나고 다음날 바로 한국으로 돌아가 다시 한 달을 신 나게 놀았다. 학교에도 충분히 적응한 탓에 '첫 주 정도는 안 가도 괜찮겠지.'라며 학기 시작 일주일 후가 되어서야 뉴욕행 비행기에 몸을 실었다.

학교로 돌아와 아주 오랜만에 라이온 쉐어에 접속해서 일자리를 검색하기 시작한 것이 9월 중순이었다. 검색 목록을 확인하는 순간 누군가가 내 뒤통수에 번개 치는 날 피뢰침을 꽂은 것 마냥 전기가 찌릿, 식은땀이 줄줄 흐르는 것을 느꼈다. 그동안 넋을 놓고 있었는데, 이미 8월부터 채용이 진행되고 있었던 것이다. 세계 최고의 자산운용 회사인 블랙락을 비롯한 다수의 대형 금융 회사들은 이미 라이온 쉐어의 구인 광고를 닫고 학교에서 1차 면접까지 끝낸 상태였다. 이력서를 넣을 기회조차 잃은 것이다. 방심과 자만 때문에 내 평생을 좌지우지할 수도 있는 소중한 다수의 기회를 날려버리고 말았다. 한국에서 한 달간 펑펑 노는 중에 5분만 라이온 쉐어를 접속해 봤어도 이런 사태를 예방할 수 있었을 텐데 말이다.

갑자기 정신이 번쩍 들었다. 나는 이력서와 자기소개서에 아직 미즈호 인턴 경력조차 적어 넣지 않은 상태였다. 미리미리 이력서를 다듬어 놓았어야 하는 건데! 부랴부랴 이력서와 자기소개서를 가다듬고 마감일이 가까운 순서대로 원서를 하나둘 넣기 시작했다. 이번에는 인턴이 아니라 정식 직원으로 원서를 넣는 것이었기 때문에 더욱 신중해야 했다. 그런데 원서를 넣다 보니 생각보다 내가 원서를 넣을만한 회사가 많이 없다는 것을 깨달았다. 남은 건 소규모 금융 회사들인데, 보통 이들은 유학생을 잘 뽑으려고 하질 않는다. 취업 비자를 지원하는데 비용이 많이 들어가기도 하고 회사가 미국 정부에 내야 하는 세금도 추가되기 때문이다.

지푸라기라도 잡는 심정으로 일단 남아있는 모든 회사들에 지원서를 넣었다. 회사에서 대부분 면접 제의가 들어왔지만, 예상했던 대로 유학생 불이익이 많이 있었다.

몇몇 회사들의 태도에는 화가 치밀어 오를 정도였다. 이미 이력서를 작성해서 보냈는데 안 뽑는 경우는 고사하고, 1차 면접 때 유학생은 안 된다고 하는 회사, 심지어는 최종 면접에서 유학생은 안 된다고 통보하는 회사들도 있었다. 만약 유학생을 고용하지 않을 것이라면 학생들이 필요 없는 면접에 시간과 에너지를 낭비하는 일이 없도록 구인 광고에 그런 사실들을 명시했어야 한다. 그러나 그런 친절한 회사들은 소수에 불과했다. 어차피 붙어도 가기 싫다고 스스로 위안했지만 화가 나는 것은 어쩔 수 없었.

이런 일을 몇 번 경험하고 나니 남은 면접들은 그냥 건성건성 보게 되었고 결국 4학년 1학기에는 취업에 실패한 채 마지막 학기를 맞이하게 되었다.

## 쉽게 따라 하는 유학 위기상황 극복팁

● **이력서 준비하기**

1. 지금 쓰기

이력서는 취업의 시기와 상관없이 먼저 써보는 것이 좋다. 한 게 없다는 핑계로 이력서 쓰기를 나중으로 미루면 그만큼 내가 얼마나 부족한지 정확하게 알지 못한다. 이력서를 써봐야 본인의 장단점을 객관적으로 파악할 수 있으며, 이후 충분한 시간을 가지고 차근차근 단점을 보완하는 과정을 거쳐야 취업이 수월해진다. 취업 시즌에 부닥쳐 이력서를 내야 할 때 쓰면 이미 늦다!

2. 반년에 하나씩 경력 추가하기

취업 시즌에 임박하여 이력서를 써 보면 생각보다 이렇다 할 만한 쓸 말이 별로 없다는 사실에 적지 않은 충격을 스스로 받을 것이다. 하지만 취업이 다가오기 2년 전에 이력서를 미리 작성해 보면 이런 고민은 접어둬도 좋다. 반년에 하나씩 차근차근 경력을 추가하면 되기 때문이다. 인턴십도 괜찮고 각종 교내, 교외 그룹 활동이나 리더쉽 경력도 좋다. 본인이 단체 생활에 익숙한 사람이라는 것과 오랜 시간 동안 차근차근 회사를 위해 준비해 왔다는 것을 보여주면 그걸로 서류 전형은 합격이다.

3. 나만의 특징 찾기

남들과 다른 나만의 무언가가 이력서에 있어야 취업에 유리하다. 꼭 거창한 것이 아니어도 상관없다. 마치 복사를 한 듯한 수많은 비슷한 이력서들

사이에서 나를 차별화 시킬 수 있는 것이라면 무엇이든 좋다. 한국에서는 너무나 당연한 군대와 태권도 경력이 미국에서는 특이한 이력으로 인식되었고, 필자에게는 취업에 아주 큰 장점이 되었다.

4. 광고하기

이력서는 나에 대한 광고이자 마케팅이다. 거짓말을 하지 않는 선에서 내가 가진 장점을 최대한 부풀리고 부각시키는 것이 이력서를 잘 쓰는 기술이다. 잘한 것이 있으면 이력서의 윗줄로, 문장의 제일 앞으로 가져와서 두꺼운 폰트로 강조하자. 수십, 수백 장의 이력서를 훑어야 하는 면접관의 눈에 본인의 장점이 가장 먼저 보이게 만드는 것이 이력서 쓰기의 포인트이다.

● **월스트리트 이해하기**

파크 애버뉴(Park Avenue)는 월스트리트와 더불어 뉴욕 금융의 중심지로써 거대 금융 기관들이 밀집된 장소이다. 사람들 머릿속에는 대부분 《뉴욕 + 금융 = 월스트리트》라는 공식이 들어있어 뉴욕에 있는 금융 기관들이 월스트리트에 모두 밀집되어 있는 것으로 잘못 여겨지는 경우가 많은데, 사실 그렇지 않다. 뉴욕 금융권에서도 큼직큼직한 이름들을 기준으로 월스트리트에는 도이체방크, 골드만삭스, 노무라 정도만 있고 제이피 모건, 유비에스, 요즘 한창 주가를 올리고 있는 블랙스톤, 자산운용계의 절대 강자 블랙락 등은 미드타운 파크 애버뉴에, 모건스탠리는 타임스퀘어에 위치하는 등 금융사들이 맨해튼 여기저기로 퍼져 있다. '월스트리트'는 뉴욕의 금융을 아울러 일컫는 상징적인 의미로 많이 쓰이기 때문에 '월스트리트 펌Wall Street Firm'이란 대형 금융 회사들을 총칭하는 말일 뿐, 꼭 월스트리트에 위치한 회사만을 의미하지는 않는다.

CHAPTER **8**

# 취업 성공

2013년 1월, 컬럼비아에서 내 유학생활 마지막 학기가 시작되었다. 감회가 무척 새로웠다. 지난 5년간 지구 반대편에 있는 타지로 건너와 혈혈단신으로 유학생활을 하면서 고생했던 기억, 즐거웠던 기억이 주마등처럼 머릿속을 스쳐 지나갔다. '이제 이번 학기만 끝나면 이 지긋지긋하게 가난한 학생 생활도 마지막!'이라며 시원하게 마무리하면 좋지만, 취업을 못 하면 여생을 훨씬 더 가난하게 살아야 할 수도 있다.

통장에 1억 원에 가까운 빚이 쌓여있었다. 어설프게 취업하면 평생 월급의 반을 은행에 이자로 내면서 살아야 할 수도 있다. 이번 학기에 내가 원하는 월스트리트 금융권 취업에 성공해서 유종의 미를 거둘 수 있을까.

## 마지막 기회

이제 4학년을 대상으로 고용을 진행하는 회사들은 거의 남지 않았다. 그나마 고용을 진행하던 소수의 대형 금융 회사들도 저번 학기를 마지막으로 더 이상 4학년 중에는 사람을 뽑지 않았다. 규모가 작은 금융 회사들이 몇 개 남아 있기는 했지만 내겐 사실 없는 거나 다름없었다. 대부분 취업 비자를 지원해주지 않기 때문이다.

그렇다면 내게 남은 선택은 두 가지. 다시 한번 월스트리트 인턴에 도전해서 정직원을 노려보는 것과 깔끔하게 미국 취업에 대한 동경을 접고 한국으로 다시 돌아가는 것이다. 물론 미국에 남아서 끝까지 월스트리트 진출을 도모해 보고 싶지만 이미 4학년이 되어버린 이 시점에서는 무척 어려운 데다가 위험 요소도 매우 컸다. 일단 졸업을 앞둔 학생들은 인턴 지원 자격이 안 되기 때문에 졸업을 한 학기 미뤄야 했다. 뭐 그렇게 해서라도 취업을 잘하면 다행이지만 졸업을 미뤘다가 만약 인턴 구하기에 실패를 하게 된다면 시간과 돈 낭비가 무척 심해진다. 인턴을 잘 마치고 정직원 계약을 하게 된다고 하더라도 보통 인턴을 하고 난 다음 해 6~8월 사이에 정식 근무를 시작하기 때문에 중간에 백수 생활을 몇 달 해야 한다. 낭비가 크다.

한국으로 돌아갈 것 같으면 결정을 빨리하는 것이 유리했다. 한국의 증권사 관련 취업 정보를 수집하는 것도 시급했고 한국 스타일의 이력서, 자기소개서, 그리고 회사에 대해 알아보는 등 여기서 했던 일을 고스란히 다시 해야 했다. 이나저나 할 일이 너무 많았다.

한참을 혼자 머리 싸매고 고민하다가 결국 월스트리트 진출에 다시 도전해 보기로 했다. 여태껏 미국에서 쌓아온 것들이 아깝기도 했지만 여기에서 포기하고 한국으로 돌아가 버리면 월스트리트 금융권에 또 하나의 콤플렉스를 남기고 말 것 같았다. 더는 그러고 싶지 않았다.

정말 마지막 남은 기회이니 내가 할 수 있는 방법을 총동원해 모든 힘을 모아보기로 했다. 그리고 생각한 것 중 하나가 학기 중 인턴. 작년 여름에 미즈호에서 인턴을 했다고는 하지만 이력서에 금융 경력이 하나밖에 없는 것이 뭔가 허전했다. 라이언 쉐어에 들어가니 학기 중에 할 수 있는 인턴십 기회가 꽤 올라와 있었다. 무슨 인턴에 지원할까 고민을 하다가 나의 가장 큰 약점인 영어를 조금이라도 더 보완할 수 있는 자리에 지원해 보기로 했다. 검색하다가 찾은 가장 적합한 자리는 유비에스의 개인투자상담사 보조 인턴십. 개인자산운용 분야로는 블랙락에 이어 세계 2위에 랭크되어 있는 유비에스이기에 이력서에 올리기 좋은 간판이 될 것이고, 또한 전화를 직접 받는 등 고객들을 직접 상대할 기회가 꽤 있는 일이기 때문에 영어로 의사소통하는 능력을 전보다 한 단계 더 상승시킬 좋은 기회가 될 것 같았다. 여태껏 고객들을 직접 상대해 본 경험이 한 번도 없어서 이력서의 내용을 다양화시키는데도 분명 큰 도움이 될 것이었다.

이전과는 다르게 확실히 미즈호라는 큰 금융 회사를 한 번 거쳐서인지 쉽게 유비에스 인턴 자리를 따낼 수 있었다. 개인투자상담사 네 명을 옆에서 보조하는 일이었는데, 주로 한 일은 고객들에게 걸려온 전화를 먼저 받아서 이름을 파악하고 담당 상담사에게 연결해 주는 것과 상담사들이 지정해주는 특정 주식, 채권 상품을 조사하는 일, 그리고 고객들의 서류를 관리하는 일이었다. 일을 시작한 지는 얼마 되지 않았지만 내가 할 일이 정확하게 파악이 되자마자 이력서에 유비에스 인턴십을 적어 넣었다. 앞으로 있을 마지막 취업전쟁에서 면접을 받는데 어느 정도 도움이 될 것으로 확신했다.

다시 한번 이력서와 자기소개서를 가다듬고 비장한 마음으로 회사 한 군데, 한 군데 정성을 다해 이력서를 넣기 시작했다. 이번 지원에서 이전보다 한 가지 확실하게 달라진 것이 있다면 그동안 금융권의 여러 분야들을 직·간접적으로 경험하면서 내가 정말 하고 싶은 일이 무엇인지 찾아냈다는 점이었다. 일단 나는 채권이 가장 재미있었다. 큰 위험을 감수하면서 높은 수익을 기대하는 투자 방식보다는 장기적으로 안전하게 투자하는 방식을 선호했다. 이런 특징들을 포함하고 있는 일이 자산운용 분야의 고정금리증권 포트폴리오 매니지먼트 Fixed Income Portfolio Management. 저번 학기까지는 중구난방으로 아무 부서나 닥치는 대로 지원을 했다면 이번에는 내가 선호하는 부서에만 집중적으로 원서를 넣고 해당 부서가 없는 경우에만 다른 부서 쪽으로 돌려서 지원했다. 만약 면접을 통과해 인턴 자리를 하나 얻게 된다면 졸업까지 미룰 심산으로 이력서에 예정 졸업 날짜를 12월로 적어 넣었다.

확실히 나는 이전에 비해 많이 발전되어 있었다. 전에는 에베레스트 산과도 같이 높아만 보였던 대형 투자은행들이 대부분 나에게 면접 기회를 주었다. 특히 2월 첫째 주는 도전적인 한 주를 보내야 했다. 월요일에는 모건스탠리, 화요일에는 제이피 모건, 수요일에는 골드만삭스, 목요일에는 블랙락, 그리고 금요일에는 크레딧 스위스 인터뷰가 잡혔다. 모두 세계를 쥐고 흔드는 어마어마한 금융계의 거인들이다. 이를 포함하여 2월 초부터 3월 말까지 약 두 달간 50여 개의 회사에서 면접을 보게 되었다.

두 달에 걸친 면접 레이스의 첫 시작인 모건스탠리는 내가 가장 가고 싶어 하는 회사였다. 기업 금융으로 세계 1, 2위를 다투는 반면, 내가 목표로 하는 자산운용 비즈니스에서는 크게 두각을 드러내지 못했다. 그러나 내 멘토였던 아담이 다니고 있는 회사였다. 아는 사람이 한 명이라도 있는 회사가 아무래도 적응하기도 좋을 것 같았고, 아담도 자산운용 부서에서 일하고 있기 때문에 운만 따라준다면 그와 같은 부서에서 함께 근무할 수 있었다.

아담은 면접을 보기 직전까지 나에게 든든한 지원군이 되어 주었다. 면접을 보기 며칠 전, 아담이 직접 전화도 주어 오후에 면접을 보라고 정보를 귀띔해 주었다. 일전에 모건스탠리 자산운용 부서에서 주최하는 작은 이벤트가 하나 있어 참석했었는데, 그 자리에서 만났던 사람 중 한 명이 오후 면접관으로 들어온다는 것이었다. 나와 약 15~20분간 함께 대화를 나누었기 때문에 내가 누구인지 기억할 것이고, 만약 그렇다면 아무래도 처음 보는 사람과 면접을 하는 것보다 다소 수월한 면접이 될 가능성이 높았다. 모든 징조가 긍정적이었다.

하지만 결과는 참혹했다. 회사는 탈락의 이유를 말해주지는 않았다. 스스로 생각해 본 탈락의 이유는, 시즌 첫 면접에서 오는 긴장감과 두려움을 떨쳐 버리지 못한 점, 생각보다 구멍이 많았다는 점, 예상하지 못한 질문이 많았다는 점, 결과적으로 말을 더듬고 긴장한 나머지 자신감 있는 모습을 보여주지 못했던 점 등이다. 면접을 볼 때 나는 신입다운 자신감과 패기는커녕 위축되어 있는 모습만을 보여줬다.

그리고 면접을 볼 때 지켜야 할 가장 중요한 덕목은 허풍과 거짓말 하지 않기였다. 단 한 순간이라도 허풍이나 거짓말이 면접관에게 들통이 나면 면접에 절대 붙을 수 없다. 하루에도 억대의 돈이 왔다 갔다 하는 직업의 특성상 솔직함이 가장 중요한 덕목으로 여겨지기 때문이다. 지원자의 허풍과 거짓말 정도를 테스트하려고 일부러 시종일관 어려운 질문만을 내는 면접관도 있다.

그러나 지원자들은 대부분 면접에 반드시 붙어야 한다는 강박관념을 가지고 있기 때문에 면접관의 질문에 완벽하게 대답하려고 한다. 그런 이유로 긴장과 압박감에 사로잡혀 있는 면접 현장에서 모르는 질문에 모른다고 대답하기란 여간 힘들지 않다. 하지만 모른다고 대답을 해야 한다.

실패한 내 면접을 공개해본다.

"투자를 직접 해 본 경험이 있나요?"

"아직 학생 신분이라 투자 자금을 만들 수가 없어 돈으로 직접 투자해 본 경험은 없습니다. 하지만 각종 투자 대회에 참가하여 주식 포트폴리오 매니지먼트에 대한 경험을 축적해 왔고 지금 현재도 업그레이드 캐피탈이라는 회사를 통해 약 15개 학교 600여 명의 학생들과 투자 대회에 참여하고 있습니다."

80~90명으로 시작한 알렉시의 업그레이드 캐피탈은 벌써 600여

명에 달하며 점점 성장 중이다.

"흥미롭네요. 성적은 괜찮나요?"

"현재 2.3 정도의 샤프 레이시오$_{Sharpe\ Ratio}$[29]로 10위 안에 들어 있습니다."

처음에는 면접이 순조롭게 잘 진행되었다. 그런데 애플에 대한 질문이 나오면서 문제는 시작되었다.

"포트폴리오에 애플은 왜 선택했죠?"

"애플이 예전만 못한 것은 사실이지만 그래도 아직 세계 최고의 전자회사 중 하나이고 재무제표도 튼실한 데 반해, 최근 주가 조정이 너무 심했다고 생각합니다. $700 가까이 되었던 주가가 $500 아래로 너무 빨리 떨어졌습니다. $550 정도가 현재는 가장 적당한 애플의 주가라고 생각이 되어 사들였고 제가 생각하는 가격과 비슷하게 올라가면 다시 되팔 생각입니다."

"애플에 관심이 많은 것 같은데, P/E(주가이익비율)는 몇인지 알고 계신가요?"

이럴 수가! 모르는 질문이다. 확인을 해보고 왔어야 하는 건데. 여태껏 대답을 잘해왔는데 이 질문에 대답 못해서 떨어지면 어떡하나 하는 생각에 사로잡혀 나도 모르게 허풍을 떨고 말았다.

"7이 조금 넘었던 것으로 기억합니다."

아주 완벽하게 틀린 대답이었다. 당시 애플의 P/E 비율은 11 안팎이

---

[29] 위험성을 감안한 수익률을 산출하는 투자 평가 방식. 수익률/위험성

었으니 말이다. 면접관은 내가 모르는 질문에 아는 척을 했다는 사실을 알아챘다.

"7이라고요? 흠, 알겠습니다. 애플의 미래에 대해서는 어떻게 생각하나요?"

아는 척을 한번 하고 나니, 긴장은 배가 되고 허풍은 꼬리에 꼬리를 물었다.

"스티브 잡스가 죽은 이후에 애플은 회사의 가장 큰 특징인 창의성을 잃어버린 듯합니다. 애플이 자신의 특징을 살리지 못하는 모습을 계속 보인다면 머지않아 삼성과 같은 경쟁사들에 밀려 회사가 쓰러지게 될지도 모르겠습니다."

현존하는 최고의 거대 전자회사에게 머지않아 쓰러질지도 모른다니…… 어처구니없는 망발이었다. 면접관은 속으로 크게 비웃었을 것이다. 이쯤 되면 나도 인지하고 있다. 이 면접은 100% 탈락이다.

모건스탠리를 시작으로 가장 기대가 컸던 한 주가 비극의 한 주로 전락하고 말았다. 제이피 모건만이 보류 상태로 남았을 뿐 다른 회사들로부터는 전부 면접에 탈락했다는 이메일을 받았다. 허무했지만 좌절하고 있을 시간이 없었다. 앞으로도 수많은 면접이 남아있었기 때문에 끊임없이 준비를 해야 했다. 이번 학기가 끝나기 전에 취직을 하지 못하면 미국에서 더는 기회가 없지 않은가.

2월이 중반으로 접어들 무렵까지 40개가 넘는 면접을 보았는데 죄다 탈락하고 말았다. 그냥 탈락이 아니라 모두 1차 탈락이었다. 원인 분석을 위해 나를 차버린 회사들의 인사담당부서에 메일을 보내 탈락의 이유를 물어본 적도 있지만 당연히 답장은 오지 않았다. 당최 왜 자꾸 탈락하는지 원인을 알 수가 없으니 미칠 지경이었다. 원인이라도 알아야 대비를 할 텐데 말이다. 그러던 와중에 천만다행으로 보류 상태였던 제이피 모건으로부터 1차 면접을 통과했으니 최종 면접을 준비하라는 연락을 받기는 했지만 거듭된 탈락으로 자신감은 바닥을 치고 있었다. 이런 식이라면 제이피 모건의 최종 면접도 탈락할 것으로 보였다. 하지만 이것이 마지막 남은 면접이었다. 뭔가 대책을 세워 반드시 제이피 모건 최종 면접에 합격해야 했다.

면접 실패에 의한 좌절감에 한참 젖어있을 무렵, 한동안 연락이 뜸하던 토니로부터 문자가 왔다.

"키샨, 잘 지내?"

"아뇨. 요즘 별로 안 좋아요……."

"무슨 일 있어?"

"1월 중순부터 지금까지 40개가 넘는 회사와 면접을 봤는데 죄다 1차에서 탈락했어요. 아 참, 딱 하나 제이피 모건은 1차에서 합격하고 최종 면접까지 가게 되었기는 한데요, 아무튼 상황이 좋지가 않아요. 이제 제이피 모건 딱 하나 남았어요."

"제일 좋은 회사가 남았네! 열심히 해서 제이피 모건에 합격하면 되지 벌써부터 이렇게 기가 죽어 있으면 어떡해. 자신감을 가지고 다시 잘해 봐."

"왜 자꾸 탈락하는지 이유를 알 수 없으니 더 이상 뭘 어떻게 준비를 해야 하는지도 잘 모르겠어요. 막막하네요. 이대로라면 제이피 최종도 탈락할 것 같은데, 그러면 이제 기회도 없어요. 전 5월에 졸업하자마자 한국으로 돌아가야 해요."

"흠, 면접이 언제야?"

"다음 주요."

"이번 주말에 바쁘니?"

"아뇨. 뭐, 특별한 일은 없어요. 학교 숙제 조금 하고 면접 준비나 해야죠 뭐."

"그럼 금요일에 우리 집으로 놀러 오는 것은 어때? 아내가 이번 주에 널 초대하자고 했어."

"아, 정말이요? 물론 가야죠! 저 정말 기대돼요."

"금요일에 와서 우리 가족이랑 저녁 함께 먹고 하룻밤 자고 가도록 해."

## 내 경험이 면접 비법

금요일, 기차를 타고 토니가 살고 있는 롱 아일랜드의 헌팅턴으로 갔다. 역에 내려 주차장으로 걸어가니 토니가 기다리고 있었.

토니가 나를 데려간 곳은 집이 아닌 한 고급 이탈리안 레스토랑이었다. 안으로 들어가니 토니의 가족이 기다리고 있다. 아내 쉴라, 작은 딸 케이트, 그리고 아들 마이크 모두 나를 오랜만에 본 친구처럼 마냥 반겨주었다. 이 얼마나 특별한 경험인가. 저녁을 먹으며 이런저런 대화를 나누는데 토니가 조용하다. 회사에서는 4차원적인 행동으로 유명한 유머의 대가인데 가족들 앞에서는 근엄한 가장의 모습을 보이는 토니가 새롭게 느껴졌다.

즐거운 저녁 식사를 마치고 난 후에는 토니의 집으로 향했다. 천천히 집 구경을 한 뒤 거실에 모여 앉아 쉴라가 내온 차를 마시며 또 두런두런 이야기꽃을 피웠다. 일전에 토니가 한국 사람은 삼시 세끼 밥을 먹는다는 말을 듣고 놀랐던 적이 있는데, 토니의 자녀들은 삼성이 한국 브랜드라는 것 빼곤 한국에 대해 아는 것이 거의 없었다. 한국에 대한 여러 질문에 답변을 하다 보니 한 시간 반이 훌쩍 지나가 버렸다. 한국에 있는 우리 가족에게 토니의 가족을 소개해주고 싶어서 화상전화를 걸어 서로 인사를 시켜주었다. 엄마가 무척이나 신기해하셨다. 나도 신기한데 엄마는 오죽할까. 전화를 끊고 나자 이제 밤이 많이 늦어 가족들이 하나둘 "굿 나잇!"을 외치며 잠자리에 들기 시작했다.

나는 2층에 있는 방에서 하룻밤을 묵게 되었다. 씻고 머리를 말린 후에 침대에 누워 눈을 감으니 오늘 하루 있었던 일이 꿈같이 스쳐 지나갔다. 하지만 즐거운 기분에 잊고 있었던 면접이 다시금 떠오르며 근심이 또다시 스멀스멀 내 전두엽을 장악했다. 이런…… 좋았던 기분이 다 날아가 버렸다. 빨리 잠이나 자자.

아침 7시에 눈을 떠 거실로 나가니 토니가 앉아서 TV를 보고 있었다. 매일 아침 7시 반까지 출근하는 생활을 25년 가까이 해 오고 있는 양반인지라 6시만 되면 자동으로 눈이 떠지나 보다. 함께 앉아 잠깐 뉴스를 시청하다 토니가 문득 면접 이야기를 꺼내며 모의 면접을 해주겠다고 했다.

토니와 약 한 시간에 걸친 모의면접에서 얻은 것이 정말 많았다. 구체적인 내용은 챕터 뒤에 자세히 기록해 두었다. 요지는 이것이다. 내가 다른 학생들과 조금 다르다는 것이 항상 컴플렉스로 작용하고는 했는데, 오히려 나만의 독특한 장점이라고 독려해주는 토니 덕분에 자신감을 많이 얻을 수 있었던 것이 가장 큰 수확이었다. 앞으로는 힘들게 머리 쥐어짜 가며 대답을 꾸미고 포장하지 않기로 했다. 솔직하게 나는 누구이고 내가 어떻게 살아왔는지를 얘기하면 되니 말이다. 게다가 항상 면접을 준비할 때 나에 대한 질문보다는 전문 지식에 대한 질문에 훨씬 중점을 두고는 했는데, 사실 그 반대여야 했었다. 어차피 면접관들은 새내기인 우리가 모든 전문지식을 다 알 것이라고 기대하지도 않기 때문에 내 관심 분야에 대한 최소한의 지식만 가지고 있으면 된다고 했다. 모르는 질문이 나오면 모른다고 솔직하게 얘기하고 앞으로 열심히 배우겠다는 의지를 피력하면 되는 것이었다.

## 도이체방크입니다

토니의 조언을 토대로 주말 이틀간 심혈을 기울여 면접 준비를 다시 마쳤다. 제이피 모건의 최종 면접이 있는 목요일까지 끊임없이 준비한 대답을 연습했다. 완벽을 기하기 위해 노트북을 이용, 내가 대답을 하는 모습까지 녹화해 가며 연습에 연습을 거듭했다. 말 더듬는 횟수를 조금 더 줄이고 태도에 조금 더 신경 쓰기 위한 방편이었다. 확실히 고쳐지는 것들이 많이 있었다. 여태껏 몰랐지만 말을 하면서 내가 조금씩 몸을 흔들흔들 댄다는 사실을 알아냈고, 준비한 대답 중 어색하게 들리는 부분도 꽤 잡아낼 수 있었다.

월요일 오후, 역시나 온 정신을 면접 준비에 쏟고 있는데 반가운 전화를 한 통을 받았다.

"여보세요?"

"안녕하세요, 김희중 씨 휴대 전화인가요?"

"네, 맞는데요. 누구시죠?"

"도이체방크입니다. 저희 자산운용 부서에 지원하셨죠? 김희중 씨와 면접을 진행하고 싶은데, 수요일에 혹시 저희 사무실로 와 주실 수 있나요?"

도이체방크라고? 그곳은 세계 5위 안에 들어가는 투자은행 부서를 가지고 있고 1,200조 원이 넘는 운용 자산으로 자산운용분야까지 세계 10위권 안에 포진된 독일 최대 은행이다. 자산운용 전문 회사들을 제외하고 투자은행들로만 따지자면 제이피 모건에 이어 두 번째로 운용 자산의 규모가 큰 은행이다. 이력서를 넣은 이후 한동안 연락이 없어 떨어진 줄로만 알고 있었는데, 면접이 들어온 것이다. 죽으라는 법은 없나 보다. 그런데 수요일이라니! 바로 이틀 뒤였다.

애초부터 큰 기대를 하지 못했던 회사인 탓에 회사에 대해 아는 것이 많이 없었다. 이틀 동안 면접 연습을 하며 인터넷으로 회사에 대한 리서치를 해 보았으나 큰 수확은 없었다. 그렇게 면접 날이 다가왔다.

면접 시간 30분 전인 2시에 맨해튼 345 파크 애버뉴 빌딩에 도착했다. 도이체방크 뉴욕 지사는 으리으리한 60 월스트리트 빌딩이 회사의 본부이지만 투자 매니지먼트를 하는 부서는 대부분 미드타운인 354 파크 빌딩에 포진되어 있다. 뉴욕 금융권을 양분하고 있는 월스트리트와 미드타운 양쪽 모두에 사무실을 둠으로써 거래처들과의 접촉을 용이하게 하려는 전략인 듯했다. 다음날 면접을 보게 될 제이피 모건의 본사인 270 파크 애버뉴 빌딩과 내가 일전에 인턴을 했던 미즈호 증권이 있는 320 파크, 그리고 역시나 인턴을 했던 유비에스의 본사인 299 파크와는 모두 걸어서 5분 이내이다. 면접까지 30분 남았다. 이제는 익숙해진 동네여서 그런지 마음이 차분했다.

엘리베이터를 타고 24층으로 올라가 접수대 직원에게 면접을 보러 왔다고 알렸다. 데스크 뒤쪽 벽면에 큼직하게 도이체방크의 로고가 눈에 들어오자 그제야 내 심장은 분위기를 실감한 듯 벌렁벌렁 뛰기 시작했다. 잠시 앉아서 대기하라는 안내를 받고 주위를 둘러보니 여기저기 면접을 기다리고 있는 학생들이 꽤 있었다. 비어있는 소파를 하나 찾아 앉은 후 면접 자료를 꺼내 들여다보기 시작했다. 물론 머릿속이 온갖 복잡한 생각들로 가득 차 내용이 눈에 들어오지는 않았다. 하얀 건 종이요, 까만 건 글씨였다. '무슨 질문이 나올까? 면접을 보는 다른 학생들은 어떤 경쟁력을 갖추고 있을까? 면접관은 누구일까?'

그러던 중, 대기하고 있던 동양인 학생 한 명이 말을 걸었다. 면접을 보러 UC 버클리University of California, Berkeley에서 어제 날아왔다고 했다. 서부 끝자락에 위치한 대학교라 비행기를 타고 동부 끝인 뉴욕으로 날아오는 데만 6시간가량 걸린다. 면접 보러 오느라 쓴 비행기와 호텔

값은 회사에서 다 나온단다.

　관심 분야와 면접 예상 질문 등에 대해 대화를 나누고 있는데 인사 담당관이 내 이름을 불렀다. 손을 들어 대답하니 내 앞으로 다가와 악수를 청하고 인사를 건넨 후 면접관들이 있는 방으로 나를 데려갔다.

　방에는 두 명의 면접관이 나를 기다리고 있었다. 한 명은 기관 고객들의 자산을 운용하는 에셋 매니지먼트Asset Management 부서에서, 다른 한 명은 개인 고액자산 고객의 자산을 운용하는 웰스 매니지먼트Wealth Management에서 왔다고 간단하게 자신들을 소개한 뒤 바로 면접이 시작되었다. 질문은 비슷했지만 이전보다 더 유창하고도 심도 있는 진솔한 답변으로 면접관의 질문에 대답하기 시작했다. 내 기나긴 유학생활을 한 번에 요약하듯이 말이다.

　"간단하게 본인의 이력서에 대해 소개를 해 주시겠어요?"

　"네, 저는 약 5년 전에 미국에 왔습니다. 당시에는 영어를 하나도 하지 못해 영어를 배우는 ESL 학생으로 시작했다가 6개월간 영어를 배우고 커뮤니티 칼리지로 편입을 했습니다. 학비와 생활비를 스스로 벌며 학교에 다녀야 했기 때문에 일주일에 50시간 가까이 아르바이트를 하며 공부하기가 쉽지 않았는데요, 그래도 열심히 한 덕분에 4.0 만점의 학점으로 학교를 졸업할 수 있었습니다. 라과디아에서 API 튜터로서 다른 학생들에게 회계를 가르치는 활동을 했고요, 졸업 시에는 비즈니스 전공 최고의 학생으로 뽑혀 상을 받기도 했습니다. 그 후 컬럼비아대학교로 편입해 현재 금융 경제학 전공 4학년에 재학 중입니다. 컬럼비아에 재학하며 금융에 대한 각종 공부와 활동을 해 왔는데 예를 들면, 컬럼비아 금융 투자 동호회 주식 투자 대회 1등, 크레딧 스위스 투자 뱅킹 인수합병 케이스 대회 최종 후보, 업그레이드 캐피탈 주식 포트폴리오 운용 대회, 미즈호 증권 S&T 인턴, 유비에스 자산 운용 인턴 등입니다. 그리고 도이체방크에서 면접까지 보게 되었습니다."

"자산운용 부서에는 어떻게 관심을 두게 되었죠?"

"금융 수업과 활동, 인턴을 통해 IB, S&T, 자산운용 세 분야를 모두 적당히 경험해 보았는데요, 안전하게 장기적인 안목으로 투자하는 자산운용식 투자 방법이 저에게 가장 맞고 재미있다고 생각했습니다. 특히 미즈호 증권에서 고정금리증권Fixed Income을 경험한 이후 흥미가 많이 생겨 관련 공부를 계속 해 오고 있는데요, 기업채권 분야에 가장 관심이 많습니다. 만약 가능하다면 기업채권 포트폴리오 매니저가 되는 것이 꿈입니다."

"본인이 하고 싶어하는 일이 확실한 건 아주 좋네요. 그런데 직장 일이라는 게 회사의 수요에 아무래도 좌우지되는 경우가 많아 희중 씨가 원하는 일을 하지 못하게 될 수도 있는데요, 상관없나요?"

"물론입니다. 제가 기업채권 포트폴리오 운용에 관심이 많다고 해서 다른 분야에서 일하는 것을 거부한다는 의미는 아닙니다. 단지 짧은 제 금융 경력에서 가장 많이 접해보고 재미있었던 분야가 이것일 뿐, 아직 경험해보지 못한 분야도 많아서 제가 무슨 일을 정말로 좋아하는지 아직 확신할 수는 없다고 생각합니다. 아직 초보이기 때문에 가능한 많은 분야를 더 배우고 경험해보고 싶습니다."

"좋습니다. 그럼, 여태껏 살면서 가장 기억에 남는 힘들었던 일이 뭐가 있죠?"

토니와 연습을 했던 질문이다. 토니께서 말씀하시길, 이런 질문은 문제해결능력을 알아보는 것이 목적인 질문이므로 어려운 일을 어떻게 헤쳐나갔는지에 중점을 두어 대답해야 한다고 했다.

"가장 기억에 남는 어려운 일은 최근에 있었는데요, 유비에스에서 인턴을 할 때였습니다. 당시 제가 했던 일 중 하나가 고객들의 전화를 받는 일이었는데요, 유학생인 저에게는 이 간단한 업무가 그렇게 어려울 수가 없었습니다. 특히 고객들의 이름을 알아듣는 것이 매우 힘들었는데요, 하루는 일이 터졌습니다. 클라인헨들러라는 성을 쓰시는 한 고객이 전화를 걸어왔는데, 조금 까다로운 분이셨어요. 담당 투자 상담사가 자리에 없어 메모를 남겨 드리겠다고 이름을 물어봤는데, 한번에 알아듣지 못했습니다. 다시 물어봤는데, 두 번째도 못 알아들었어요. 정말 죄송하지만 스펠링을 불러주실 수 있겠냐고 물어봤더니 전화를 그냥 끊어버리시더라고요. 그리고는 한 시간 뒤에 다시 전화가 왔는데 또 제가 받게 되었어요. 담당 투자 상담사는 여전히 자리에 없었고요. 같은 고객인 줄 모르고 메모를 남기겠다 하고 이름을 물어봤는데 역시나 스펠링이 뭔지 알 수가 없었습니다. 다시 한번 말씀해 달라고 했더니 이번엔 불같이 화를 내시면서 끊더라고요. 내가 인턴으로서 투자 상담사들을 도우러 온 건데 이러다가 되려 고객 줄 끊어놓겠다 싶었어요. 어떻게 해야 할지 고민을 하다가 제가 보조하고 있는 네 명의 투자 상담사들 전체 고객 명단을 프린트했어요. A4 용지로 8장 정도 나온 것을 제 책상 벽에 쫙 붙이고 시간 날 때마다 보고 또 보며 외우고 파일을 휴대 전화에도 넣어 틈만 나면 명단을 들여다봤습니다. 그렇게 한 2주 정도 하니까 모든 고객의 이름이 대충 머릿속에 들어오더라고요. 그 후로는 같은 실수를 반복하지 않게 되었습니다."

"하하. 재미있는 이야기네요. 잘 들었습니다. 위기를 대처하려는 노력이 대단하네요. 우리와 같이 일하게 되어도 어려운 일에 포기하지 않고 잘 대처하겠네요. 한 가지 질문이 있는데, 고객이 화를 내고 전화를 끊었을 때 바로 담당 투자 상담사에게 보고했나요?"

"네, 바로 보고를 했고, 상담사분께서 바로 고객에게 전화를 걸었습니다. 인턴이니 이해해 달라고 하며 웃고 넘기는 해프닝으로 끝났죠."

"잘하셨네요. 알겠습니다. 그리고 미즈호 증권에서는 어떤 일을 하셨죠?"

"가장 기억에 남는 프로젝트는 크게 네 가지 정도로 나눌 수 있습니다. 첫째는 기업채권 트레이더들이 눈여겨보고 있는 기업들의 10-K[30]와 10-Q[31]를 분석해 요약 정보를 전달하는 일과 하루에도 수십 번씩 요동치는 채권 가격을 추적하는 일. 둘째는 리서치 애널리스트들을 도와 기업분석 보고서를 작성하는 일. 셋째는 리스크팀의 엑셀 대쉬보드Dashboard를 업데이트하는 일. 그리고 마지막으로는 모든 인턴이 공통으로 가지고 있던 프로젝트인데요, 인턴을 두 개의 팀으로 나눠 한 팀은 '더 빅 쇼트The Big Short'라는 책을, 나머지 한 팀은 '부메랑Boomerang'이라

---

30 주식상장기업들이 매년 제출하는 기업실적 보고서
31 10-K 와 비슷하지만 1년에 네 번 분기별로 제출되는 보다 간략한 실적 보고서

는 책을 읽고 관련 내용에 대해 프레젠테이션을 하는 것이었습니다."

"이력서에 보니 주식 포트폴리오 운용 대회에서 300명의 참가 학생들 중 4위를 한 경험이 있네요. 어떤 전략으로 투자했죠?"

"순위가 절대수익률이 아닌 위험조정수익률로 결정이 되었기 때문에 분산투자에 최대한 집중을 했습니다. 4개 산업과 10여 개의 주식으로 위험을 최대한 분산 시키려고 노력을 했고요, 대표 지수인 S&P 500은 헤징을 위한 목적으로 활용했습니다. 주식을 고를 때에는 기업들의 재무제표와 각종 금융 관련 비율, 뉴스 기사 등을 많이 이용했습니다."

"기업들의 재무제표를 보고 분석하는 법을 많이 알고 계시나요?"

이젠 허풍을 떨지 않았다. 진솔하고 솔직하게 답변을 진행했다.

"여기 계신 전문가분들에게 비교하면 아직 애송이 수준일 것 같습니다. 저는 그냥 학교 수업에서 배운 내용과 제가 직접 모은 자료들을 토대로 공부한 내용을 따라 해본 정도밖에 되지를 않는데요, 비록 틀릴 수도 있겠지만 배운 내용을 토대로 제 생각과 의견을 가지고 나름 분석해 보고 괜찮은 기업을 선정하는 과정을 즐깁니다. 그 과정에서 다행히 좋은 결과가 나왔습니다."

"현재 미국과 세계 경제에 대한 견해는 어떤가요?"

가장 많이 준비했던 질문이다. 약 25분가량 혼자 프레젠테이션을 할 수 있을 정도로 치밀하게 준비한 질문이어서 자신감이 있었다. 당시 이슈가 되고 있던 주식시장 거품에 대한 의견, 그레이트 로테이션 Great Rotation[32], 미국 연방준비위원회가 추진하고 있는 정책들, 유로존,

일본의 양적 완화 정책, 시퀘스트레이션$_{Sequestration}$[33] 등에 대한 내 생각을 10분 정도로 압축해서 대답을 했다. 몇몇 간단한 추가 질문에 답변을 하고 나니 이제 마지막 질문이었다.

"만약 본인이 포트폴리오 매니저라면 올해 말까지 어떻게 자산을 분산시켜 투자할 것 같나요?"

"아까 잠깐 언급을 했듯이 주식시장에 다소 거품이 있다고 생각을 하는데요, 조정이 짧은 시간 내에 이루어질 것 같지는 않습니다. 최소한 올해 말 까지는 주식시장의 상승세가 이어질 것으로 보기 때문에 일단은 주식시장에 많은 비중을 두어 공격적으로 자산을 분배할 것 같습니다. 그리고 시장이 어떻게 변할지 추이를 계속 지켜봐야 할 것 같습니다."

"네, 잘 들었습니다. 면접은 이것으로 마치도록 하고요, 와주셔서 정말 감사합니다."

### 면접이 끝나다

면접이 모두 끝나고 밖으로 나왔는데 기분이 매우 상쾌했다. 전반적으로 아주 깔끔하게 면접이 진행되었고 어설픈 대답도 전혀 없었다.

---

32 글로벌 투자 자금이 상대적으로 안전한 채권 시장에서 빠져 나와 위험자산인 주식 시장으로 이동하는 현상
33 정부지출축소 정책. '균형 예산 및 긴급 적자 통제법'에 따라서 예산을 강제 조정하는 것

연습한대로 면접관들과 눈도 잘 마주쳤고, 천천히 그리고 자신감 있게 대답을 하려고 노력을 했으며 쓸데없는 몸동작을 최소화시켜 내가 긴장하고 있다는 점을 최대한 숨기려고 했다. 붙을 것 같다는 강한 느낌이 들었다.

집으로 돌아가는 전철 안에서 합격을 알리는 전화를 받았다. 아직 면접을 본지 한 시간 반도 안 된 시간이다. 보통 면접을 보고 나면 면접관의 명함을 받고, 명함에 나와 있는 메일 주소로 땡큐노크Thank You Note라고 부르는 감사 메일을 보내고는 하는데, 메일을 미처 보내기도 전에 합격 전화가 온 것이다. 게다가 최종 면접은 바로 이틀 뒤인 금요일 오후라고 했다. 내일은 제이피 모건의 최종 면접. 반드시 둘 중 하나는 붙어야 한다.

제이피 모건에서의 최종 면접은 각각 30분씩 총 다섯 명의 면접관과 1:1 면접을 하는 식으로 진행되었다. 중간중간 기다리는 시간을 포함하여 약 세 시간 정도 예상했다. 에셋 매니지먼트와 웰스 매니지먼트를 합친 자산운용 부서 전체 규모로 면접을 진행했던 도이체와 달리, 제이피 모건에서는 애초부터 내 관심 분야인 에셋 매니지먼트 고정금리증권 부서와 따로 면접을 보게 되었다. 부서별로 진행된 면접이라 최종 면접장에는 여섯 명의 지원자만이 초대되었다.

해당 분야에 대한 전문 지식을 묻는 질문이 조금 더 많았던 것을 제외하면 전반적으로 도이체방크 면접과 크게 다르지 않았다. 면접관의 수가 더 많고 면접 시간이 길면 더 부담될 것이라고 생각하는 경우가 많지만, 나에게는 같은 대답을 여러 번 반복한다는 것 이외에 별반 다를 바가 없다. 그냥 체력이 조금 더 소모되는 것일 뿐. 역시나 큰 실수 없이 면접은 잘 마무리가 되었다. 결과는 추후에 통보해 주겠다고 했다.

다음날 진행된 도이체방크 최종 면접에는 역시나 두 명의 면접관이 들어왔다. 아니, 들어오기로 되어 있었다. 그런데 인사 담당관의 안내를 받아 면접실로 들어가니 한 명만 앉아 있는 것이다. 다른 한 명은 일이 있어 잠깐 자리를 비웠다고 했다. 먼저 1:1로 면접이 진행되었다.

프라이빗 웰스 매니지먼트Private Wealth Management의 상무이사인 면접관은 금융 투자에 직접 관여하기보다는 고객들과의 관계 관리가 주 업무인 터라 증권 상품이나 투자에 대한 전문지식을 묻는 질문은 거의 없었다. "주식과 채권의 가치를 파악하는 데 있어 가장 큰 차이점은 무엇이라고 생각하는지?" 정도가 전부였을 뿐, 모두 기본 상식이나 나에 대한 질문이었다.

그런데 문제는 두 번째 질문인 도이체방크의 현재 주식 가격을 묻는 질문에 있었다. 어디선가 본 것 같은 확실하지 않은 숫자를 무의식 중에 내뱉고 말았는데, 면접이 끝나고 알아보니 내가 뱉은 숫자가 독일 DAX 지수에 유로 단위로 올라온 가격이었다. 하지만 나는 미국에서 면접을 본 것이고 면접관은 도이체방크의 미국 주식 가격을 염두에 두고 한 질문일 터이니 틀린 대답이라고 볼 수 있었다. 면접이 끝나면 변명할 기회는 사라진다. 면접관이 '이 친구는 우리 회사 주식 가격도 모르고 면접에 들어왔네?'라고 생각하며 탈락시켜 버리면 별 수 없는 일이었다.

면접을 시작하고 약 20분 정도가 지났을까, 관심 분야를 묻는 질문에 고정금리증권 포트폴리오 운용이라고 대답을 하는 순간, 잠시 자리를 비웠던 두 번째 면접관이 방으로 들어왔다. 이 분은 기업채권 포트폴리오를 운용하는 부서의 헤드를 맡고 있는 상무이사였다. 내가 가장 선호하는 부서의 장이었다. 하지만 아쉽게도 면접 시간은 5분여 밖에 남지 않아 내가 왜 기업채권에 관심이 많은지를 설명하고 있던 도중 면접이 종료되어 버렸다.

정작 대화를 많이 해야 할 면접관과 5분의 시간밖에 갖지 못한 것을 한탄하며 인사를 하고 밖으로 나오려는데 뒤에서 나를 부르는 소리가 들렸다.

"혹시 한 시간 정도만 밖에서 기다려 줄 수 있겠나? 오늘이 희중 군에게 매우 중요한 날일 텐데 다른 지원자들과 똑같은 기회를 가지는 게 공평하겠지. 나도 희중 군과 15분 정도 대화를 하고 싶은데 다음 면접이 있어서 지금 당장은 곤란하니 가능하다면 조금만 기다려 줬으면 좋겠네."

안 그래도 아쉬웠는데 잘 되었다. 알겠다고 대답을 한 뒤 소파로 돌아와 기다리다 보니 시간은 금방 지나가고 면접관이 다시 나를 불렀다. 면접실에 앉아 이제야 내가 일하고 싶은 부서의 장과 1:1로 대화를 할 수 있었다. 15분간 이뤄진 면접은 주로 내가 왜 고정금리증권에, 특히 기업채권에 관심이 있는지, 어떤 관련 공부를 했는지, 그리고 인턴을 할 때는 무엇을 경험했는지가 주제였다. 평소에 하던 대로 차분하게 대답을 마치고 면접이 끝날 때쯤 면접관이 내게 질문 권한을 부여했다. 기업채권이라는 목표에 대한 무한 열정과 애정을 보여주고 싶어 질문을 던졌다.

"만약 제가 도이체방크에서 근무할 기회를 잡지 못한다 하더라도 고정금리증권 포트폴리오 매니저가 되는 꿈을 계속 좇을 생각입니다. 학생의 신분에서 무엇을 어떻게 준비를 해야 하는지 조언을 부탁드려도 될까요?"

매우 좋은 질문이라고 칭찬을 건넨 면접관이 대답하기를, 학생 신분으로 할 수 있는 것이 많지는 않다고 했다. 사실 학교에서 1년 공부하는 양이 정작 일을 시작하면 한 달 치도 되지 않는다면서 말이다. 학생으로서 할 수 있는 가장 좋은 준비 수단은 관련 뉴스를 꾸준히 읽는 것이라고 했다. 기업채권과 같은 고정금리증권은 기본적으로 이자율에 따라 그 가치가 변하는 상품이기에 각종 뉴스를 읽으며 세계 경제가 어떻게 돌아가고 있고, 경제 현상과 이자율이 어떻게 긴밀하게 연결되어 있는지를 계속 따라가다 보면 투자 감각을 늘릴 수 있다고 설명해 주셨다. 명심하겠다, 감사하다는 나의 말을 끝으로 면접이 마무리되었다.

도이체 빌딩 밖으로 나와 와이파이가 터지는 커피숍을 하나 찾아 들어갔다. 노트북을 열고 첫 번째 면접관에게 메일을 썼다. 면접에 신경을 써주고 시간을 할애해 준 데에 대한 감사 노트이지만 주식 가격에 대한 변명도 두세 줄 써넣었다. 독일 쪽 가격과 미국 가격을 헷갈렸다는 내용이었다. 면접관이 메일을 확인할지 안 할지 모르겠지만 내가 할 수 있는 최선의 조치였다. 두 번째 면접관의 명함은 받지 못해 감사 노트를 적을 수 없었다.

이제 남아있는 모든 면접이 마무리되었다. 진인사대천명. 내가 할 수 있는 일은 다 했고 이제 결과를 기다리는 수밖에 없었다.

집에 돌아와 컴퓨터를 하고 있는데 모르는 번호로 전화가 왔다. 받았더니 도이체방크라고 한다. 면접이 끝난 지 고작 4시간. 내가 면접관들에게 좋은 인상을 남겼고 그들이 나를 고용하고 싶어 한다는 내용이었다. 다시 한번 느끼지만 정말 신속한 처리 속도에 감동했다. 전화를 끊고 실감이 나지 않은 탓에 멍하니 있다가 약 5분 정도 지나자 슬슬 실감이 나기 시작하면서 심장이 미친 듯이 뛰었다. 너무 기쁜 나머지 혼자 방 안에서 폴짝폴짝 뛰다가 뒤늦게 집에 전화를 걸었다. 한국 시간으로 토요일 아침 8시, 가족들에게 "도이체방크에 합격했다!"라고 기쁜 소식을 알렸지만 도이체방크가 어떤 회사인지 잘 모르는 탓에 큰 누나 외에는 반응이 그저 그랬다.

그러나 세계 10대 투자은행 및 자산운용 회사라고 설명을 하고 월스트리트 금융권이라는 말을 덧붙이자 그제서야 가족 전체가 축제 분위기가 되었다. 아마 살면서 최고로 기뻤던 날이 아닌가 싶다. 약 5년이라는 긴 시간 동안 갖은 고생을 하며 좇아온 목표를 이뤘을 때의 그 기쁨은 경험해 본 사람만이 알 것이다.

제이피 모건으로부터는 약 2주 뒤에 연락이 왔는데, 내가 런던으로 가서 일을 했으면 좋겠다고 했다. 런던에 자리가 있어 한 명을 보내야 하는데 최종 면접을 본 여섯 명의 지원자 중 유일한 유학생이었던 나를 보내는 것이 회사 차원에서는 여러모로 일을 줄일 수 있기 때문에 결정을 내린 것 같았다. 미국 학생 중 한 명을 영국으로 보내고 나를 미국에 고용하면 서류 작업을 두 번 해야 하지만 미국 학생들은 미국에서 일하게 하고 나를 영국으로 보내면 깔끔하게 한 번으로 끝나기 때문이었다.

토니의 도움 덕분에 마지막 두 면접을 성공적으로 마치고 도이체방크와 제이피 모건 사이에서 선택해야 하는 행복한 고민에 빠지게 되었다. 결론은 도이체방크였다. 아무래도 가족 같은 분위기의 편한 도이체방크의 사내 분위기가 마음에 들었다. 인턴 간의 과열 경쟁에서 오는 스트레스를 최소화하기 위해 한 부서에 한 명의 인턴만을 위치시키는 것도 좋았고 두 가지 일을 경험할 수 있는 로테이션 시스템도 좋았다. 나는 내가 원하던 고정금리증권 포트폴리오 매니지먼트 그룹과 사모 펀드Private Equity Fund 그룹에서 근무하게 되었다.

모든 결정이 끝난 후 토니에게 전화를 걸어 소식을 알렸다. 토니 역시 무척 기뻐해 주었다. "아저씨의 도움이 없이는 아마 실패했을 거예요."라고 말하는 내게 "다 네가 열심히 노력한 덕분이다."라고 끝까지 본인의 공을 나에게 돌리는 토니. 아담에게 문자를 보내는 감사를 표시하는 것도 잊지 않았다. 만약 아담과 토니가 없었다면 난 어떻게 되었을까. 뉴욕에서 인턴 한 번 해보지도 못하고 한국으로 돌아가야 했을지도 모르는 일이다. 이렇게 좋은 사람들을 만나 도움을 받을 수 있었으니 난 참 운이 좋은 놈인 것 같다. 그리고 나도 어려운 누군가를 운 좋은 놈으로 만들어 줄 수 있는 그런 사람이 되었으면 좋겠다는 생각을 했다. 내가 누군가를 도와줄 수 있는 그런 위치가 되었을 때.

CHAPTER 8 취업 성공

### 쉽게 따라 하는 외국계 회사 면접 노하우

면접으로 한참 힘들어 할 때 토니 아저씨가 알려준 면접 노하우를 살짝 공개한다. 살아온 자신의 모습을 자신감 있게 보여주는 것이 포인트이다.

**Q 1. 본인이 생각하는 가장 큰 약점은 무엇인가요?**

X 자신감이 충만한 모습을 보여주지 못하는 것이 제가 생각하는 저의 가장 큰 단점입니다. 항상 그런 것은 아니나 간혹 뭔가 일을 함에 있어서 제가 생각한 것에 대한 확신이 없을 때가 있는데, 이것이 자신감의 결여로 이어져 제 주장을 제대로 펴지 못하는 경우가 있습니다. 하지만 이런 단점이 추후 제가 회사의 일원이 되었을 때 업무에 방해가 되지 않도록 할 것입니다. 저의 단점을 제가 확실하게 자각하고 있고 고치려 여러 노력을 하고 있습니다."

→ 결정적으로 자신감이 단점이라는 것은 뭔가 말이 조금 이상하게 들려. 너무 억지로 짜 맞춘 것 같고 진실성이 느껴지지를 않아. 실제 면접에서 만약 면접관이 네 대답에서 진실성이 느껴지지 않는다면 그 면접은 그대로 끝이야.

O 제 영어가 많이 부족합니다. 그러나 제가 영어를 하나도 모르던 시절 뉴욕에 건너와서 5년 반만에 굴지의 투자은행들과 영어로 면접을 보고 있다는 사실이 제 발전 가능성을 보여준다고 생각합니다. 영어가 미국 학생들보다 많이 부족한 것은 사실이나 빠르게 영어가 늘고 있으니 걱정하지 않으셔도 될 것 같습니다.

→ 모든 면접관들이 이미 알고 있어. 오히려 네가 단점이라고 직접 언급을 하는 것이 낫지. 미국에서 일한다는 사람이 영어가 단점이면 회사들이 자신을 뽑아 줄까 하는 생각에 감추면 더욱 의혹이 생길 뿐이야.

## Q2. 미국에서 학업과 취업을 하게 된 계기는 무엇인가요?

X 제가 한국에 있을 당시 경제와 금융 분야에 관심이 많았기 때문에 항상 세계 경제와 금융의 중심지인 미국, 특히 뉴욕에서 공부를 하고 싶은 마음이 있었습니다. 좋은 기회가 생겨 한국에서 군대를 제대한 후 미국으로 유학을 올 수 있게 되었고, 관심 분야를 열심히 공부한 덕분에 제가 꿈에 그리던 뉴욕 금융권의 문을 두드릴 수 있게 되었습니다."

→ 포장된 대답이구나. 너 만약 면접관이 '제가 한국에 있을 당시 경제와 금융 분야에 관심이 많았기 때문에'에 대한 추가 질문을 하면 어떻게 대답할 거야. 대답이 너무 뻔해.

O 저는 한국에서 대학을 들어갔지만 공부는 그렇게 잘하지 못했습니다. 뒤늦게 혈혈단신으로 미국에 건너와 아르바이트로 돈을 모으며 공부한 끝에 단 5년 만에 월스트리트의 투자은행에서 면접을 보고 있습니다. 그러다 보니 또래보다 6~7세 정도 더 나이가 많습니다. 그러나 그때의 저와 비교하면 지금의 저는 비약적으로 성장하였음을 느낍니다.

→ 그래, 솔직하게 네 이야기를 해. 나는 네 인생 스토리 매우 좋다고 생각하는데 왜 그건 숨기고 대답을 포장하지? 일단 예전에 공부를 안 하는 학생이었다는 다른 학생들에 비해 6~7살 많은 점을 면접관들이 싫어할까 봐 뻔한 사실을 숨기는 것은 의미가 없어. 활용해야지.

CHAPTER **9**

# 끝,
# 새로운 시작

2013년 5월 22일, 컬럼비아 연중 최고의 행사인 졸업식이 성대하게 벌어졌다. 컬럼비아 3개 학부와 버나드 칼리지, 그리고 열 개가 넘는 대학원의 석·박사 졸업생들 모두가 함께 모여 정식으로 학교의 동문Alumni이 되었음을 알리는 행사다. 졸업을 앞둔 학생들만 해도 오천 명이 넘게 참석을 하는데 학생 한 명당 가족과 친구를 세 명까지 부를 수 있으니 최소한 만 오천 명 이상의 인원이 모이는 초대형 졸업식이다. 나도 이 자리에서 컬럼비아의 졸업생 중 일원이 되었다.

도이체방크에서의 인턴 프로그램은 6월부터 8월 중순까지 10주간 진행이 되었다. 최선을 다한 결과, 인턴이 끝나던 날 우리 부서 22명 중 17명에게 주어진 정직원 기회가 나에게도 주어졌다. 회사도 나를 좋아하고 나도 회사가 아주 마음에 들었기에 일말의 고민도 없이 제안을 받아들이고 계약서에 사인했다. 미국 여행을 할 당시, 엠파이어 스테이트 빌딩 위에서 내려다보며 부러워했던 바쁜 뉴요커들 중 한

컬럼비아대학교 졸업식, 그리고 취업

명이 내가 된 것이다. 실감하기까지는 꽤 많은 시간이 흘러야 했다.

지방에 위치한 한 대학교에서 학사경고나 받는 철없던 내가 미국 아이비리그 학교를 거쳐 월스트리트 금융권에 진출하기까지 5년 반이라는 시간이 걸렸다. 이전의 나와 지금의 나는 똑같은 사람일 뿐인데, 주위에서 나를 바라보는 시선은 많이 달라졌다. 대단하다, 천재가 아니냐는 소리까지 간혹 듣는 경우가 있다.

그러나 나는 대단하지도, 천재도 아니다. 그저 대한민국 평범한 사람 중 하나일 뿐이다. 만약 남들보다 뛰어난 두뇌를 타고났다면 이미 두각을 나타내어 다른 길로 갔을지도 모르겠다.

나의 이야기는 잘난 사람의 당연한 성공 스토리도, 허무맹랑 판타지도 아니다. 내가 이 책을 통해 하고 있는 이야기는 노력한다면 누구나 할 수 있는 일에 관한 것들이다. 단, 노력에 반드시 수반되어야 하는 내 나름의 몇 가지 행동 규칙들이 있다.

1. 깨달음을 행동으로 바로 옮긴 것
2. 현실에 안주하지 않고 모험을 감행하고 도전한 것
3. 좌절하거나 포기하지 않고 앞만 보고 끝까지 버틴 것

KBS의 〈강연 100℃〉라는 프로그램을 통해 우연히 내 사연이 소개되었다. 이후 남녀노소 불구하고 많은 분들께 이런저런 질문을 받았다. 그런데 그중 묘하게 겹치는 몇 가지가 있다.

"영어는 어떻게 공부하면 잘하나요?"

"유학 성공 비결은 뭔가요?"

"미국 금융권에 취업하려면 어떻게 해야 하나요?"

주로 방법을 물어보는 종류의 질문들이다. 나도 그 방법을 찾아보려고 부단한 애를 썼던 기억이 난다. 사실 방법보다 훨씬 중요한 것이 따로 있었다. 바로 묵묵히 앞만 보고 노력하는 것이었다. 나도 처음에는 노력의 효과를 간과했다. 그러나

| 실시간 급상승 검색어 | |
|---|---|
| 1 김희중 | NEW |
| 2 왕가네식구들o.. | ↑192 |
| 3 개그콘서트 | ↑87 |
| 4 k팝스타3 | ↑171 |
| 5 사냥 | NEW |
| 6 응답하라 19.. | ↑255 |
| 7 왕가네식구들 | ↑51 |
| 8 풋볼데이 | ↑141 |
| 9 몰리나 | ↑339 |
| 10 한희준 | ↑729 |

방송 후 실시간 급상승 검색어 1위
(출처 : N사 포털사이트)

이제 와서 보니 노력이 최고의 방법이었고, 이것이 내가 이 책을 통해 전하고 싶은 질문에 대한 대답이 되었다. 만약 이 이야기를 통해 많은 사람들이 인생의 성취를 위한 노력과 끈기, 진정성이 갖는 무궁한 가치와 잠재력을 알게 된다면 나에게 큰 보람이 될 것이다.

나는 지금 도이체방크의 런던지사에서 근무하고 있다. 유학생활 동안 미운 정 고운 정이 다 들어버린 뉴욕을 떠나 아는 사람이라고는 한 명도 없는 낯선 런던으로 온 것이다. 런던은 나에겐 또 다른 도전이다. 뉴욕에서 유학을 시작하던 그때와는 다르게 경제적으로 조금 더 나아지기는 했지만 그 외에는 모든 것은 새롭다. 그리고 적응을 위해서는 또 다른 노력이 필요하다. 더 이상 학교를 통해 자연스럽게 친구를 만

들 수 없는 나이이기에 민망함을 무릅쓰고 여러 모임에 참석하여 자기소개하는 수고를 해야만 지인을 만들 수 있고, 알아듣기 힘든 영국 발음에 익숙해지기 위해서는 다시 영어 공부를 해야 하는 지경이다.

하지만 이제는 이런 새로운 환경이, 나에게 노력을 강요하는 이런 낯선 상황이 싫지만은 않다. 이 잠깐의 수고로움이 지나가면 나는 더 발전해 있을 것이고, 그게 지난 5년 반 동안 내가 직접 몸으로 부딪혀가며 피땀 흘려 얻은 교훈이니 말이다.

CHAPTER 9 끝, 새로운 시작

## 월스트리트 주요 금융사 리스트

잘 나가는 금융사가 워낙 많기에 조금 세분화하여 제시한다. 뉴욕증권거래소 상장 이름 기준이며, 순서는 알파벳 순이다.

● **벌지 브래킷(Bulge-Bracket, 대형 투자은행)**

- Bank of America Corp.(뱅크 오브 아메리카)
- Barclays PLC(바클레이즈)
- Citigroup, Inc.(씨티그룹)
- Credit Suisse AG(크레딧 스위스)
- Deutsche Bank AG(도이체방크)
- Goldman Sachs Group, Inc.(골드만삭스)
- J.P. Morgan Chase & Co.(제이피 모건)
- Morgan Stanley(모건스탠리)
- UBS AG(Union Bank of Switzerland, 유비에스)

● **자산운용사**

- Allianz SE(알리안츠)
- BlackRock, Inc.(블랙락)
- Fidelity Investments(피델리티 투자회사)
- PIMCO(Pacific Investment Management Company, 핌코)
- The Vanguard Group, Inc.(뱅가드 그룹)

● 부티크(Boutique, 중소형 투자은행)

- Evercore Partners, Inc.(에버코어 파트너스)

- Greenhill & Co., Inc.(그린힐 앤코)

- Houlihan Lokey, Inc.(홀리한 로키)

- Jefferies Group LLC(제프리스 그룹)

- Centerview Partners(센터뷰 파트너스)

- Lazard Ltd(라자드)

● 사모 펀드(Private Equity Fund)

- Bain Capital, LLC(베인 캐피털)

- The Carlyle Group LP(칼라일 그룹)

- KKR & Co. L.P.(Kohlberg Kravis Roberts, 콜버그 크래비스 로버츠)

- The Blackstone Group L.P.(블랙스톤 그룹)

- TPG Capital, L.P.(티피지 캐피털)

● 헤지펀드(Hedge Fund) 매니저 순위 (출처: 포브스, 2014년 기준)

1. George Soros
2. David Tepper
3. Steve Cohen
4. John Paulson
5. Carl Icahn
6. James Simons
7. Ray Dalio
8. Ken Griffin
9. Larry Robbins
10. Leon Cooperman

# My Plan